校企合作汽车专业精品教材

# 汽车美容与装饰

主编 王纪婵 范珍珍 张学军

航空工业出版社

北京

## 内 容 提 要

本书按照"以就业为导向，以能力为本位"的职业教育理念，从实际应用出发，理论联系实践，充分体现"教、学、做"相结合的职业教学特点，以便于教学。

本书系统地介绍了汽车美容与装饰的相关知识点，共七个项目，包括汽车车身美容、汽车车身装饰、汽车玻璃的美容与装饰、汽车发动机的美容与护理、汽车底盘的美容与装饰、汽车内部的美容与装饰、汽车电子产品装饰。

本书内容翔实，通俗易懂，紧密结合汽车美容和装饰实例，可作为职业院校汽车营销与服务、汽车运用与维修专业以及其他汽车相关专业的教材，也可作为汽车美容从业人员的参考用书。

图书在版编目（CIP）数据

汽车美容与装饰 / 王纪婵，范珍珍，张学军主编
. -- 北京：航空工业出版社，2017.3（2024.5重印）
ISBN 978-7-5165-1182-4

Ⅰ.①汽… Ⅱ.①王… ②范… ③张… Ⅲ.①汽车－
车辆保养－高等职业教育－教材 Ⅳ.①U472

中国版本图书馆CIP数据核字(2017)第053935号

### 汽车美容与装饰
#### Qiche Meirong yu Zhuangshi

航空工业出版社出版发行
（北京市朝阳区京顺路5号曙光大厦C座四层　100028）
发行电话：010-85672666　　010-85672683

| | |
|---|---|
| 捷鹰印刷（天津）有限公司印刷 | 全国各地新华书店经销 |
| 2017年3月第1版 | 2024年5月第9次印刷 |
| 开本：880×1230　1/16 | 字数：378千字 |
| 印张：12.5 | 定价：48.00元 |

# 前言

## PREFACE

随着我国汽车产业的高速发展和人们生活水平的提高，汽车保有量迅速增加，带动汽车美容业蓬勃发展。4S 店和汽车美容店需要大量具有专业知识的汽车美容和装饰人才。职业院校的汽车类专业纷纷开设了相关课程，以满足人才培养需要。

本书根据职业教育标准，结合职业教育特点编写。具体来说，本教材具有以下几个特点。

1. **校企合作，工学结合**：本书在编写过程中，通过学校教师和企业专家的合作，将理论知识和实践有机结合，使内容贴近企业实际工作，有助于学生工作后更快适应工作岗位。

2. **内容系统，重点突出**：本书内容以汽车美容与装饰过程中的实际应用为导向，系统阐述了汽车车身、玻璃、发动机、底盘、内部的美容和装饰，以及电子产品装饰，各部分内容均重点阐述实际操作过程，有利于学生在掌握基本理论前提下，快速提高实践能力。

3. **体例新颖，内容连贯**：本书采用项目式教学模式，每个项目包含若干教学任务，使理论知识、实践技能与实际应用紧密结合，保证学习内容的连贯性，有助于学生理解和掌握所学知识。

4. **图文并茂，通俗易懂**：本书为汽车各部件的美容和装饰操作过程配备了必要的图片，以便于学生理解。全文内容不涉及晦涩的专业术语，语言简洁，通俗易懂。

5. **数字资源，平台辅助**：本书配备了丰富的数字资源（如微课视频等），为广大师生提供了一站式教学资源。读者可以登录文旌综合教育平台"文旌课堂"（www.wenjingketang.com）体验平台式教学及下载相关教学资源包。

此外，本书还提供了在线题库，支持"教学作业，一键发布"，教师只需通过微信或"文旌课堂"App 扫描扉页二维码，即可迅速选题、一键发布、智能批改，并查看学生的作业分析报告，提高教学效率、提升教学体验。学生可在线完成作业，巩固所学知识，提高学习效率。

6. **紧跟时代，内容新颖**：本书中所有涉及国家标准和行业标准的内容，都按最新标准阐述，同时本书结合汽车相关技术的发展，介绍了汽车美容和装饰方面的最新技术。

为学习贯彻党的二十大精神，提升课程铸魂育人效果，本书专门在扉页"教·学资源"二维码中设计了相应栏目，以引导学生践行社会主义核心价值观，涵养学生奋斗精神、敬业精神、奉献精神、创新精神、工匠精神、法治精神、绿色环保意识等。

本书由王纪婵、范珍珍、张学军担任主编，温林、乔明犀、黄震担任副主编。

本书在编写过程中借鉴了大量的相关资料和教材，在此，特向这些资料和教材的作者表示衷心的感谢。由于编者水平有限，书中疏漏与不当之处在所难免，敬请广大读者批评指正。

# 目 录
## CONTENTS

绪论 ......................................................................................................... 1
    一、汽车美容与装饰的概念及分类 ................................................. 1
    二、汽车美容与装饰的依据及原则 ................................................. 2
    三、汽车美容与装饰的现状及发展趋势 ......................................... 3

### 项目一   汽车车身美容 ................................................................. 5
#### 任务一   汽车车身的清洗 ............................................................ 6
    一、工作任务 ...................................................................................... 6
    二、相关知识 ...................................................................................... 7
    三、任务实践操作——车身的一般性清洗 ................................... 15
    四、任务工单 .................................................................................... 16
    知识拓展——车身外部部件的清洗 ............................................... 17

#### 任务二   汽车车身漆面打蜡 ...................................................... 18
    一、工作任务 .................................................................................... 18
    二、相关知识 .................................................................................... 18
    三、任务实践操作——车身漆面打蜡 ........................................... 23
    四、任务工单 .................................................................................... 24
    知识拓展——车身漆面的封釉、镀膜和镀晶 ............................... 25

#### 任务三   汽车车身漆膜修复美容 .............................................. 27
    一、工作任务 .................................................................................... 27
    二、相关知识 .................................................................................... 28
    三、任务实践操作——车身漆膜修复美容 ................................... 35
    四、任务工单 .................................................................................... 37
    思考与练习 ........................................................................................ 38

### 项目二   汽车车身装饰 ............................................................... 39
#### 任务一   车身贴饰 ...................................................................... 40
    一、工作任务 .................................................................................... 40
    二、相关知识 .................................................................................... 40

三、任务实践操作——车身贴膜 43
　　　四、任务工单 44
　任务二　汽车导流板、扰流板和大包围 45
　　　一、工作任务 45
　　　二、相关知识 45
　　　三、任务实践操作——安装大包围 49
　　　四、任务工单 50
　　　知识拓展——局部装饰 50
　任务三　汽车开天窗 53
　　　一、工作任务 53
　　　二、相关知识 54
　　　三、任务实践操作——汽车天窗的安装施工 56
　　　四、任务工单 59
　思考与练习 59

# 项目三　汽车玻璃的美容与装饰 61
　任务一　汽车玻璃的清洗 62
　　　一、工作任务 62
　　　二、相关知识 62
　　　三、任务实践操作——汽车玻璃的清洗保养 66
　　　四、任务工单 67
　任务二　汽车玻璃的损伤修复 68
　　　一、工作任务 68
　　　二、相关知识 68
　　　三、任务实践操作——汽车玻璃裂纹修补 71
　　　四、任务工单 72
　任务三　汽车玻璃的隔热防爆膜装饰 73
　　　一、工作任务 73
　　　二、相关知识 73
　　　三、任务实践操作——粘贴隔热防爆膜 77
　　　四、任务工单 79
　思考与练习 79

# 项目四　汽车发动机的美容与护理 81
　任务一　汽车发动机舱的清洁和护理 82
　　　一、工作任务 82
　　　二、相关知识 83
　　　三、任务实践操作——汽车发动机舱的清洁护理 85
　　　四、任务工单 88

任务二　汽车发动机燃油系统的清洗保养 ………………………………………………………… 89
　　一、工作任务 …………………………………………………………………………………… 89
　　二、相关知识 …………………………………………………………………………………… 89
　　三、任务实践操作——清洗保养发动机燃油系统 …………………………………………… 93
　　四、任务工单 …………………………………………………………………………………… 94
任务三　汽车发动机润滑系统的清洗保养 ………………………………………………………… 95
　　一、工作任务 …………………………………………………………………………………… 95
　　二、相关知识 …………………………………………………………………………………… 96
　　三、任务实践操作——清洗保养发动机润滑系统 …………………………………………… 99
　　四、任务工单 …………………………………………………………………………………… 100
任务四　汽车发动机冷却系统的清洗保养 ………………………………………………………… 101
　　一、工作任务 …………………………………………………………………………………… 101
　　二、相关知识 …………………………………………………………………………………… 101
　　三、任务实践操作——清洗保养发动机冷却系统 …………………………………………… 104
　　四、任务工单 …………………………………………………………………………………… 105
思考与练习 …………………………………………………………………………………………… 105

## 项目五　汽车底盘的美容与装饰 ……………………………………………………………… 107

任务一　汽车底盘的清洗护理 ……………………………………………………………………… 108
　　一、工作任务 …………………………………………………………………………………… 108
　　二、相关知识 …………………………………………………………………………………… 108
　　三、任务实践操作——汽车底盘的一般清洗护理 …………………………………………… 112
　　四、任务工单 …………………………………………………………………………………… 113
任务二　汽车的底盘封塑和底盘装甲 ……………………………………………………………… 114
　　一、工作任务 …………………………………………………………………………………… 114
　　二、相关知识 …………………………………………………………………………………… 114
　　三、任务实践操作——汽车底盘装甲 ………………………………………………………… 118
　　四、任务工单 …………………………………………………………………………………… 120
任务三　车轮总成的美容与装饰 …………………………………………………………………… 120
　　一、工作任务 …………………………………………………………………………………… 120
　　二、相关知识 …………………………………………………………………………………… 121
　　三、任务实践操作——车轮总成的清洗护理 ………………………………………………… 126
　　四、任务工单 …………………………………………………………………………………… 129
思考与练习 …………………………………………………………………………………………… 129

## 项目六　汽车内部的美容与装饰 ……………………………………………………………… 131

任务一　汽车内部的清洁护理 ……………………………………………………………………… 132
　　一、工作任务 …………………………………………………………………………………… 132
　　二、相关知识 …………………………………………………………………………………… 132
　　三、任务实践操作——清洁护理汽车内部 …………………………………………………… 138

四、任务工单 ········································································································· 140
　　知识拓展——车内空气净化 ····················································································· 141

任务二　汽车内部部件装饰 ································································································ 143
　　一、工作任务 ········································································································· 143
　　二、相关知识 ········································································································· 143
　　三、任务实践操作——装饰汽车座椅 ········································································ 150
　　四、任务工单 ········································································································· 151

任务三　汽车隔声装饰 ···································································································· 152
　　一、工作任务 ········································································································· 152
　　二、相关知识 ········································································································· 152
　　三、任务实践操作——汽车隔声改装 ········································································ 156
　　四、任务工单 ········································································································· 158

思考与练习 ···················································································································· 158

# 项目七　汽车电子产品装饰 ······························································································ 161

任务一　汽车倒车雷达 ···································································································· 162
　　一、工作任务 ········································································································· 162
　　二、相关知识 ········································································································· 162
　　三、任务实践操作——安装倒车雷达 ········································································ 167
　　四、任务工单 ········································································································· 168

任务二　汽车防盗系统 ···································································································· 169
　　一、工作任务 ········································································································· 169
　　二、相关知识 ········································································································· 169
　　三、任务实践操作——安装防盗器 ············································································ 172
　　四、任务工单 ········································································································· 174

任务三　汽车娱乐导航系统 ······························································································ 175
　　一、工作任务 ········································································································· 175
　　二、相关知识 ········································································································· 175
　　三、任务实践操作——安装汽车娱乐导航系统 ·························································· 181
　　四、任务工单 ········································································································· 183

任务四　汽车空调系统 ···································································································· 184
　　一、工作任务 ········································································································· 184
　　二、相关知识 ········································································································· 184
　　三、任务实践操作——安装汽车空调系统 ································································ 189
　　四、任务工单 ········································································································· 191

思考与练习 ···················································································································· 192

### 2. 汽车装饰的概念及分类

#### 1）汽车装饰的概念

汽车装饰是指增加或替换某些附属物品，使汽车表面和车内美观性提高的做法。广义的汽车装饰还包括汽车改装、汽车美容。

#### 2）汽车装饰的分类

按装饰部位不同，汽车装饰分为外部装饰和内部装饰。

- **外部装饰**：一般是指对汽车的车窗、顶盖、车身周围、车轮等部位进行的装饰，它主要包括车窗保护膜装饰、车顶开天窗、车身大包围装饰、车轮装饰、特种喷涂漆面装饰、底盘塑封保护装饰等。
- **内部装饰**：主要是指对汽车驾驶室和乘客室进行的装饰，它包括仪表板装饰、座椅装饰、地板装饰等。

## 二、汽车美容与装饰的依据及原则

### 1. 汽车美容与装饰的依据

汽车美容与装饰的依据主要是车型、使用环境、车况等。

#### 1）车型

车型档次不同，其所做的美容项目和所使用的用品也不同。高档车主要考虑美容效果，因而选择漆面镀晶、底盘装甲等高档美容项目；一般汽车主要考虑费用和实用性，因而选择打蜡、底盘塑封等常规美容项目。

#### 2）使用环境

汽车经常所处的环境不同，其美容装饰项目也不同。例如，沿海地区环境潮湿，且空气中盐分较多，易使金属划痕内部快速锈蚀，因此，汽车应及时修复划痕；高温地区容易使漆膜老化，寒冷地区容易使漆膜冻裂，应对汽车漆面进行预防护理等。

#### 3）车况

车况不同，其所需美容护理也不同。例如，汽车表面漆膜是容易出现擦伤、划痕的部位，应经常检查，并及时修复划痕，避免进一步被锈蚀；汽车底盘是最容易被腐蚀和磨损的部位，应经常检查，及时清除腐蚀物，并重新做好防护。

### 2. 汽车美容与装饰的原则

#### 1）预防与治理相结合原则

汽车美容首先应以预防为主，采取措施预防损伤发生。当出现损伤时，应及时治理，使其恢复原状。

#### 2）车主护理与专业护理相结合原则

除尘、清洗等简单护理，是汽车美容需经常进行的维护作业，车主可学习掌握一些简单的汽车美容知识，从而可在家自己进行日常的除尘、清洗。定期的专业护理也是必要的，可使整车得到清洁护理，使汽车使用寿命延长。

# 绪 论

汽车自诞生以来，已经有一百多年的历史。1970 年之后，全球汽车数量几乎每隔 15 年翻一番，现在全球汽车保有量已经超过 10 亿辆。汽车美容装饰行业自 20 世纪 80 年代以来在全球迅速发展，呈现一片繁荣景象。2010 年之后，我国汽车保有量以高于 10%的速度增长，截至 2015 年，国内汽车保有量已经达到 1.7 亿辆，因此，汽车美容装饰市场具有广阔的发展前景。

## 一、汽车美容与装饰的概念及分类

### 1. 汽车美容的概念及分类

#### 1）汽车美容的概念

汽车美容是指针对汽车各部位材质和保养条件，采用合适的美容护理用品和施工工艺，对汽车进行保养护理。它不仅包括简单的车内外清洁、打蜡等常规美容护理，还包括采用专业美容产品、高科技设备、特殊工艺和方法，对汽车漆面增光、镀膜、划痕处理以及发动机表面翻新、底盘防腐涂胶、轮胎更换维修、车身油漆修补等养护技术。

#### 2）汽车美容的分类

按美容操作程度不同，汽车美容可分为一般美容、汽车修复美容和专业汽车美容三种。

- **一般美容**：通常是指洗车和打蜡。路边洗车一般都是一块毛巾和一桶水，无专业清洗剂和专业机械设备，清洗往往不彻底，还容易划伤车面漆膜，造成细小划痕，因此，清洗汽车必须用专门的清洗剂，当有条件时，应尽量去专业汽车美容店清洗、打蜡。
- **汽车修复美容**：是指修复车身漆面或车内饰件表面缺陷的美容作业。常见的表面缺陷有漆面划痕、漆面斑点、内饰件表面破损等，一般通过表面处理、局部修补或整车翻新来修复漆面，通过修补或更换来处理车内饰件的表面缺陷。由于汽车修复美容需要专业的工具和设备，因此，汽车修复美容必须去专业汽车美容店。
- **专业汽车美容**：是指包括清洁、打蜡、维护、护理、装饰等系统性的美容作业。专业汽车美容具有系统性、规范性、专业性特点，它可使车身漆面达到新车效果，且能长期保持，使划痕玻璃完好如初，使裸露金属呈现金属光泽，使轮辋光泽亮丽。

> **提示**
> 
> 专业汽车美容应具有专门的操作工作室、专业设备和工具、合格的美容材料和用品，以及取得上岗资格的操作人员。

3）单项护理与全套护理相结合原则

单项护理能解决问题的，不做全套护理，这样既节省费用，又不会进一步损伤汽车；当汽车需要做全套护理时，应做全套护理，需具体问题具体分析。

4）局部护理与全车护理相结合原则

当汽车漆膜局部出现问题时，只对该局部进行护理即可；当汽车漆膜出现大面积损伤时，才进行整车漆膜护理。在实际工作中，护理面积由需求决定。局部护理能解决问题的，不做整块板护理；整块板护理能解决问题的，不做全车护理。

5）美观、实用、安全相结合原则

汽车装饰不仅会影响汽车的外观，还会影响汽车的安全性能，因此，应根据实际情况，选择适合的装饰项目，既确保装饰效果，又方便使用，且不危害行车安全。

## 三、汽车美容与装饰的现状及发展趋势

### 1. 汽车美容与装饰的现状

随着消费者爱车、养车意识的不断提高，越来越多的车主更加重视对车辆的日常保养和装饰，也逐渐接受"七分养，三分修"的新理念，因此，给汽车进行装饰和定期美容护理已成为汽车消费的重要内容之一。在欧美发达国家，汽车服务利润占整个汽车行业利润的60%；而我国的养车费用接近甚至超过汽车本身的价值。但目前我国汽车美容与装饰行业不健全，还存在以下问题。

1）企业经营不规范

汽车美容与装饰行业的高利润吸引大量人员从事该行业，使得市场上出现大量的无专业正规培训、无服务质量保证的汽车美容养护店，既影响服务质量，又影响品牌的建立和维持。

2）专业人才缺乏

汽车美容与装饰行业要求从业人员掌握汽车相关知识，而大部分实际从业人员根本不具备该条件，仅通过师傅传授进行操作。

3）缺乏统一的服务标准

汽车美容与装饰行业没有统一的服务标准，服务质量参差不齐，影响行业的健康发展和规模化发展。

### 2. 汽车美容与装饰的发展趋势

1）一站式服务和连锁经营

一站式服务和连锁经营是汽车美容与装饰行业发展的两个方向。一站式服务可使汽车在短时间内得到全方位护理，节省车主等待时间。连锁经营既有利于汽车美容与装饰行业的经营者降低经营成本，也有利于车主选择适合的店面对车进行养护。

2）整合资源，扩大企业规模

资本资源的整合有利于扩大汽车美容与装饰企业规模，提高企业档次，提高服务质量，使企业具有更大的竞争力。

3）专业化服务

随着人们消费能力的提高，人们对汽车服务的要求也会提高，因而要求汽车美容与装饰企业提供更专业的服务。汽车美容与装饰的专业化服务包括从业人员专业化、设备专业化、服务专业化三个方面。

# 项目一　汽车车身美容

## 项目导读

汽车在使用过程中，常常不可避免地会附着灰尘、油污、鸟粪等。此外，雨水、紫外线、有害气体、刮擦等会侵害或划伤汽车漆面，使汽车车身黯淡无光，甚至龟裂。因此，应经常对车身进行检查、清洗、护理，有的还需修复，使车身恢复原有状态，起到保护和美容效果。车身清洗是车身漆面美容、打蜡的基础，是汽车车身美容中最常见的项目。车身打蜡、漆面美容是对车身漆面的护理和修复。

## 学习目标

1. 了解车身表面污垢类型以及清洗剂的除垢机理
2. 掌握车身清洗的工具、设备和方法，熟悉车身清洗的类型
3. 熟悉车蜡的成分、分类及常用品种
4. 了解车蜡的作用和选用原则
5. 掌握车身漆面打蜡的基本程序
6. 了解汽车车身涂料以及车身喷涂工具
7. 掌握车身漆面修复工艺

## 能力目标

1. 能说明汽车车身的一般清洗过程
2. 能说明车身漆面打蜡过程
3. 能正确判断车身漆面划痕，并能进行相应修复处理

汽车美容与装饰

# 任务一　汽车车身的清洗

## 一、工作任务

任务单号：_____

| 工作任务 | 汽车车身的清洗 | 日期 | 年　月　日 |
|---|---|---|---|
| 车型/车牌号 | | 生产厂家 | 公司 |
| 任务描述： 五一长假，刘先生一家开车自驾游，行程一千多公里，回来时正好碰上下雨，汽车上沾满了泥土，他打算清洗一下车身，其他美容护理都不做。 ||||

| 操作要求 | 施工材料与施工设备 | 水枪、高压水枪、车身清洗液、毛巾、大毛巾、喷壶、鹿皮、一定数量的水桶、窗玻璃清洁剂、抹布、压缩空气、气管、气枪 | 是否满足 | □是　□否 |
|---|---|---|---|---|
| | 场地要求 | 可停放大型车辆的混凝土地坪、高压水源、足够长度的水管、适度的照明 | 是否满足 | □是　□否 |
| | 环境要求 | 环境温度15～25℃ | 是否满足 | □是　□否 |
| | 备注 | | | |

| 出单人签字： ____年___月___日 || 接单人签字： ____年___月___日 ||
| 车间负责人签字： 日期：　年　月　日 ||||

## 二、相关知识

### 1. 车身表面污垢的类型

汽车使用一段时间后,车身表面就会附着一层污垢。车身表面污垢的类型有外部沉积物、锈蚀、附着物、水渍等。

#### 1)外部沉积物

外部沉积物一般包括尘埃沉积物和油腻沉积物。

- **尘埃沉积物**:大气中一般都含有尘埃,尘埃容易凝聚和沉积在车身金属表面。尘埃凝聚和沉积的速度与尘埃大小、空气湿度、车身表面清洁程度等有关。
- **油腻沉积物**:一般是由润滑油浸透污泥并紧附着在车身表面形成的,或是由尘埃、污泥落到粘有机油的零件表面形成的。

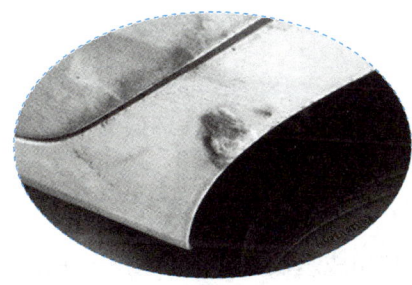

#### 2)锈蚀

锈蚀一般发生在汽车的钢铁部件上,当钢铁部件表面烤漆的防护层被划破时,该处的钢铁很容易被锈蚀,盐分、灰尘、湿气等会加快锈蚀速度。此外,潮湿环境也容易导致汽车钢铁部件生锈。

#### 3)附着物

附着物包括一般附着物和刮碰附着物。

- **一般附着物**:是指附着在车身表面的昆虫、鸟粪、沥青等污染物。这类附着物会侵蚀车身涂层内部,损伤车身基材,因此,应及时清洗。清洗时,应使用有机溶剂,这样才能清洗干净。
- **刮碰附着物**:是指物体与车身刮碰而附着的污染物。刮碰时有可能会损伤车身的漆膜和基材,附着污染物会进一步损伤它们,因此,有必要进行美容养护或修复。

#### 4)水渍

水中一般都含有化学溶剂、颜料等,当车身表面的水分蒸发之后,会在车身表面形成水渍。有些水渍不仅会浸透涂层,甚至还会损伤钢板。因此,车身表面的水应擦干,避免形成水渍。

### 2. 车身清洗剂

#### 1)车身清洗剂的主要成分及除垢机理

**(1)车身清洗剂的主要成分**

清洗剂的主要成分有表面活性物质、水玻璃、溶剂等。

- **表面活性物质**:又称表面活性剂或界面活性剂,它能显著降低液体表面张力,使固体污垢和液体污垢分别形成悬浮液和乳浊液。汽车清洗剂中常用的表面活性物质有油酸、醇类、三乙醇胺、合成清洗剂等。
- **水玻璃**:又称硅酸钠,它具有良好的悬浮能力,且能维持溶液的pH值基本不变。清洗酸性污垢时,水玻璃可以降低清洗剂的使用量。当水玻璃与表面活性物质同时使用时,可大大提高清洗剂的去污能力。

- 溶剂：是清洗剂的主体，它与表面活性剂一起与污垢发生化学反应，从而清除污垢。常用的溶剂有水基溶剂和油基溶剂，其中，水基溶剂常用的是水，油基溶剂常用的是煤油、汽油、松节油等。

（2）车身清洗剂的除垢机理

清洗剂除垢包括润湿、吸附、悬浮三个过程。

- 润湿：当清洗剂与汽车表面污垢接触时，清洗剂很容易润湿污垢表面以及污垢间空隙，使污垢与汽车表面的结合减弱。
- 吸附：清洗剂中电解质形成的无机离子会吸附在污垢质点上，可防止污垢质点相互吸引沉积。
- 悬浮：清洗剂中表面活性物质的一端定向排列吸附在污垢质点上，另一端与溶剂结合，使污垢脱落，悬浮于清洗剂中，从而清除污垢。

2）车身清洗剂的种类

（1）二合一清洗剂

二合一清洗剂同时有清洁和上蜡护理两种功能，具有使用方便、使用成本低、不易燃、环保等特点，常用于快速清洗打蜡。常用的二合一清洗剂有上光洗车液、M-2001香波等。

（2）香波类清洗剂

香波类清洗剂具有泡沫丰富、去污力强、不破坏蜡膜、不腐蚀漆面、使用成本低等特点，常用于去除车身表面的尘土和油污。

一些含阳离子表面活性剂的香波清洗剂，能去除车身携带的静电，还能防止车身形成交通膜。

（3）水系清洗剂

水系清洗剂一般由多种表面活性剂配制而成，具有强分散性和润湿性，是清洗车身表面尘埃和油污常用的清洗剂。在水系清洗剂中，常用的是不脱蜡洗车液，它具有使用方便、挥发慢、不易燃、环保等特点。

（4）增光型清洗剂

增光型清洗剂是一种同时具有清洁、增光、保护等作用的超浓缩洗车液，用它清洗车身，既能达到良好的清洁效果，还能在车漆表面形成一层透明的蜡质保护膜。

（5）污垢软化剂

污垢软化剂是一种柔和溶剂，常用于清洗沥青、鸟粪等已变硬且难清洗的污染物，它可直接用于车漆、防护杠、玻璃等表面。

污垢软化剂的使用很简单，将它喷在待清洗的污染物部位，5 min后用布擦掉，然后再用清水冲净车上的软化剂即可。由于污垢软化剂的pH值为9.5，工作时需做好保护措施，清洗产生的废水也应妥善处理。

（6）脱蜡清洗剂

脱蜡清洗剂含柔和溶剂，溶解力强，能去除车身油污以及车蜡，常用于重新打蜡前的车身清洗。

（7）溶剂蜡质开蜡水

溶剂蜡质开蜡水的主要原料是由橙皮提炼而成的，属于生物降解型溶剂，对环境无害，具有不易燃、耐腐蚀等特点，是目前唯一一种满足西方环保要求的蜡质开蜡水。溶剂蜡质开蜡水的碱性很强，使用时需做好保护措施。

### 3. 车身清洗工具和设备

#### 1）车身清洗工具

车身清洗常用的工具有喷水壶、毛手套、刮水板、鹿皮、毛巾、甩干桶等。

- 喷水壶：如图 1-1（a）所示，用来盛放已经调配好的洗车液。车轮、防护杠等难清洗部位以及清洗时遗漏的部位，用喷水壶喷洗车液进行清洗。
- 毛手套：用来擦拭车身上的洗车液，清除灰尘和油污，且不伤涂膜。
- 刮水板：如图 1-1（b）所示，用来刮去车身水分，使用方便，且不伤涂膜。
- 鹿皮：如图 1-1（c）所示，具有强吸水性，常用于精细擦拭车身和玻璃。
- 毛巾：用于清洗后的车身擦拭，擦干水分。
- 甩干桶：用于甩干毛巾、鹿皮、脚垫等。

 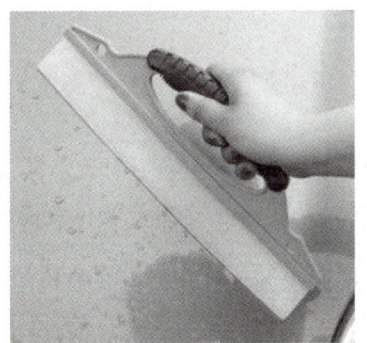 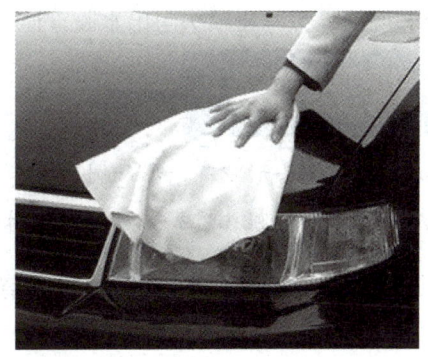

（a）喷水壶　　　　　　（b）刮水板　　　　　　（c）鹿皮

图 1-1　车身清洗工具

#### 2）车身清洗设备

车身清洗常用的设备有高压水枪、泡沫清洗机，如图 1-2 所示。

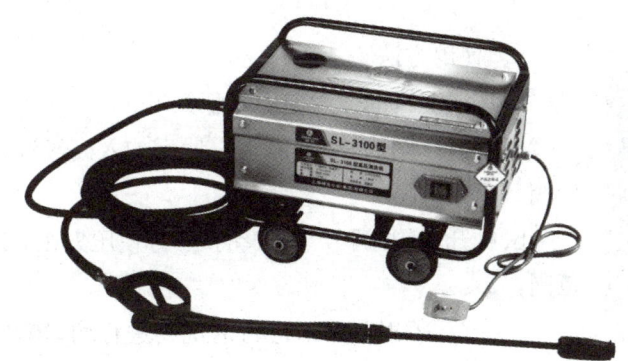 

（a）SL-3100 型高压水枪　　　　　　（b）泡沫清洗机

图 1-2　车身清洗工具

### （1）高压水枪

高压水枪又称高压清洗机，通常与高压空气压缩机水泵、高压水管配套使用，构成一套清洗汽车的高压清洗装置。它具有效率高、清洗质量好、清洗成本低、安全性高、环保等优点，是汽车清洗行业常用的清洗设备。

① 工作原理

高压水枪是通过动力装置使高压柱塞泵产生高压水来冲洗物体表面，当水的冲击力大于污垢与汽车表面之间的附着力时，高压水会剥离并冲走污垢，达到清洗汽车表面的一种清洗设备。

② 分类

按出水温度不同，高压水枪可分为冷水高压水枪和热水高压水枪。与冷水高压水枪相比，热水高压水枪多了一个加热装置，它更容易冲洗掉汽车表面的污垢、油渍，但使用成本也更高。

按驱动引擎不同，高压水枪可分为电机驱动高压水枪、汽油驱动高压水枪、柴油驱动高压水枪。后两种的优势是不需要电源，可直接在野外作业。

③ 使用方法

下面以SL-3100型高压水枪为例来说明高压水枪的使用方法，具体步骤如下。

a．检查。开机前检查机具各螺母、螺钉是否都已拧紧。将机油加入泵偏心轴箱内。

b．连接出水管。将高压胶管的快换接头与机具出水口上的快换接头相连，其另一头与扳机式喷枪上的接头相连。

c．连接喷头。将喷头与出水胶管连接。

**读一读**

> 常用的喷头形状有扇形和圆孔。其中，扇形喷头会产生扇形射流，雾角小、清洗力强，适用于清洗大面积污垢；圆孔喷头会产生束状射流，清洗力更强，适用于物体表面特别严重污垢的清洗。

d．连接水源。将进水管套在自来水管上，接通水源，打开扳机式喷枪的扳机，待泵具内空气排尽后，即可使用。

e．清洗。清洗工作压力一般不超过7 MPa，喷头与清洗面的距离不超过10 cm。

### （2）泡沫清洗机

① 特点及应用

泡沫清洗机具有不含沙粒、干净、省时、省力、省钱等特点，适用于汽车车身的日常清洁和保养，也适用于车内丝绒织品、座椅等的清洗。

② 使用方法

泡沫清洗机的一般使用步骤如下。

a．打开球阀，加注清水，然后加入高级洗洁精，关闭球阀。

b．打开气阀，调节气压表的压力，使压力在0.2～0.4 MPa范围。

c．打开喷射阀，对准待清洗物进行均匀喷射，然后再用干净的海绵擦干净即可。

### 4. 车身清洗方法

按清洗设备和方式不同，汽车车身的清洗方法可分为一般清洗、机械清洗和新型洗车方法。

#### 1）一般清洗

汽车车身的一般清洗是指利用简单设备、水、专用清洗剂进行人工擦洗，清除车身表面尘埃和污垢。它具有操作简单、成本低、效果不稳定等特点。

一般清洗应包括清洗前准备、第一次冲洗、擦洗、第二次冲洗、擦干五个步骤。

扫一扫

车身清洗

（1）清洗前准备

将车停放平稳，拉好手制动，关闭车门。按产品说明书调配清洗剂，量多浪费，量少清洗不干净。

（2）第一次冲洗

先用普通水枪自上而下冲洗一遍，冲掉车身表面的灰尘颗粒，避免颗粒划伤车身，然后再用高压水枪自上而下进行冲洗，彻底冲洗掉车身下部及底部的尘埃、泥砂。

**注意**

> 冲洗时，应始终保持斜向冲洗，尽量避免正向或反向冲洗，以免将泥砂冲回已洗干净部位。

（3）擦洗

先将配制好的洗车液均匀喷射到车身表面，然后用毛手套或海绵从上到下擦洗车身。车身各个角落都应仔细擦洗，沥青、焦油等顽固污渍需用专用溶剂清洗。

（4）第二次冲洗

用高压水枪进行第二次冲洗，冲洗顺序与第一次相同，重点冲洗车身顶部、上部和中部，流下来的水也冲洗着车身下部和底部，因此，车身下部和底部稍微冲洗即可。

（5）擦干

先用刮水板从上往下刮一遍水，然后用浸泡后再拧干的毛巾或鹿皮从前至后擦一遍，吸走车身大部分水分，再用鹿皮仔细擦一遍，使车身上不留下水痕。

#### 2）机械清洗

汽车的机械清洗是指利用专业的洗车设备清洗汽车外表面，如图1-3所示。

（1）清洗步骤

① 查看车身的污染情况，人工清洗污垢严重部位。

② 检查设备是否正常，然后接通电源。

③ 将车开至洗车台的停车位置，关上车窗和车门，关闭发动机，取下车顶天线。

④ 启动机械清洗机，清洗机先喷水润湿车表，然后滚刷运转刷洗车身的顶部、左侧、右侧，喷头冲洗车轮和底盘。车表各个部位冲刷后，清洗机再喷清水冲洗汽车各个部位。

扫一扫

全自动洗车

⑤ 喷水蜡，并抛光擦亮。
⑥ 用热蒸汽或压缩空气吹干车身。
⑦ 检查清洗质量，若有水痕或残留污垢，人工清洗去除。

图1-3　机械清洗汽车表面

**（2）注意事项**

① 确保车停放在洗车位置。
② 确保车门、车窗已完全关上。
③ 清洗完后，最好等车轮水分自然风干或擦干后再开车离开，避免灰尘再附着在车轮上。
④ 长期使用机械清洗汽车表面，容易损伤车身漆面。
⑤ 机械清洗存在死角，如车轮轮毂内、凹缘等。

**3）新型洗车方法**

**（1）蒸汽洗车**

蒸汽洗车喷出的高压蒸汽，既可消毒，又可去污，能迅速化解泥砂和污渍的黏性，使其脱离汽车表面，达到清洗的目的。蒸汽洗车还是一种集清洗、打蜡、保养于一体的洗车方法。

如图1-4（a）所示，蒸汽洗车是一种高级护理服务，它采用特殊处理的水蒸汽清洗车身，具有用水量少，去污效果显著，环保，设备体积小、质量轻、操作复杂，低温蒸汽不损伤车漆等特点，目前的主要服务形式是上门洗车。

**（2）无水洗车**

无水洗车又称干洗保护釉洗车，是对汽车进行清洁、打蜡、上光、养护一次完成的新型汽车保洁方式。无水洗车产品一般由新型表面活性剂、浮化剂、悬浮剂、增光乳液、棕榈蜡等成分组成，它能将尘土有效地吸附到擦车布上，避免划伤车漆，同时还能保护车漆，并使车漆更光亮。

如图1-4（b）所示，无水洗车时，先将无水洗车产品喷洒到待清洗车身表面，产品中的悬浮剂会快速渗透，使尘土、污渍与车漆间产生间隙，并在车漆表面形成保护层，同时棕榈蜡会包裹在污垢周围，使污渍与车漆隔离，表面活性剂能去除污渍，用湿毛巾轻轻一擦，灰尘、污渍等都吸附到毛巾上，起到去尘、去污的效果。

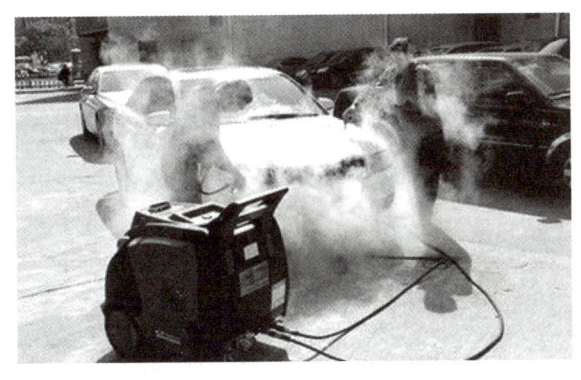　　　　　

（a）蒸汽洗车　　　　　　　　　　　　（b）无水洗车

图 1-4　新型洗车方法

无水洗车具有节水、环保、使用范围广、效率高、可保护车身漆面等特点，可针对车漆、玻璃、防护杠、轮胎、皮革、丝绒等不同部位、不同材料，使用不同的产品进行保养，可以在彻底清洁污垢的同时，使汽车得到有效的保养。

### 5. 汽车车身清洗的类型

汽车车身清洗类型繁多，常见的有一般性清洗、除蜡清洗、新车开蜡清洗、顽固污渍清洗、除车身静电清洗、除车身交通膜清洗、增艳清洗等。

#### 1）一般性清洗

一般性清洗也就是前面清洗方法中介绍的一般清洗，常用于无需去除蜡，只需清洗尘埃、污渍的汽车清洗，是汽车最常见的一种清洗方法。

#### 2）除蜡清洗

除蜡清洗是一种去除车漆表面原有车蜡的清洗作业。汽车使用一段时间后，车身漆面的保护蜡会逐渐老化或局部脱落，无法继续保护车身漆面，需将这些蜡清除干净，然后再上新蜡。

除蜡清洗时，需针对不同的车蜡选择合适的除蜡水，有效去除车蜡，然后再用清水冲洗干净车身即可。

#### 3）新车开蜡清洗

为了避免新车运输时遭受日晒雨淋而老化、生锈，新车在下线时会喷蜡进行覆盖保护。新车开蜡清洗就是去除新车下线时所喷保护蜡的清洗过程，这是车主买回新车后必须要做的清洗。

新车开蜡清洗应在专业汽车美容店做。专业汽车美容店一般会先用新车开蜡剂去除保护蜡，然后再深层次清洁养护车漆，并用高泡沫柔性洗车液清洗上光，最后用不含抛光剂的新车专用蜡密封车漆表层，使车身表面充分展现车漆底色。

（1）新车封蜡的种类

按蜡的成分不同，新车下线时所喷蜡可分为油脂型保护蜡、树脂型保护蜡、硅油保护蜡。

- **油脂型保护蜡**：可防止高碱性海水、树枝或人为造成的漆面损伤，常用于需长途海运新车的涂蜡保护，可用油脂开蜡水进行新车除蜡。
- **树脂型保护蜡**：可防止运输中人为造成的漆面划痕，但无法抵御海水侵蚀，主要用于短途陆地运输新车的涂蜡保护，可用树脂开蜡水进行新车除蜡。
- **硅油保护蜡**：可有效防止紫外线、酸碱气体、树枝、风沙对车身漆面的侵害，但无法抵御海水和刮擦对漆面的损害，主要为新车提供短期保护，可用强力脱蜡洗车液进行新车脱蜡。

### 提示

新车开蜡的目的是使汽车呈现本身的漆面光泽，以及便于清除新车运输过程中车身外表面附着的尘埃和污染物。

（2）新车开蜡的步骤

① 检查整个新车，看是否完好无损，并做好记录。

② 用高压水枪冲洗整个车身。

③ 根据新车车蜡，选择合适的开蜡水或脱蜡水。将开蜡水或强力脱蜡洗车液均匀地喷洒到汽车车身。

④ 5 min 之后，用湿毛巾擦掉开蜡水或强力脱蜡洗车液。

⑤ 用洗车液清洗整个车身。

⑥ 用高压水枪冲洗车身上擦掉的蜡质及污物，然后再擦干，则新车开蜡清洗完成。

### 注意

新车开蜡注意事项如下。

① 新车开蜡之前，必须先清洁全车外表。

② 开蜡过程中，毛巾需不断清洁。

③ 新车开蜡时的环境温度最好应在 20℃ 以上。

④ 若擦除封蜡过程中出现"吱吱"响声，应立即停止。

⑤ 不能用汽油、煤油、柴油溶解除蜡。

⑥ 新车开蜡后，需重新打蜡保护。若封蜡停留在车体表面两年以上，则开蜡后还需抛光，然后再打蜡。

4）顽固污渍清洗

沥青、焦油、鸟粪等污渍，若长时间附着在车身漆面，会腐蚀车漆，且会变硬，难以清除。这类顽固污渍必须用焦油去除剂、有机溶剂等专用清洗剂才能清除干净。

5）除车身静电清洗

汽车在行驶过程中因摩擦会产生强静电层，从而吸附大量灰尘和油污，且用水一般不能彻底清除，需用专用车身静电去除剂清除。例如，汽车专用清洁香波就是一种常用的清除车身静电的产品，它的 pH 值为 7.0，是一种中性车身清洁剂，它所含的阴离子表面活性剂和其他成分会与车身所带的静电荷发生作用，从而清除车身电荷。

车身静电清除步骤如下。

① 用高压水冲洗干净车身表面。

② 按使用说明书稀释汽车专用清洁香波，然后喷洒到车身表面，或用海绵蘸取稀释液涂擦车身表面。

③ 等待片刻后，再用高压水冲洗车身表面，冲掉泡沫。

6）除车身交通膜清洗

车身上产生的静电会吸附灰尘、有害气体分子等，这些附着物会逐渐加厚，时间久了便会形成一层膜，这种膜称为交通膜。交通膜不仅使车身变得黯淡无光，还严重影响上蜡质量。交通膜需用专用交通膜去除剂才能清除，按说明书稀释该去除剂，然后喷洒到车身上，间隔一段时间后，用高压水冲洗干净即可。

7）增艳清洗

增艳清洗是去除车身表面抛光或上镜面釉后残留的抛光剂和油分，为上蜡保护打基础。增艳清洗不仅能使车身漆色变得更艳丽，还能增强蜡膜光泽度，提高车身的抗静电性和抗氧化性。

增艳清洗常用的清洗剂是清洁上蜡二合一香波，按说明书进行稀释，然后用海绵蘸取稀释液涂抹车身，涂抹完后用水冲掉泡沫，再用软布擦干即可。

## 三、任务实践操作——车身的一般性清洗

操作工人用高压水枪清洗刘先生的车，具体步骤如下。

① 全面检查车身，并做好污染物种类和污染程度的记录。

② 检查车门、车窗、行李箱盖等部位是否已关严实，确保这些部位关严实。

③ 如图 1-5 所示，先用水枪冲湿整个车身，尽量将车身上的灰尘和泥巴冲掉，然后再用高压水枪冲洗，并着重清洗车轮、两侧防撞条、底盘等部位。

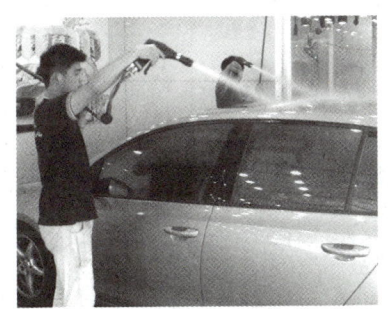　　

（a）冲洗车身　　　　　　　　　　（b）冲洗车轮

图 1-5　第一次冲洗

④ 配制车身清洗液，装入喷壶中，喷洒全车，然后用毛巾擦洗，如图 1-6 所示。擦车的顺序：车顶→挡风玻璃→发动机罩→防护杠→灯具→车身的一个侧面（包括玻璃）→车身后部（包括玻璃，尾灯）→车身的另一侧（包括玻璃）以及车轮。

⑤ 如图 1-7 所示，用高压水枪按擦车顺序冲洗整车，直到把清洗液冲洗干净。

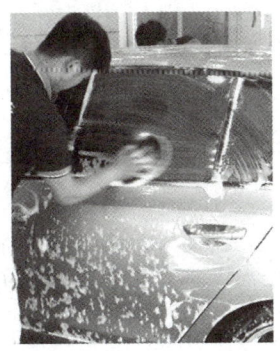　　

图 1-6　用清洗液擦洗车　　　　　图 1-7　第二次冲洗

⑥ 两人配合，用大毛巾快速擦去车身表面的浮水。

⑦ 如图1-8所示，用干净的毛巾擦干整车，包括轮胎、轮毂等部位。

⑧ 如图1-9所示，用压缩空气按擦车顺序吹干残留水分，尤其注意门窗的缝隙处。

图1-8 用毛巾擦干整车

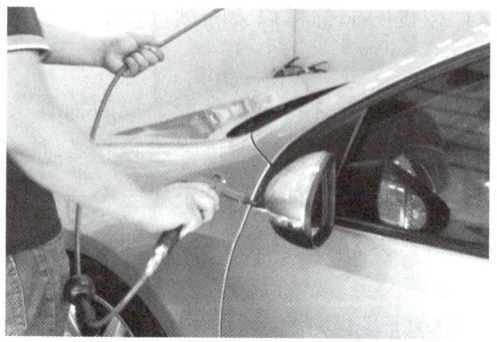
图1-9 吹干残留水分

车身清洗应注意发动机罩周缘缝隙、轮胎挡泥板、门柱间缝隙、门把手、门缝隙、窗户槽、踏板槽、后备箱盖缝隙、标志等部位的清洗。

## 四、任务工单

| 任务名称 | 汽车车身的一般性清洗 | 姓名 | | 日期 | 年　　月　　日 |
|---|---|---|---|---|---|
| 污染物种类及污染程度 | | | | | |
| 高压水枪的使用要点 | | | | | |
| 车身清洗的操作流程 | | | | | |
| 操作中出现的问题及其原因和解决方法 | | | | | |
| 技能掌握程度 | 非常熟练□　　　比较熟练□　　　一般熟练□　　　不熟练□ ||||||
| 教师评语： | | | | | |

任务实践成绩＿＿＿＿分

日期：　　　年　　月　　日

# 知识拓展——车身外部部件的清洗

车身外部部件材质不同,其清洗方法和清洗剂也不同。车身外部部件常用的材质有镀铬、不锈钢、玻璃、塑胶等。

## 1. 镀铬件的清洗

空气中的水分、有害气体会腐蚀天线杆、后镜架、车轮侧护板等镀铬件,使镀铬件失去光泽,甚至生锈,影响汽车美观。

一般镀铬件先用清水清洗,再擦干,然后用抹布蘸汽车镀铬抛光剂反复擦拭镀铬件,直至光亮。

若镀铬件表面有严重的锈垢,则应先用除锈剂进行除锈,然后再进行抛光处理。锈垢不能使用钢刷或腐蚀性清洗剂进行清除。

## 2. 不锈钢饰件的清洗

脚踏板、防护杠、防撞杠等不锈钢件大部分位于汽车下部,容易遭受污染,需经常清洗。清洗时,可先喷涂不锈钢上光清洗剂,再用软布擦拭,然后用水冲洗干净、擦干即可。这不仅清除了不锈钢件的表面污物,还具有上光效果。

## 3. 车窗玻璃外表面的清洗

长时间不清洗的车窗玻璃外表面会形成交通膜,用水清洗不仅费时费力,还会留下交通膜花纹,因此,需用专用玻璃清洁剂清洗。先用玻璃清洁剂擦洗玻璃,除去表面灰尘和交通膜,然后涂抹风窗玻璃抛光剂,几分钟之后再用干净的棉布按直线擦拭,直至擦亮为止。

玻璃清洁剂不仅具有清洁和上光两种功用,还能防止灰尘二次沉降以及改善刮水器的擦痕。

## 4. 塑胶件的清洗

车门把手、后视镜外壳等塑胶件经历长时间风吹日晒后,会失去光泽,甚至氧化龟裂,影响汽车美观。清洁护理塑胶件时,先用水擦洗一遍,再用棉布蘸取塑胶护理上光剂反复擦拭,然后再用水冲洗干净、擦干即可。

# 任务二　汽车车身漆面打蜡

## 一、工作任务

任务单号：_____

| 工作任务 | | 车身漆面打蜡 | 日期 | 年　　月　　日 |
|---|---|---|---|---|
| 车型/车牌号 | | | 生产厂家 | 公司 |
| 任务描述： 从 2012 年到现在，蒋先生的车已经使用四年，当年买车后就给车上了新车保护蜡，之后两年都给车上新车蜡，今年 7 月份时上过一次蜡，12 月他打算再给车做一次打蜡护理。 | | | | |
| | |  | | |
| 操作要求 | 施工材料与施工设备 | 水枪、高压水枪、喷壶、水蜡洗车液、打蜡海绵球、超级固蜡、抹布、擦蜡毛巾、纸胶带 | 是否满足 | □是　□否 |
| | 场地要求 | 可停放大型车辆的混凝土地坪，适度的照明 | 是否满足 | □是　□否 |
| | 环境要求 | 环境温度 15～25℃ | 是否满足 | □是　□否 |
| | 备注 | | | |
| 出单人签字：　　　　　　　　　　　____年___月___日 | | | 接单人签字：　　　　　　　　　　　____年___月___日 | |
| 车间负责人签字： | | | 日期：　　年　　月　　日 | |

## 二、相关知识

汽车车身漆面打蜡是指在已清洗车身表面先涂一层保护蜡，然后再将蜡抛出光泽的过程。打蜡是汽车漆面护理最常使用的方式。

### 1. 车蜡的主要成分及其作用

车蜡一般由蜡脂、硅油、溶剂、染料、研磨料、界面活性剂等成分组成。

- 蜡脂：主要作用是形成蜡膜，保护车身漆膜，且能产生光泽。
- 硅油：主要作用是提高涂蜡作业的顺滑性和蜡的光泽度。
- 溶剂：主要作用是溶解蜡和硅油，以及去除漆面上的油污。
- 染料：主要作用是改变蜡的色调。
- 研磨料：主要作用是去除车身的老化漆膜或污染物，以及提高蜡膜的均匀性。
- 界面活性剂：主要作用是均匀混合蜡脂、溶剂和水，从而更容易去除车身污垢。

2. 车蜡的分类及常用品种

车蜡种类繁多，打蜡时应根据车身漆膜选择合适的车蜡产品。

1）车蜡的分类

（1）按功能分类

按功能不同，车蜡可分为上光蜡和抛光研磨蜡两种。

- 国产上光蜡：常用于喷漆作业的表面上光，它的主要添加成分是松节油、蜂蜡。
- 国产抛光研磨蜡：常用于浅划痕处理和漆膜磨平，它的主要添加成分是硅藻土、地蜡、矿物油、氧化铝、乳化剂等。

（2）按物理形态分类

按物理形态不同，车蜡可分为固体蜡和液体蜡两种。其中，液体蜡在汽车日常美容护理中应用更广泛。

（3）按作用分类

按作用不同，车蜡可分为防静电蜡、防水蜡、防紫外线蜡、防高温蜡等。

（4）按生产国别分类

按生产国别不同，车蜡可分为国产蜡和进口蜡。其中，国产蜡主要占据低档蜡市场，进口蜡占据中高档蜡市场。

2）车蜡的常用品种

市场上常用的车蜡有上光蜡、砂蜡、钻石蜡、至尊硬蜡、抛光蜡、去污蜡等。

（1）上光蜡

上光蜡分为普通上光蜡和新车上光蜡。其中，新车上光蜡又包括新车保护蜡和新车蜡两种。

- 普通上光蜡：不含研磨材料，不伤车漆，可去除车身表面污渍，它形成的保护膜可防止漆面划伤，延缓车漆老化，常用于较好漆面的早期保养和抛光翻新后的漆面护理。
- 新车保护蜡：具有强抗氧化性和强抗腐蚀性，是新车开蜡后应立即涂抹的车蜡，它可使汽车漆膜在使用过程中得到有效保护。一般的正常洗车不会清洗掉新车保护蜡，因此，新车保护蜡的有效使用期较长，有的可达到一年之久。
- 新车蜡：是一种柔和性蜡，且不含抛光剂，不会损伤车身漆面，又能对车漆形成有效保护，常用于新车漆面日常护理。新车蜡的有效使用期比新车保护蜡短。

（2）砂蜡

砂蜡是由合成蜡和特殊研磨剂组成的，砂蜡中的研磨剂可轻松去除车体表面上的氧化膜、细微划痕、花斑及顽固污垢，使老化、褪色、失光的旧漆层重现原有的迷人光泽。其中，高级砂蜡集去污、上光、修复划痕、保护车漆为一体，是汽车美容上蜡的首选用品。

### (3) 钻石蜡

钻石蜡是一种高级美容蜡，它会在车身漆面形成坚硬、光滑、雅致的保护膜，且会使漆面产生水晶效果，同时还具有抗晒、抗洗涤、保留时间长等特点，适用于各种颜色的高级轿车。

### (4) 至尊硬蜡

至尊硬蜡具有硬度大、抗洗涤、抗划痕、防水、耐高温、耐酸碱侵蚀、持久等特点，是车漆的钢甲保护层，适用于车身漆膜保护。

### (5) 抛光蜡

抛光蜡含有细微的研磨材料，可有效去除车身表面污渍、细小划痕和浅锈蚀，它形成的膜能防水、防尘，还能延缓车漆老化，常用于车辆漆膜修复护理。

### (6) 去污蜡

去污蜡能有效清洁车身表面的污渍、水痕、氧化膜等污染物，并在车漆表面形成蜡膜，延缓漆膜老化，保持漆膜光泽和色彩，它常用于车身表面的清洁护理。

## 3. 车蜡的主要作用

车蜡是车身表面的最外层保护，它的主要作用有上光、防划伤、防水、研磨抛光、抗高温、防静电等。

- **上光**：是车蜡的一个基本作用，车辆打蜡后一般都能改善漆面光泽度。
- **防划伤**：打蜡形成的蜡膜一般可以防止细小划伤，至尊硬蜡的防划伤效果尤其突出。
- **防水**：车蜡能大大减少水滴在车身漆面上的附着。
- **研磨抛光**：用研磨抛光车蜡处理浅划痕，抛光和打蜡可一次完成。
- **抗高温**：通过有效反射入射光，避免底色漆因光照射而老化变色，延长漆膜使用寿命。
- **防静电**：打蜡形成的蜡膜不仅能防止空气、尘埃与车身漆面摩擦而产生静电，还能减少带电尘埃附着于车身表面。

## 4. 车蜡的选用原则

车的种类、状况不同，所需要的车蜡类型也不同。车蜡的选用原则如下。

① 根据车蜡的作用、漆面新旧、漆面质量、季节、车辆行驶环境来选择车蜡。

② 根据车漆颜色选择适合的车蜡。

考虑漆面新旧、漆面质量、车蜡的作用时，车蜡的具体选择如下。

- **漆面新旧**：新车或新喷漆车辆，一般选用上光蜡来保护车身的光泽和颜色；旧车或喷漆已使用很长时间的车辆，可先用研磨蜡抛光，然后再用上光蜡来上光。
- **漆面质量**：中高档轿车的漆面质量一般较好，宜选择高档车蜡；普通轿车的漆面质量一般，可选择一般车蜡。
- **车蜡的作用**：车蜡种类不同，其作用不同，应根据实际情况选择合适的车蜡。例如，化学工业区应选择具有防酸雨侵蚀的车蜡；光照强地区应选择具有防紫外线、抗高温的车蜡；沿海地区应选择防盐腐蚀的车蜡；多雨地区应选择防水性好的车蜡。

### 5. 打蜡抛光机

打蜡抛光机是汽车打蜡常用的设备，它同时具有打蜡和抛光两种功能，如图 1-10 所示。打蜡时，在双层海绵托盘上套上打蜡套；抛光时，取下打蜡套，更换抛光套，即可进行抛光。

图 1-10　尤利特 YD-8302 打蜡抛光机

尤利特 YD-8302 打蜡抛光机的使用方法如下。

① 先将打蜡套套在打蜡抛光机海绵托盘上，再将打蜡抛光机与车内 12 V 点烟器连接，如图 1-11 所示。

② 将蜡均匀地涂抹在打蜡套上。

③ 打开打蜡抛光机的开关，均匀地在汽车各个表面进行打蜡，如图 1-12 所示，打完蜡后关闭开关。

④ 用毛巾擦去多余的蜡。

⑤ 取下打蜡套，换上抛光套。

⑥ 打开开关，按打蜡顺序均匀地抛光汽车各个表面，如图 1-13 所示。抛光完后关闭开关，然后从点烟器上取下连接头即可。

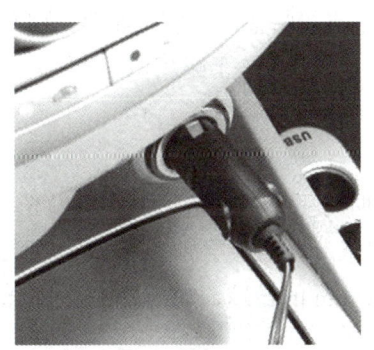　　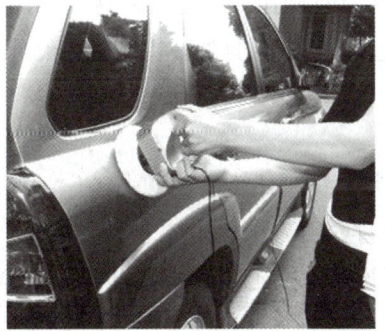　　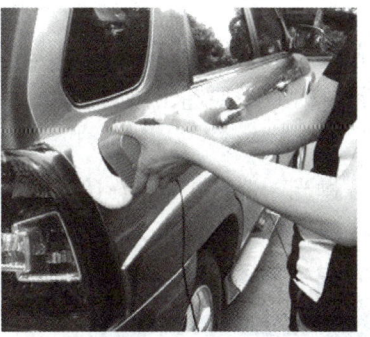

图 1-11　连接点烟器　　　　图 1-12　打蜡　　　　图 1-13　抛光

**注意**

使用打蜡抛光机时，应注意以下事项。

① 开机或关机时，打蜡抛光机应远离工作表面。

② 打蜡抛光机完全停止转动后，才能将其放下。

③ 进行打蜡抛光时，不能离边框、防护杠等可能咬住转盘部位太近。
④ 将连接头与点烟器连接时，应确保打蜡抛光机的开关是关着的。
⑤ 打蜡抛光机在使用过程中，应保持平稳。

### 6. 汽车车身漆面打蜡的基本程序

汽车车身漆面打蜡一般包括清洗汽车、研磨、上蜡、抛光、检查清理五个步骤。

#### 1）清洗汽车

在打蜡前，必须彻底清洗汽车，按前面介绍的车身清洗中的一般清洗步骤进行清洗。若车身表面漆膜已氧化、锈蚀，则需先清除氧化层、锈蚀层，然后再进行打蜡操作。

#### 2）研磨

研磨又称打底，是指磨掉老化烤漆的过程。可用含研磨剂的复合蜡来进行打底。打底时，用胶带粘贴遮盖比较薄的烤漆部位，然后分成小块区域（30～40 cm²）仔细研磨。

#### 3）上蜡

新车一般上蜡1～2层，旧车一般上蜡3～4层，具体层数由车身漆膜状况决定。按是否使用机械，上蜡可分为手工上蜡和机械上蜡两种。

手工上蜡

**（1）手工上蜡**

手工上蜡具有操作简单、方便、耗时长、效率低等特点。手工上蜡时，将适量车蜡涂在专用打蜡海绵上，然后按一定顺序、分段、分块往复直线或环形均匀地涂抹。涂抹时，力度应合适，每道涂抹与上道涂抹的区域应有20%～25%的重叠，以免漏涂。

**（2）机械上蜡**

机械上蜡具有操作相对复杂、耗时短、效率高等特点。机械上蜡时，将车蜡涂在打蜡抛光机的打蜡套上，然后打开开关进行打蜡。机械上蜡的涂抹方式与手工上蜡相似，边、角、棱处涂抹时应不要超出漆面。

#### 4）抛光

抛光一般在上蜡5～10 min后进行，按车蜡使用说明书操作。抛光时可手工抛光或用抛光机抛光。

🚗 **手工抛光**：当车蜡不黏手背时，用无纺棉布按上蜡顺序进行擦拭，直至蜡层如镜子一样光滑。

🚗 **抛光机抛光**：当车蜡完全干燥后，按上蜡顺序，以低于1 000 r/min的转速，均匀地进行抛光。

> **提 示**
>
> 抛光对车具有以下保养作用。
> ① 通过蜡质光泽可使漆面达到光亮无瑕的镜面效果。
> ② 通过研磨可去除漆面污染物、氧化层、细微划痕等。

#### 5）检查清理

先检查整个车身的打蜡质量，进行必要的处理；然后清除车门、车灯、车牌等缝隙处的残留车蜡，以免影响车身美观和产生锈蚀。

### 7. 打蜡的注意事项

① 注意打蜡时机和环境。雨天、阳光直射或车身温度过高时不适合打蜡。打蜡一般在清洁、通风的室内进行。

② 注意打蜡范围。上蜡时不要将蜡抹到门边塑料装饰条、前后塑料防护杠以及车体其他塑料件上。

③ 注意控制抛光力度和转速，以免抛伤车身漆膜。

④ 注意打蜡频率。打蜡间隔一般为 2~4 个月，当车身光泽较差或手摸车身感觉不光滑时，应进行打蜡。

## 三、任务实践操作——车身漆面打蜡

操作工人决定用水蜡洗车液清洗蒋先生的车，用超级固蜡给车身打蜡，具体操作步骤如下。

① 先用水枪冲洗汽车车身，然后再用高压水枪冲洗，如图 1-14（a）所示。

② 用喷壶将水蜡洗车液喷到车漆表面，喷完后如图 1-14（b）所示；然后用毛巾擦洗，如图 1-14（c）所示；擦洗完之后，用清水冲洗掉水蜡洗车液，如图 1-14（d）所示。冲洗干净后用抹布擦干，如图 1-15 所示。

（a）冲洗车身

（b）喷涂水蜡洗车液

（c）毛巾擦洗车身

（d）清水冲洗水蜡洗车液

图 1-14　车身清洗过程

③ 用纸胶带粘贴遮盖车身饰条、雨刮喷水头、标志字母等。

④ 用海绵球沾超级固蜡，均匀地涂抹在汽车车身上，如图 1-16 所示。

图 1-15　抹布擦干

图 1-16　涂抹固蜡

⑤ 让固蜡在车身上保持 10 min，然后用毛巾擦拭固蜡，即手工抛光，如图 1-17 所示。

⑥ 检查并清理残留蜡。该车打蜡后的效果如图 1-18 所示。

图 1-17　手工抛光

图 1-18　打蜡效果图

## 四、任务工单

| 任务名称 | 车身漆面打蜡 | 姓名 | | 日期 | 年　月　日 |
|---|---|---|---|---|---|
| 车身漆面打蜡的操作流程 | | | | | |
| 打蜡要点 | | | | | |
| 操作中出现的问题及其原因和解决方法 | | | | | |
| 技能掌握程度 | 非常熟练□　　比较熟练□　　一般熟练□　　不熟练□ | | | | |
| 教师评语： <br><br><br><br> 任务实践成绩＿＿＿＿分 <br> 日期：　　年　月　日 | | | | | |

## 知识拓展——车身漆面的封釉、镀膜和镀晶

车身漆面的护理方式除打蜡外，还有封釉、镀膜、镀晶等。其中，打蜡是车身第一代漆面美容，也是最便宜、最普通、最常用的漆面美容项目；封釉和镀膜分别是车身第二代、第三代漆面美容，封釉价格比打蜡稍贵，镀膜价格比打蜡、封釉贵得多；镀晶是目前最尖端的车身漆面美容项目，价格最高。

### 1. 车身漆面的封釉

车身漆面的封釉是指用振抛机使羊毛或海绵上的釉渗透到车身漆面缝隙的过程。其中，釉一般是从石油副产品中提炼出来的抗氧化剂，具有耐高温、耐腐蚀、附着力强、光泽度好等特点。

漆面封釉

#### 1）封釉的特点

车身漆面封釉后，会在车漆表面形成一层光滑、透明的保护膜，漆面能达到甚至超过原车漆效果。封釉具有耐高温、耐酸碱、耐腐蚀、抗紫外线等优点，但耐久性一般，3～6个月后需再做封釉，且封釉后汽车不能更改为其他漆面护理方式。

#### 2）封釉的施工过程

封釉包括中性清洗、黏土打磨、深度清理、振抛封釉、无尘打磨五个步骤，一般需要4～5小时作业时间。

- **中性清洗**：用中性清洗剂清洗车身，以免碱性清洗剂腐蚀车漆。
- **黏土打磨**：用"去污黏土"打磨车身，清除车漆表面尘埃、胶质等未清洗掉的污染物。
- **深度清理**：用静电抛光轮既可清除漆膜毛孔内的杂物，又可磨平漆膜上的细小划痕。当静电抛光轮配合增艳剂使用时，还能使车漆增艳如新。
- **振抛封釉**：釉在振抛机挤压下进入车漆毛孔，形成网状保护层，附着在车漆表面。
- **无尘打磨**：用无尘纸打磨车身，使车漆光亮如镜面。

### 2. 车身漆面的镀膜

车身漆面镀膜是指在车漆表面镀一层保护膜。镀膜常用的材料有硅素聚合物、玻璃纤维素、氟素聚合物等非石油环保材料。

漆面镀膜

#### 1）镀膜的特点

镀膜的效果比打蜡、封釉好，但施工技术更复杂、价格更高、耐久性也一般。多层镀膜可使耐久性达到1年左右。

#### 2）镀膜的施工过程

汽车美容镀膜主要包括玻璃纤维素镀膜、汽车蜡膜、无机纳米镀膜三类。其中，无机纳米镀膜是近几年出现的新镀膜材料，具有硬度高、渗透力强、附着力强、防紫外线强、立体感强、疏水自洁、便于清洁维护等特点，如图1-19所示。

无机纳米镀膜的施工过程包括洗车、研磨、抛光、镀膜等步骤。

- **洗车**：清除车身漆面尘埃、油污等污染物。
- **研磨**：根据车况需要进行研磨，从而去除划痕、整平漆面。
- **抛光**：填补细微缝隙，使漆面平滑亮丽。

- 镀膜：可先上一层棕榈蜡作为保护膜，再上纳米莲花蜡，再用细纤维蜡布擦去蜡，然后喷纳米疏水镀膜，等待20～30 min，当漆面长出细绒毛状结晶后，用细纤维蜡布擦去蜡即可。

镀膜之后的一到两个月内，需再喷一层喷蜡，这样才能确保镀膜的疏水效果。

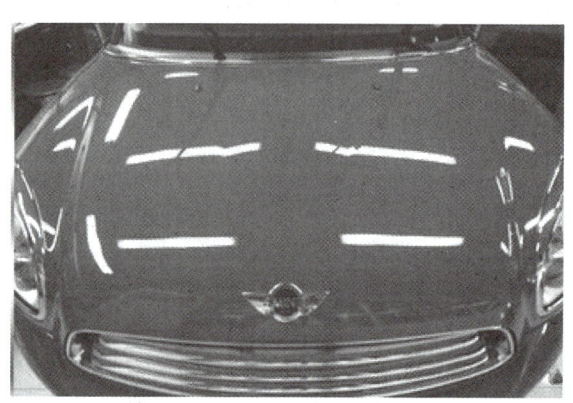

图1-19 车身漆面镀无机纳米膜

封釉与镀膜、打蜡的区别主要体现在以下几个方面。

① 原料不同。釉和蜡都是从石油中提炼，再加上一些辅助原料制成的；镀膜是用植物、硅等环保且稳定的原料提炼合成的，避免了车漆表面的连带氧化问题。

② 养护理念不同。封釉和打蜡是将釉或蜡压入车漆缝隙中，与车漆融为一体，起到增亮效果，但它们本身的易氧化性会连带周围漆面共同氧化。镀膜时，将稳定且不易氧化的原料以透明膜的形式敷在漆面上，既保护漆面免遭外界损伤，又避免保护剂本身影响车漆。

③ 操作工艺不同。釉和蜡是用高速研磨机压入漆面，会损伤漆面；镀膜是采用涂抹和擦拭的方式，不会损伤漆面，膜是依靠分子结合力附着在漆面上。

### 3. 车身漆面的镀晶

车身漆面镀晶是指在车漆表面形成一层保护晶体的过程，它可提高漆面亮度和硬度。车身漆面常用的镀晶产品主要有无机结晶体、有机聚合结晶、纳米渗透性结晶三类。其中，无机结晶体的优点是耐酸碱；有机聚合结晶的优点是干燥速度快，疏水性好；纳米渗透性结晶的优点是疏水性好、亮度高，如图1-20所示，但这种结晶对漆面无保护作用。

 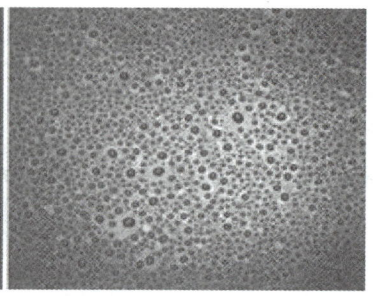

(a) 镀晶处理前的漆面　　(b) 镀晶处理后的漆面

图1-20 车身漆面镀晶前后的疏水性

1)镀晶的特点

镀晶一般具有耐腐蚀、耐划痕、抗静电、易清洗、更光亮、时效长等优点,它的缺点是施工复杂、作业时间长、价格高。

2)镀晶的施工过程

镀晶的施工步骤如下。

① 清洗车辆。

② 将脱脂剂喷到毛巾上,用该毛巾来回擦拭车漆。

③ 车身漆面干燥后,将镀晶产品滴到海绵块上,按发动机盖、车顶、后备箱盖、前车门、后车门、前防护杠、后防护杠顺序进行涂抹。

④ 5 min 后,用毛巾轻轻地来回擦拭,直至漆面光亮。用另一条毛巾清理残留镀晶产品。

⑤ 50 min 后可进行第二次镀晶施工,即重复进行第二步到第四步的操作。

扫一扫

漆面镀晶

# 任务三　汽车车身漆膜修复美容

## 一、工作任务

任务单号:＿＿＿＿＿＿＿

| 工作任务 | | 车身漆膜修复 | 日期 | 年　　月　　日 |
|---|---|---|---|---|
| 车型/车牌号 | | | 生产厂家 | 公司 |
| 任务描述:<br>　　早上起晚了,杨女士开车送女儿上学,为了尽快赶到学校,只要有机会就超车,超车时不小心与另一辆车发生了刮碰。现在,她打算修复该擦痕。 | | | | |
| | | 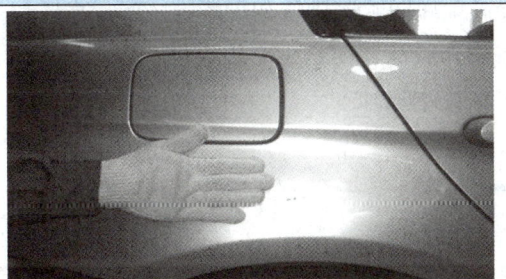 | | |
| 操作要求 | 施工材料与施工设备 | 喷枪、底漆、中涂底漆、面漆、抛光机、打磨机、钣金工具、遮护衣、遮盖纸、防护眼镜、口罩、手套 | 是否满足 | □是　□否 |
| | 场地要求 | 可停放大型车辆的混凝土地坪,适度的照明 | 是否满足 | □是　□否 |
| | 环境要求 | 环境温度15～25℃ | 是否满足 | □是　□否 |
| | 备注 | | | |
| 出单人签字:<br>　　　　　　　　　　　　年＿＿＿月＿＿＿日 | | | 接单人签字:<br>　　　　　　　　　　　　年＿＿＿月＿＿＿日 | |
| 车间负责人签字:<br>　　　　　　　　　　　　　　　　　　　　　　　　　　　　日期:　　年　　月　　日 | | | | |

## 二、相关知识

汽车在使用过程中容易出现漆面失光、漆面划伤、破损等，影响汽车美观。当出现这些情况时，需对汽车漆面进行美容。汽车漆面美容不仅可保持车容整洁美观，还可延长汽车使用寿命。

### 1. 汽车车身涂料

汽车涂料一般由树脂（成膜物质）、颜料、溶剂、添加剂等组成。

按使用部位不同，汽车涂料可分为车身用涂料、货箱用涂料、底盘用涂料、发动机部件用涂料等。

按是否含有颜料，汽车涂料可分为清漆、色漆、腻子。

按功能不同，汽车涂料可分为原厂漆、修补漆、配件漆。

按使用层次不同，汽车涂料可分为汽车底漆、汽车用中间涂料、汽车面漆。

#### 1）汽车底漆

底漆是指涂料直接涂布在已经预处理的汽车表面基材上的第一道漆。底漆的作用是防止金属表面氧化腐蚀，增强金属表面与涂层之间以及涂层之间的附着力。因此，底漆应具有良好的附着力、耐水性、耐腐蚀性、施工性能，以及与中间涂层和面漆涂层之间良好的配套性。

常用的汽车底漆有环氧树脂底漆、磷化底漆等。

- **环氧树脂底漆**：简称环氧底漆，是物理隔绝防腐底漆的代表。它具有附着力极强、涂膜韧性好、耐酸碱性强、电绝缘性好、耐久性好、耐热性好等优点，但由于它粉化快，因而一般用作底层涂料。环氧树脂底漆常用于汽车修补打底。

- **磷化底漆**：是以聚乙烯醇缩丁醛树脂溶于有机溶剂中，并加入防锈颜料四盐锌铬黄等制成的，是一种防锈涂料。它能提高金属的耐腐蚀性和绝缘性，增强涂层与金属表面的附着力。磷化底漆涂膜比较薄，一般不单独用作底漆，在它上面还需用一般底漆打底，它常用于汽车制造或大面积钣金操作后的裸金属磷化防腐处理。

**读一读**

> 汽车底漆的涂装方法有电泳涂装、浸涂、刷涂、喷涂等。其中，电泳涂装和浸涂是汽车制造厂常采用的底漆涂装方法；刷涂是很小面积修补时常采用的底漆涂装方法；喷涂是汽车修理厂常采用的底漆涂装方法。

#### 2）汽车用中间涂料

中间涂料包括腻子（原子灰）和中涂底漆。

- **腻子**：主要作用是填平凹陷，提高漆膜与底漆之间的附着力。

- **中涂底漆**：主要作用是封闭底层缺陷，并快速建立涂层厚度。中涂底漆涂料一般应具有良好的层间附着力、耐水性和耐热性。目前汽车常用的中涂底漆有硝基中涂底漆、丙烯酸中涂底漆、聚氨酯中涂底漆等。

### 3）汽车面漆

汽车面漆是汽车整个涂层的最后一层涂料，它在整个涂层中主要起装饰和保护作用，应具有良好的装饰性、保护性、耐水性、耐化学腐蚀性、耐磨性等特点。汽车面漆中常用的树脂有氨基树脂、丙烯酸树脂、聚氨酯树脂等，常用的颜料有钛白、有机大红、酞菁颜料系列等，常用的添加剂有流平剂、电阻调节剂、防缩孔剂、紫外吸收剂等。

按颜料不同，面漆可分为纯色漆、金属漆、珍珠漆等。

按面漆工序层数不同，面漆可分为单工序面漆、双工序面漆和三工序面漆三种，它们的施工示意图如图 1-21 所示。

- 🚗 **单工序面漆**：是指只施工一次即可获得颜色和光泽的面漆。它形成的涂膜有遮盖力，能遮盖底漆颜色，且还有一定的光泽度。
- 🚗 **双工序面漆**：是指分两次施工获得的面漆层。第一次施工时喷涂金属漆或珍珠漆等底色漆，干燥后可提供遮盖力；第二次施工时喷涂罩光清漆，罩光层能提供光泽度和抗机械损伤能力。
- 🚗 **三工序面漆**：是指分三次施工获得的面漆层。珍珠漆一般常采用三工序。第一次施工时喷涂底色漆，第二次施工时喷涂珍珠漆，第三次施工时喷涂罩光清漆。

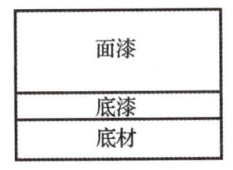

（a）单工序　　　　（b）双工序　　　　（c）三工序

图 1-21　面漆施工工艺

## 2. 车身喷涂工具和设备

### 1）金属丝刷

金属丝刷主要是用来清除车身锈蚀部位的油污或其他附着物。常用的金属丝刷有钢丝刷、不锈钢钢丝刷、铜丝刷等。

### 2）铲刀

铲刀主要是用来清除车身锈蚀部位的锈蚀或金属丝刷难以清除的附着物。

### 3）除锈研磨绒轮

除锈研磨绒轮主要用于除锈、除漆和清洁，如图 1-22 所示。

### 4）喷枪

喷枪是喷涂的主要设备，它的作用是将油漆或其他液体材料喷涂到被涂物表面。

喷枪一般由气帽、喷嘴、扳机、针阀、气阀、调节钮、手柄等组成。按涂料供给方式不同，空气喷枪可分为虹吸式喷枪、重力式喷枪等，如图 1-23 所示。

- 🚗 **虹吸式喷枪**：是目前普遍使用的一种喷枪。扣动扳机时，压缩空气进入喷枪，并从气帽口喷出，使气帽口处形成真空，罐内涂料被真空吸往已开启的针阀，从而形成雾状喷射流喷出。
- 🚗 **重力式喷枪**：利用涂料自身重力流入喷嘴，适用于较稠涂料的喷涂。

(a) 虹吸式喷枪　　(b) 重力式喷枪

图 1-22　除锈研磨绒轮　　　　　　图 1-23　空气喷枪

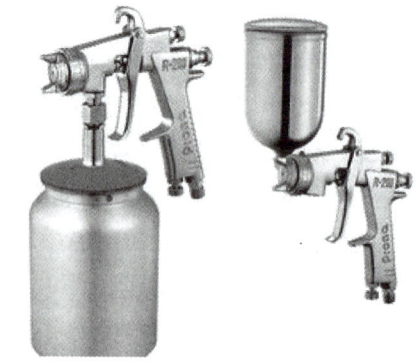

**注　意**

使用喷枪进行喷涂时，应注意以下事项。
① 喷枪与工作表面应保持垂直。
② 喷枪嘴与工作表面的距离应合适，一般为 15～20 cm。
③ 喷枪的移动速度应合适，一般在 30～60 cm/s 范围。
④ 喷涂气压应合适，一般为 0.35～0.5 MPa。

### 3. 车身漆膜修复美容

汽车在使用过程中，车身漆膜受到日晒雨淋以及空气中酸、碱等化学物质腐蚀会逐渐出现老化、变色、锈蚀等现象，失去了保护和装饰作用，需进行修复。常见的车身漆膜修复美容有漆面失光处理、漆面划痕处理、漆膜喷涂修复等。

#### 1）漆面失光处理

当漆面失光时，常用的处理方式有上有色蜡、打磨和抛光、漆膜翻新等。

（1）上有色蜡

有色蜡又称彩蜡，具有增色、增亮、遮盖等作用。有色蜡中一般含有少量的彩釉，可使同色系车漆更加艳丽，一般常用于褪色、失光车身漆膜的表面还原。因此，打有色蜡是车身漆面失光处理常用的一种方式。

（2）打磨和抛光

当车身漆膜因自然老化或浅划痕而导致褪色、失光，放大镜下仅可见较小斑点时，可先清洗打磨，清除褪色失光表层，然后再打蜡抛光，使车身漆面恢复光彩。

（3）漆膜翻新

当车身漆面因严重自然老化或透镜效应而导致褪色、失光，放大镜下可观察到大量斑点时，应进行漆膜翻新。先将抛光蜡涂抹到打蜡抛光机的抛光套上，通过抛光除去车身漆面斑点，再用毛巾擦掉抛光物；然后将上光保护蜡涂抹到打蜡抛光机的打蜡套上，给车身漆面打蜡，10 min 后，再用干净的抛光套抛光，即可使漆面焕然一新，如图1-24所示。

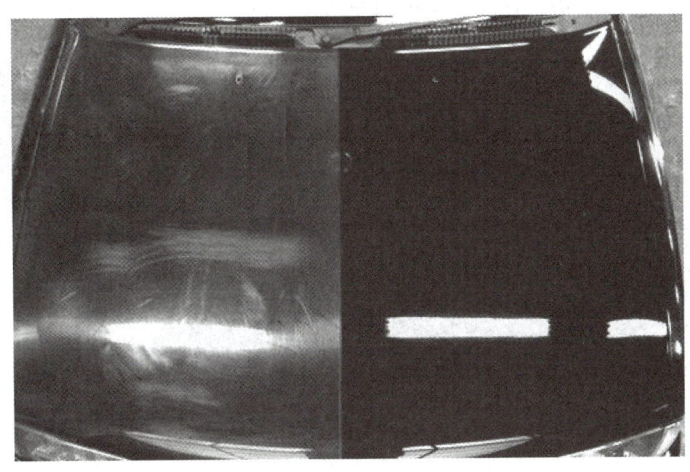

图1-24　漆膜翻新效果对比图

**读一读**

对于漆膜失光，可采取以下防治措施。
① 安装防静电装置，防止汽车车身出现交通膜。
② 及时给车身漆膜上优质蜡，保护漆膜，并防止漆膜被氧化腐蚀。
③ 及时擦干漆膜表面的水滴，防止透镜效应灼蚀漆膜。
④ 及时清除车身漆膜表面的有害物质。
⑤ 改善停车环境，防止自然侵蚀。

2）漆面划痕处理

造成漆面划痕的常见原因有擦洗不当、护理不当、意外刮擦等。按划伤部位是否露出底漆，划痕可分为浅划痕和深划痕。

- 浅划痕：是指漆面轻微刮伤，或刮伤未刮透色漆层的划痕。浅划痕未伤及到底漆。
- 深划痕：是指已刮透底漆层的划痕。深划痕处可看见车身的金属表面。

（1）浅划痕处理

浅划痕的处理一般包括洗车、除蜡、漆面研磨抛光、漆面还原增艳、漆面保护五个步骤，具体如下。

① 如图1-25所示，先用水冲洗掉车身表面污染物，以免污染物刮伤漆面，然后再用高压水冲洗车身。

② 先在车身上喷洒开蜡水，5～8 min后用毛巾进行反复擦拭；然后用清洁剂清洗车身，洗干净后用毛巾擦干。

扫一扫

轻微划痕处理

③ 分四步进行漆面研磨抛光。第一步是深切研磨，将磨料粒度为320～400目的抛光蜡涂抹到抛光套上，通过抛光研磨去除漆膜较深的划痕，并确保去除95%的划痕，如图1-26所示。第二步是中切研磨，将磨料粒度为400～600目的抛光蜡涂抹到抛光套上，通过抛光研磨去除深切研磨时留下的砂痕。第三步是微切研磨，将磨料粒度为600目以上的抛光蜡涂抹到抛光套上，通过抛光研磨

去除中切研磨时留下的砂痕，同时磨光表面，提高漆面光泽度。第四步是抛光，将不含研磨剂的抛光蜡涂抹到抛光套上，通过抛光去除微切研磨时留下的细微划痕。

图1-25 洗车

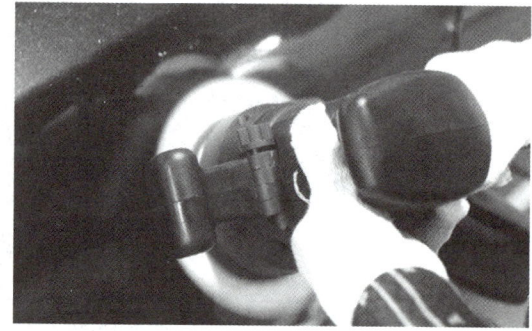

图1-26 漆面研磨抛光

④ 先用小块无纺布将还原剂均匀地涂抹在车身漆面，然后再用无纺布抛光，使车身漆面恢复光彩。

⑤ 通过打蜡或封釉来保护车身漆面，具体操作步骤按打蜡或封釉步骤进行。浅划痕处理前后的效果对比如图1-27所示。

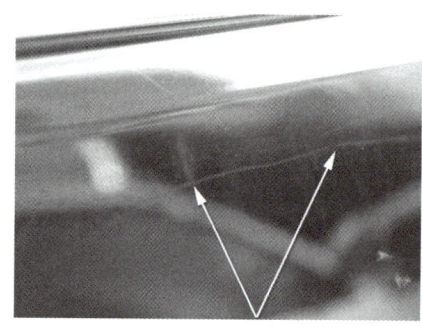

（a）浅划痕处理前

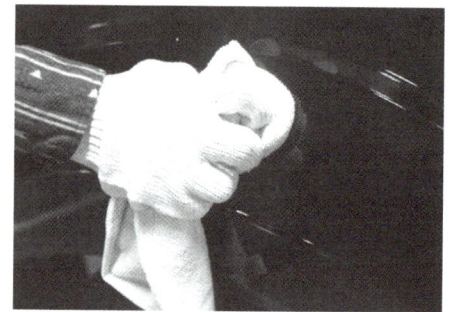

（b）浅划痕处理后

图1-27 浅划痕处理效果

（2）深划痕处理

深划痕还包括碰撞、刮擦等原因造成的车身局部损坏、板面变形和破裂等创伤划痕。深划痕不仅影响汽车美观，还会腐蚀漆面，缩短钣金寿命，因此，需及时进行修补。处理深划痕时，需先用遮盖纸或遮护衣遮盖不需要处理的部位，然后清除损伤板面的旧漆层，再用钣金或焊接等方法修复损伤板面，最后再进行修补涂装。此处不介绍损伤板面修复，仅介绍漆膜修复工艺。

漆膜喷涂修复工艺一般包括清除旧漆层、金属表面除锈、喷涂底漆、刮涂腻子和喷涂中涂底漆、喷涂面漆五个步骤。

① 清除旧漆层

旧漆层的清除方法有手工法、机械法、化学法、火焰法等，这里仅介绍手工法。

手工法清除旧漆层常用的工具有砂纸、铲刀、钢丝刷、尖尾锤等，具体清除步骤如下。

a. 先裁剪砂纸，然后将砂纸固定在打磨块或打磨板上。根据需要，将砂纸裁成不同规格。将砂纸长边对折2次，短边对折1次，裁剪成8块，每块尺寸约为11.5 cm×7 cm，这种尺寸砂纸适用于小面积打磨、拐角打磨。将砂纸横竖各对折1次，裁剪成4块，每块尺寸约为11.5 cm×14 cm，这种尺寸砂纸适用于一般常规打磨。将砂纸沿长边对折1次，裁剪成2块，每块尺寸约为14 cm×23 cm，这种尺寸砂纸一般固定在打磨板上，常用于大面积打磨。

b．打磨。先用粒度为 80 目的砂纸进行初步打磨，打磨掉 50%～75%旧漆层，然后再用粒度为 150 目的砂纸打磨掉剩余漆层。按图 1-28 握住打磨块，并按车身轮廓线方向进行直线打磨，如图 1-29 所示。若是大面积打磨，则应分成不大于 0.1 m² 的小块，一块一块地进行打磨。

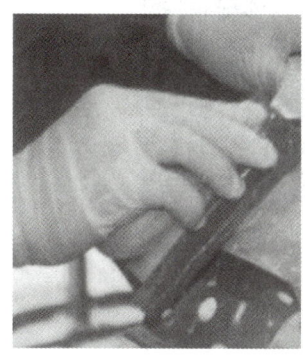

图 1-28 打磨块的握法

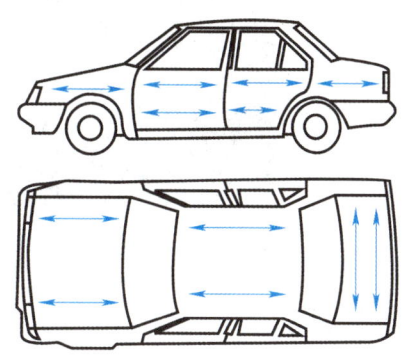

图 1-29 沿车身轮廓线打磨

**提　示**

若旧漆膜有剥离或裂纹，可用铲刀刀尖插入剥离层间或缝隙处，一块一块铲掉旧漆膜。黏结牢固的旧漆以及拐角、凹槽等特殊部位的旧漆，可配合使用钢丝刷、尖尾锤等进行清除。

c．做羽状边，即在已经破坏的漆膜周围，将完整漆膜边缘打磨成逐渐变薄的平滑过渡状态，如图 1-30 所示。一般选择粒度为 240 目的砂纸进行打磨，使每一层漆的坡口宽约为 5 mm，且总坡宽应大于 3 cm，如图 1-31 所示。

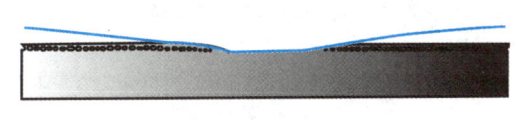

图 1-30 漆膜平滑过渡

图 1-31 羽状边的宽度

d．用气枪清理整车。

② 金属表面除锈

汽车漆膜损坏处的金属表面很容易产生锈蚀，在涂膜前应先清除锈蚀，避免产生涂膜缺陷，且能增强涂膜附着力，防止金属继续锈蚀。

金属表面除锈常用的方法有机械除锈法、手工除锈法、化学除锈法等。其中，手工除锈法的操作方法与前面的手工除旧漆法相同；机械除锈法是车身表面除锈最常用的方法，这里仅介绍此方法。

打磨机除锈的操作步骤如下。

a．先穿戴好安全劳保用品，再接通打磨机电源，检查它是否能正常工作。

b．戴好手套后触摸待打磨表面，确定打磨路线和方法。

c．握紧打磨机，打开开关，以 5°～10°角缓慢靠近待加工面，以 0.2 m/s 的速度左右移动打磨，如图 1-32 所示。

图 1-32 打磨机除锈

d. 用毛巾擦拭干净。

③ 喷涂底漆

按喷涂先后顺序，底漆分为头道底漆、二道底漆和封闭底漆。

头道底漆的喷涂施工如下。

a. 先检查并确保待涂金属表面无锈、无尘、无油、无水、无其他污染物，再用遮盖纸进一步遮盖，只留下待喷涂部位。

b. 按底漆产品说明书稀释底漆。

c. 用专用工具在金属表面喷涂一层薄的头道底漆。

> **注 意**
>
> 头道底漆一般不打磨，若有瑕疵需处理，只能用 400 目以上的细砂纸轻轻打磨。刚喷的头道底漆表面不能用手、抹布等触摸。头道底漆干燥之后才能喷二道底漆。

二道底漆的喷涂施工如下。

a. 检查并确保头道底漆已完全干燥。

b. 按产品说明书稀释二道底漆，装入喷枪试喷，调整好喷枪。

c. 如图 1-33 所示，均匀地喷涂一层薄薄的二道底漆，并让它自然干燥。

图 1-33 喷漆

d. 重复操作上一步三次或四次，并确保每次涂层厚度为 15 μm 左右。

e. 用 400 目砂纸进行手工打磨，或用 360 目砂纸进行机械打磨。打磨脊背、边角、折边等凸出部位时需注意控制力度，以免打磨掉二道底漆或头道底漆。若部分底漆被打磨掉，则应重复上述工艺过程，补上被打磨掉的底漆。

f. 用橡皮刮刀检查二道底漆的涂装质量。

封闭底漆的喷涂施工如下。

a. 用清洗溶剂清洗已喷涂的二道底漆表面。

b. 按产品说明书稀释封闭底漆。

c. 用合适的压力喷 1～2 遍封闭底漆，并确保涂层厚度不超过产品说明书的指标。

d. 让封闭底漆自然晾干 30 min。

④ 刮涂腻子和喷涂中涂底漆

常用的腻子有环氧腻子、醇酸腻子、硝基腻子、酯胶、原子灰等。其中，原子灰是近年来一种新型的腻子，它具有刮涂性好、常温干燥快、刮涂效率高以及涂层附着力强、耐腐蚀性好等特点。

如图 1-34 所示，腻子一般采用刮具涂刮，涂刮层数由车身表面状况和施工要求决定，通常涂刮 1～5 层。刮涂腻子和喷涂中涂底漆的步骤如下。

a. 用刮具涂刮第一层腻子，自然干燥，然后进行打磨、干燥。

b. 喷涂中涂底漆，自然干燥，然后进行打磨、干燥。

c. 按前两步的顺序进行下一层刮涂腻子、喷涂中涂底漆，如此反复进行，直到达到要求层数。

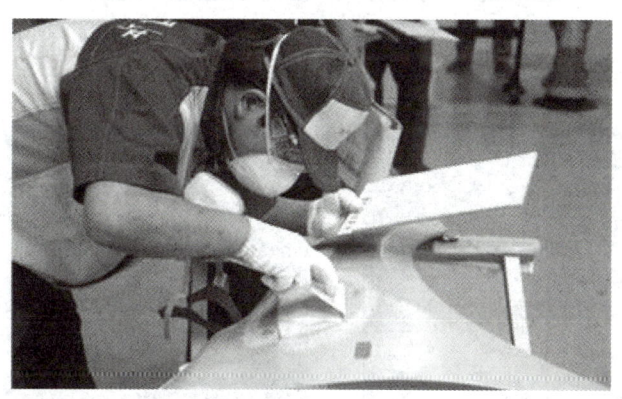

图 1-34 刮涂腻子

⑤ 喷涂面漆

a. 检查底漆层，确保底漆层平整、光滑，且无残留腻子或其他污染物。

b. 按原车车漆调配色漆。

c. 将色漆装入喷枪中，调整喷涂压力，一般取 0.4～0.5 MPa，然后按原车面漆施工工艺进行喷涂。

# 三、任务实践操作——车身漆膜修复美容

操作工人决定先修复车身钣金，然后再喷漆修复漆膜，具体处理步骤如下。

① 确认损伤范围，给车辆未损伤部位穿上遮护衣，如图 1-35 所示。

② 用抛光机去除旧漆层，如图 1-36 所示。

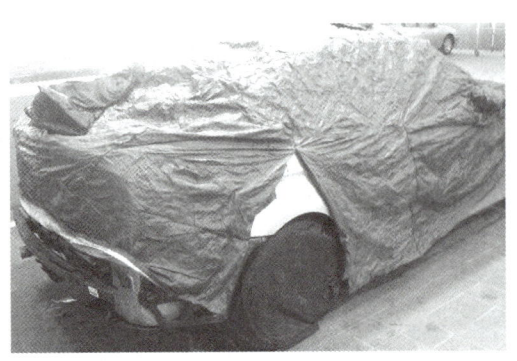

图 1-35　遮盖防护衣

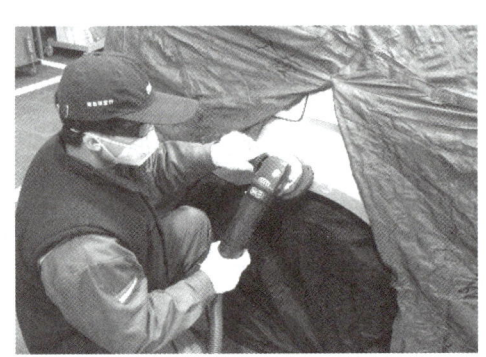

图 1-36　去除旧漆层

③ 钣金正形，如图 1-37 所示。

④ 彻底清除凹陷部位漆膜，如图 1-38 所示。

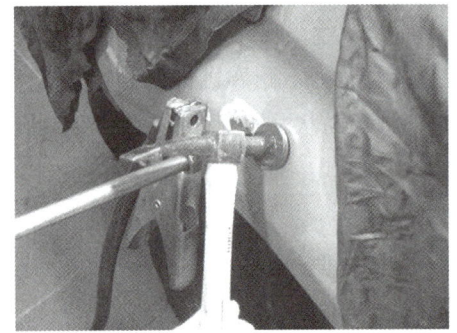

图 1-37　钣金正形

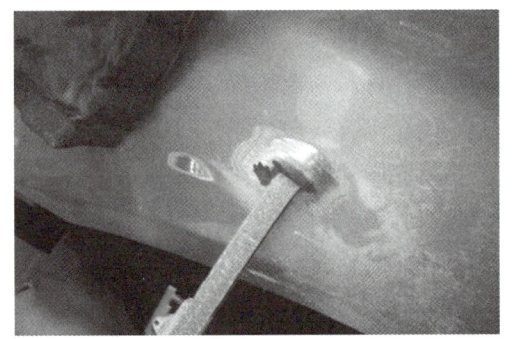

图 1-38　彻底清除漆膜

⑤ 如图 1-39 所示，用打磨机打磨羽状边。打磨后效果如图 1-40 所示。

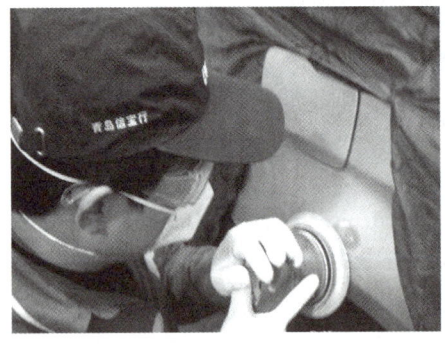

图 1-39　打磨羽状边

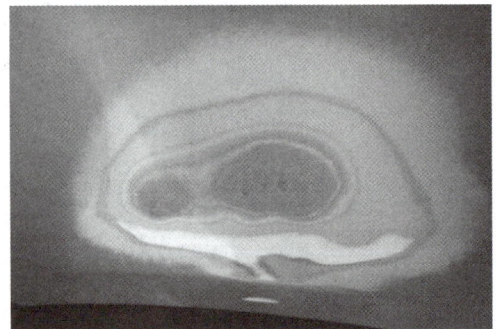

图 1-40　羽状边打磨效果

⑥ 在喷漆之外的部位粘贴遮盖纸，如图 1-41 所示。

⑦ 按底漆喷涂工艺进行喷涂，如图 1-42 所示。

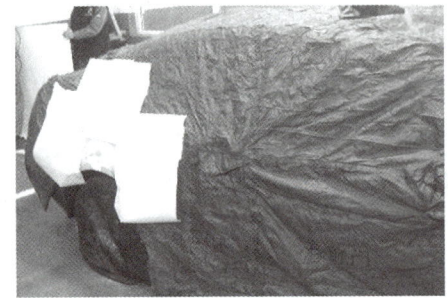

图 1-41　粘贴遮盖纸

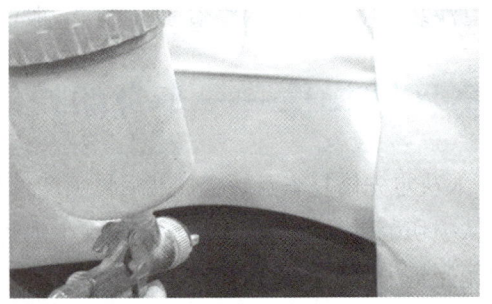

图 1-42　喷涂底漆

⑧ 喷涂中涂底漆，如图 1-43 所示。自然干燥后进行打磨。
⑨ 喷涂面漆，修复完成，最后效果如图 1-44 所示。

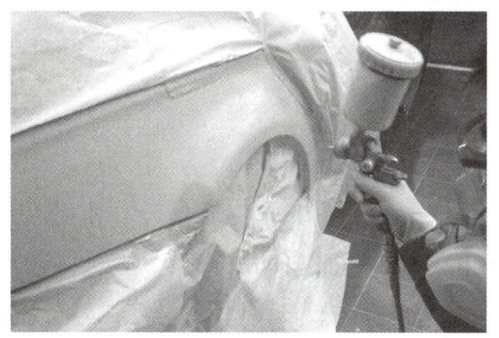

图 1-43　喷涂中涂底漆

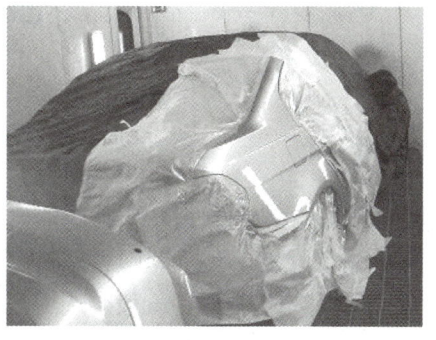

图 1-44　修复效果

## 四、任务工单

| 任务名称 | 车身漆膜修复 | 姓名 | | 日期 | 年　　月　　日 |
|---|---|---|---|---|---|
| 刮擦特征 | | | | | |
| 打磨机的使用要点 | | | | | |
| 漆膜修复美容的操作流程 | | | | | |
| 操作中出现的问题及其原因和解决方法 | | | | | |
| 技能掌握程度 | 非常熟练□　　比较熟练□　　一般熟练□　　不熟练□ | | | | |
| 教师评语： | | | | | |

任务实践成绩_____分

日期：　　年　　月　　日

# 思考与练习

## 一、选择题

1. 高压水枪冲洗汽车车身时,水压一般应不高于( )。
   A. 6 MPa    B. 7 MPa    C. 8 MPa    D. 10 MPa
2. 在清除车身静电清洗时,一般会选用汽车专用清洁香波,它的pH值为( )。
   A. 6.0    B. 6.5    C. 7.0    D. 7.5
3. 车身上的沥青应用( )去除。
   A. 清水    B. 开蜡水    C. 普通清洗剂    D. 专用清洗剂
4. 清除汽车车身封蜡的过程,称为( )。
   A. 研磨    B. 洗车    C. 开蜡    D. 抛光
5. 深度划痕是指下列( )层被刮透时的划痕。
   A. 清漆    B. 色漆    C. 底漆    D. 表层面漆
6. 下列选项中,主要作用是保持车身漆面亮丽,并保护车漆的是( )。
   A. 打蜡    B. 抛光    C. 研磨    D. 洗车

## 二、判断题

1. 擦清洗剂时,可使用软毛巾或海绵,若为了避免其裹有的硬质颗粒划伤漆面,则最好选用海绵。( )
2. 鹿皮主要用于轮胎、挡泥板等处附着泥土污垢的清除。( )
3. 对于漆膜损伤处,一定要将旧漆膜清除到露出底材为止。( )
4. 新车上蜡时,应使用不含研磨剂的抛光蜡。( )
5. 用砂纸打磨法清除旧漆膜时,可以使用较大的压力进行打磨。( )
6. 烈日或高温有利于清洗干净车身表面的灰尘和污垢。( )

## 三、简答题

1. 简述汽车车身一般清洗的流程。
2. 简述车身漆面浅划痕的处理过程。
3. 简述车蜡的选用原则和打蜡流程。

# 项目二　汽车车身装饰

## 项目导读

随着私家车数量的快速增加,越来越多的私家车车主会给自己的汽车做车身装饰,通过装饰既可以使自己的汽车与众不同,体现个性,又能改善性能。常见的汽车车身装饰有车身贴饰、导流板、扰流板、车身大包围、车顶开天窗等。其中,车身贴饰主要起装饰作用;导流板、扰流板和车身大包围既能装饰车身,又能提高汽车行驶过程中的稳定性;车顶开天窗既能提高车的档次,又能改善车内换气。

## 学习目标

1. 了解车身美观贴饰的种类和材质,并熟悉其粘贴步骤
2. 熟悉车身贴膜的作用和施工工艺
3. 熟悉汽车导流板和扰流板的原理和安装工艺
4. 了解大包围的材质和制作工艺,掌握大包围的安装工艺
5. 了解汽车天窗的作用和分类,掌握天窗的安装方法

## 能力目标

1. 能说明车身贴饰和贴膜的粘贴过程
2. 能知道导流板和扰流板的原理
3. 能说明汽车导流板、扰流板和大包围的安装过程
4. 能说明天窗的安装方法,并能实际进行安装

# 任务一  车身贴饰

## 一、工作任务

任务单号：_____

| 工作任务 | | 车身贴膜 | 日期 | 年　月　日 |
|---|---|---|---|---|
| 车型/车牌号 | | | 生产厂家 | 公司 |
| 任务描述：<br>吴先生的这辆白色奥迪车买了已有三年，几乎每天都开，使用率高。他的同事最近给车做了个改色贴膜，他觉得挺好看的。因此，他也想给自己的车换一个颜色，他打算换成蓝色。 | | | | |
| 操作要求 | 施工材料与施工设备 | 水枪、高压水枪、喷壶、洗车液、电烤枪、刮板、裁膜刀、毛巾、蓝色改色膜 | 是否满足 | □是　□否 |
| | 场地要求 | 可停放大型车辆的混凝土地坪、高压水源、足够长度的水管、适度的照明、恒温无尘车间 | 是否满足 | □是　□否 |
| | 环境要求 | 环境温度15~25℃ | 是否满足 | □是　□否 |
| | 备注 | | | |
| 出单人签字：<br>　　　　年　　月　　日 | | | 接单人签字：<br>　　　　年　　月　　日 | |
| 车间负责人签字：<br>　　　　　　　　　　　　　　　　　　　　　　　　　　　　　　　　日期：　　年　　月　　日 | | | | |

## 二、相关知识

车身贴饰是指车身外表粘贴的各种形状和图案装饰。按粘贴位置不同，车身贴饰可分为汽车腰线贴饰、车窗贴饰、车尾贴饰、发动机舱盖贴饰等；按内容不同，车身贴饰可分为汽车厂牌、卡通人物、几何图形、警示文字等；按主要作用不同，车身贴饰可分为车身美观贴饰和车身保护贴饰两大类。其中，车身保护贴饰又可分为车身局部保护贴饰和车身贴膜装饰。此处仅介绍车身美观贴饰和车身贴膜装饰。

### 1. 车身美观贴饰

车身美观贴饰能突出车身轮廓线、协调车身色彩，起到装饰汽车的作用，常见的车身美观贴饰有彩条（见图2-1）和彩艺贴膜等。

图2-1 车身彩条装饰

1）彩条装饰

（1）彩条的种类

彩条是根据汽车制造厂家、车型要求而设计生产的，因此，彩条种类是多种多样的。

（2）彩条的材质

市场上大部分彩条是由塑料或金属制成的，其中，塑料是彩条最常用的材料。

（3）彩条的粘贴步骤

彩条粘贴包括选择彩条、清洗车身相应部位、粘贴彩条三个步骤。

- 选择彩条：根据车的种类、车型选择适合的彩条，展现车主的审美和个性。
- 清洗车身相应部位：用专用清洗剂和手工清洗车身的待粘贴部位，清除尘埃、污垢，确保彩条粘贴质量。
- 粘贴彩条：撕掉彩条衬纸，将彩条粘贴在车身的待粘贴部位。粘贴时，粘一部分压一部分，排尽彩条与车身表面的空气，避免形成气泡。

**注 意**

车身粘贴的彩条应光滑、平整，不能有褶皱。彩条与车身漆面之间不能有空隙、气泡、异物。若存在空隙、气泡，则需压实排出；若存在异物或褶皱，则需重新粘贴。

2）彩艺贴膜装饰

（1）彩艺贴膜的种类

彩艺贴膜既有与车型配套的产品，又有通用产品。立体电子冷光汽车贴饰（见图2-2）是常用的一种通用产品，它的种类可达一千多种。

图 2-2 冷光翅膀车贴

（2）彩艺贴膜的材质

大部分彩艺贴膜都是塑料的，通过在塑料膜上彩色印刷或彩色涂装而制成。

（3）彩艺贴膜的粘贴步骤

彩艺贴膜的粘贴步骤包括选择彩艺贴膜、清洗车身相应部位、粘贴彩艺贴膜三个步骤，具体操作与彩条粘贴相同。

## 2. 车身贴膜装饰

车身贴膜是将高分子聚合物材料粘贴在车漆表面，起到装饰车身、保护车身原漆的作用。车身贴膜的材料是高性能低黏度聚氯乙烯薄膜，它能充分贴合车身漆面，且揭除容易。

### 1）车身贴膜的作用

车身贴膜的主要作用如下。

① 不破坏车身原漆，且能保护车身原漆。车身贴膜不会损伤汽车车身原漆，且具有喷漆效果。贴膜具有耐酸碱腐蚀、耐酸雨侵蚀、耐高温、抗刮伤等特点，可保护车身原漆免遭腐蚀、刮伤。

② 节约美容成本。贴膜车辆不需要抛光、打蜡、封釉、镀膜等美容护理，只需要洗车就行，大大节约了美容成本。

③ 创造个性化汽车。贴膜颜色多种多样，还可打印个性化的写真图案，可使汽车具有自己的个性。

④ 旧车翻新。喷漆和贴膜是旧车翻新的两种方式。整车喷漆需拆卸全部钣金面，容易丢失或损坏零件，且喷漆时还会污染环境，完成整车喷漆一般需要 5~7 天；而整车贴膜不需拆解汽车，贴膜材料以及施工过程也都不会污染环境，完成整车贴膜一般只需要 2~3 天。

### 2）车身贴膜的施工工艺

车身贴膜有干贴法和湿贴法两种。

改色贴膜

（1）干贴法

干贴法一般常用于小面积贴膜，它的施工工艺如下。

① 彻底清洗待贴膜部位，然后使它保持干燥。

② 先粘贴并固定一端，然后一边揭一边贴，并用工具刮平，如图 2-3 所示。

③ 检查贴膜，若贴膜中有气泡，可用干净的布或刮片在膜上反复擦拭，如图 2-4 所示，直到气泡消失。

项目二　汽车车身装饰

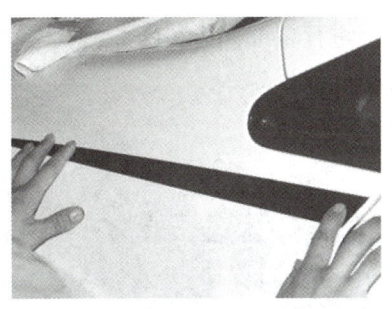 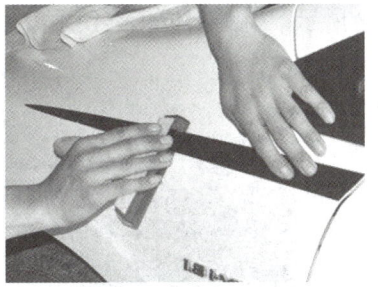 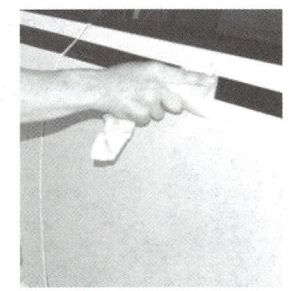

图 2-3　粘贴并刮平　　　　　　　　　　　　　图 2-4　擦拭消除气泡

（2）湿贴法

湿贴法一般常用于大面积贴膜，是汽车车身贴膜常采用的方法，它的施工工艺如下。

① 清洗车身并干燥。

② 拆卸门把手、车辆标识等附件。

③ 用洒水器在车身待贴部位均匀地撒水。

④ 先粘贴并固定一端，然后一边揭一边贴，并用工具轻轻刮平。

⑤ 适当调整，图形大体位置确定无误后，反复用力刮去水和气泡，如图 2-5 所示。

**注　意**

① 注意防止贴膜粘到灰尘，或贴膜自己相互粘连。

② 对车身进行改色贴膜后，需要到车辆管理所登记。

车身贴膜欣赏如图 2-6 所示。

图 2-5　刮除水和气泡　　　　　　　　　　　　图 2-6　车身贴膜示例

## 三、任务实践操作——车身贴膜

操作工人让吴先生选好蓝色贴膜，然后按以下步骤进行贴膜。

① 按车身一般清洗步骤进行清洗，清洗完后用干毛巾擦拭车身。

② 拆卸门把手、车辆标识等附件，如图 2-7 所示。

③ 用洒水壶给车身均匀撒水。

④ 在恒温无尘车间粘贴车膜。当遇到弧度比较大的地方时，用电烤枪烤膜，软化改色膜，并用刮板

43

进行整理，使其贴服车身，如图2-8所示；特殊部位还需使用美工刀进行精细裁边和修正。

图2-7 拆卸门把手

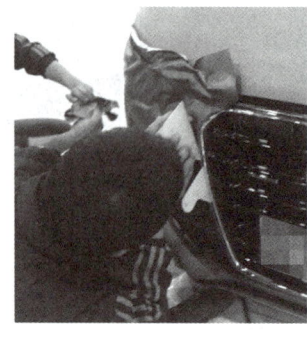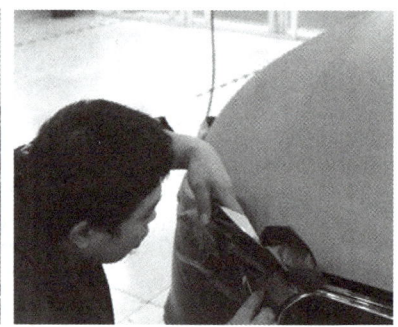

图2-8 特殊处理

## 四、任务工单

| 任务名称 | 车身贴膜 | 姓名 | | 日期 | 年 月 日 |
|---|---|---|---|---|---|
| 电烤枪的使用要点 | | | | | |
| 车身贴膜的操作流程 | | | | | |
| 车身贴膜的操作要点 | | | | | |
| 操作中出现的问题及其原因和解决方法 | | | | | |
| 技能掌握程度 | 非常熟练□ 比较熟练□ 一般熟练□ 不熟练□ | | | | |
| 教师评语： | | | | | |

任务实践成绩_____分

日期： 年 月 日

项目二 汽车车身装饰

# 任务二　汽车导流板、扰流板和大包围

## 一、工作任务

任务单号：_____

| 工作任务 | 安装大包围 | | 日期 | | 年　月　日 |
|---|---|---|---|---|---|
| 车型/车牌号 | | | 生产厂家 | | 公司 |
| 任务描述： | | | | | |
| 王先生上班的地方离家稍微有点远，但路面平坦，他平常一般都开车上下班。最近，单位很多人都给车加装了大包围，因此，他也想给自己的车加装一个有个性的大包围。 | | | | | |
| 操作要求 | 施工材料与施工设备 | 水枪、高压水枪、洗车液、毛巾、手电钻、砂轮片、螺丝刀、大包围 | 是否满足 | □是 | □否 |
| | 场地要求 | 可停放大型车辆的混凝土地坪、高压水源、足够长度的水管、适度的照明 | 是否满足 | □是 | □否 |
| | 环境要求 | 环境温度 15～25℃ | 是否满足 | □是 | □否 |
| | 备注 | | | | |
| 出单人签字：　　　　　　　　　_____年___月___日 | | | 接单人签字：　　　　　　　　　_____年___月___日 | | |
| 车间负责人签字：　　　　　　　　　　　　　　　　　　　　　　　　日期：　　年　　月　　日 | | | | | |

## 二、相关知识

### 1. 导流板和扰流板

导流板是指轿车前端防护杠下方的抛物线形连接板，如图 2-9 所示。扰流板是指轿车行李箱盖上形似鸭尾的凸起物构件，因此，它又称为鸭尾或汽车尾翼，如图 2-10 所示。导流板和扰流板不仅能突出车身流线型，使汽车整体更美观，还能提高汽车行驶稳定性。

图 2-9 导流板

图 2-10 扰流板

1) 导流与扰流的原理

根据气体动力学原理可知,汽车在行驶过程中会遇到空气阻力,该空气阻力与车速平方成正比,即车速越快,车所受空气阻力越大。当空气流过行驶的汽车时,空气会对汽车产生升力,危害汽车行驶安全。当车速达到一定值时,升力会克服车重而向上托起汽车,减小了车轮与路面的附着力,使车发飘,导致汽车行驶稳定性变差。当车速超过 60 km/h 时,空气阻力对汽车的影响较大,因此,可通过安装导流板和扰流板来减小空气阻力对车行驶稳定性的影响。

（1）导流原理

在汽车前防护杠下方安装导流板后,气流顺利从前端上部和两侧流过,从发动机下部和底盘下部流过的气流减少,从而使气流对车的前端升力减小,提高汽车前端行驶稳定性。

（2）扰流原理

在汽车行李箱盖上安装扰流板后,车身后端气流方向改变,从而减小后端气流对车的阻力和升力,使汽车后端行驶稳定性提高。

2) 导流板和扰流板的安装及注意事项

（1）导流板的安装工艺

① 选择同车型的导流板。

② 拆下前防护杠下的车身板件。

③ 清洗防护杠并擦干。

④ 如图 2-11 所示,在前防护杠下面装上导流板,并与两个轮罩对中,且确保导流板前面的上缘在前防护杠的里边。调整位置,使导流板与前防护杠协调,然后确定车身与导流板上安装孔的位置。

⑤ 钻孔,拧紧紧固件,安装完成。

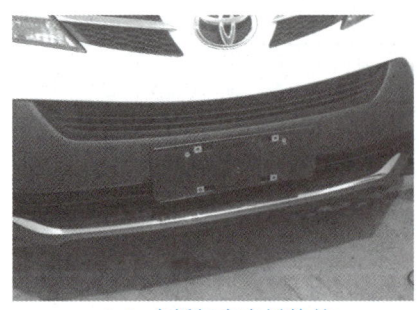

（a）未拆卸车身板件前

（b）安装导流板

图 2-11 导流板安装前后对比

（2）扰流板的安装工艺

① 按车型选择合适的扰流板。

② 清洗行李箱盖板并擦干。

③ 将扰流板放在行李箱盖板上，调整位置，确定行李箱盖板上的钻孔位置，取走扰流板，然后在行李箱盖板上的钻孔位置处钻贯穿孔，如图2-12所示。

④ 分别在钻孔位置和扰流板结合处涂抹硅胶，以防漏水。

⑤ 将固定螺钉从行李箱内侧往外固定锁紧。

⑥ 在固定架周围注入透明硅胶，进一步预防漏水，则安装完成，效果如图2-13所示。

尾翼安装

图2-12 钻贯通孔

图2-13 安装效果

（3）导流板和扰流板安装注意事项

① 导流板和扰流板必须与车型相匹配，以免使操纵性能恶化。

② 安装位置应合理，以免影响使用效果。

③ 应选择合适的材质。塑料材质的导流板和扰流板虽然价格便宜，但容易发生热变形，使用时需确保具有足够的强度和使用寿命。铝合金和不锈钢材质的导流板和扰流板，虽然成本高、价格贵，但具有足够的强度和刚度，不易变形，使用寿命长。

2. 大包围

汽车大包围是指车身下部宽大的裙边装饰，一般由前包围、侧包围和后包围组成，如图2-14所示。汽车大包围不仅给人感觉个性、霸气、雍容气派之感，还能改善车身周围气流对汽车行驶稳定性的影响。

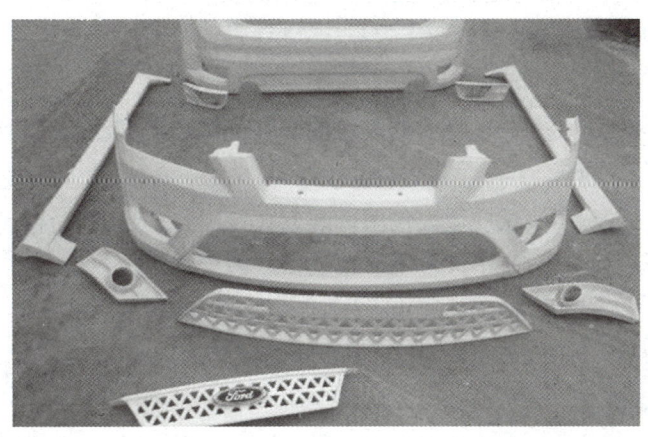

图2-14 汽车大包围的组成

按安装款式不同，大包围可分为唇款和防护杠款两类。

- 唇款：是在原车的防护杠或车身侧部下方安装半截包围件。唇款对产品质量和安装技术要求较高，包围件与车身之间的缝隙不能超过 1.5 mm。唇款不改变原车，且保留了原车的防护杠，因而易于恢复原外观，且安全性不受影响。
- 防护杠款：是在拆下原车防护杠或车身侧裙之后，安装新的完整大包围件。因此，防护杠款更容易造型，但安全性也易受到大包围材料的质量和性能影响。

1）大包围材料

大包围常用的制作材料有 PU、玻璃钢、ABS 塑料、ADP 合成树脂材料等。

（1）PU 大包围

PU 具有抗冲击好、不易变形、耐候性好、环保等特点，是国际汽车装饰界公认的最适合做汽车装饰板的原材料。PU 大包围是由 PU 液体原料灌注而成的，表面喷亮漆后外观亮丽。PU 大包围规格标准，安装方便，但价格极高，一般消费者难以承受。

（2）玻璃钢大包围

玻璃钢大包围虽然抗冲击较差、安装打孔较麻烦，但制作方便，成本低，是比较常用的汽车大包围。

（3）ABS 塑料大包围

ABS 塑料大包围一般采用真空吸塑成形，厚度薄，强度差，只能用作唇款大包围。

（4）ADP 合成树脂大包围

ADP 合成树脂大包围具有韧性好、耐热不变形、抗扭性好等优点，但价格相对较高。

2）大包围制作工艺

下面以常用的玻璃钢大包围为例，介绍大包围的制作工艺，具体如下。

① 用玻璃钢做出大包围形状，即主模。
② 在主模内部喷涂胶衣。
③ 胶衣干燥后，将已裁好的纤维铺在主模上，一般铺 3~5 层。
④ 等玻璃钢干透（一般需 1~4 h）后，脱模。
⑤ 先打磨毛坯，再喷涂专用底漆、面漆，然后再烤漆，则大包围制作完成。

3）大包围安装工艺

大包围安装

前包围、侧包围、后包围的安装步骤是基本相同的，它们的具体安装步骤如下。

① 清洗、擦拭大包围安装部位，并干燥。
② 在车身上的大包围安装部位贴上皱纹纸，以免安装大包围时碰坏车身漆膜。
③ 试安放大包围，观察大包围与车身的贴合程度，并确定安装位置。
④ 取下大包围，根据试放效果修整大包围。
⑤ 按安装要求在车身安装位置处钻安装孔，并去除孔周围毛刺。
⑥ 将大包围安放到车身上，拧紧固定螺钉，则大包围安装完成。

4）大包围安装注意事项

① 根据实际使用情况来确定是否加装大包围。汽车加装大包围后，只能在平坦的道路上行驶。

② 尽量选择不需要拆除原车防护杠才能安装的大包围，确保车辆的牢固性。若选用拆除防护杠的大包围，则应将原防护杠中的缓冲区移植到大包围中，使大包围起到防护杠的保护作用。

## 三、任务实践操作——安装大包围

操作工人先让王先生选好适合该车型的大包围，然后再按以下步骤进行安装。

① 清洗后包围安装部位，除去尘埃和污垢，然后干燥。
② 先拆下相应部件，再在安装部位粘贴皱纹纸，如图 2-15 所示。
③ 试安放后包围对位，如图 2-16 所示。

图 2-15　粘贴皱纹纸

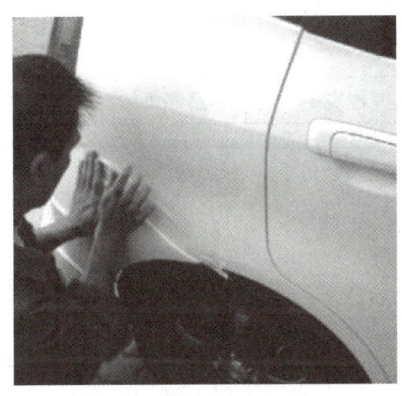

图 2-16　试放对位

④ 用砂轮片修整后包围需要调整的地方，如图 2-17 所示。
⑤ 用手电钻在车身安装位置钻安装孔，并去除毛刺。
⑥ 将后包围安放到车身上，用螺丝刀拧紧固定螺钉，则后包围安装完成。
⑦ 按上述步骤安装侧包围和前包围，最后安装效果如图 2-18 所示。

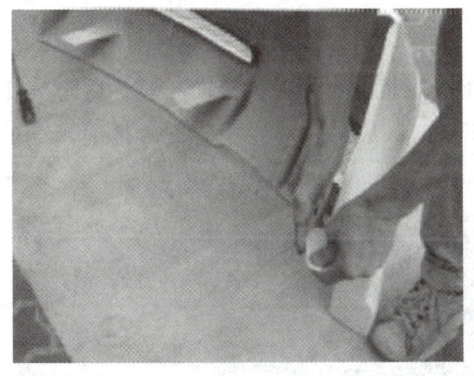

图 2-17　修整

图 2-18　车身安装大包围效果

## 四、任务工单

| 任务名称 | | 安装大包围 | 姓名 | | 日期 | | 年　月　日 |
|---|---|---|---|---|---|---|---|
| 车型和大包围型号 | | | | | | | |
| 手电钻的使用要点 | | | | | | | |
| 大包围安装的操作流程 | | | | | | | |
| 操作中出现的问题及其原因和解决方法 | | | | | | | |
| 技能掌握程度 | | 非常熟练□ | 比较熟练□ | | 一般熟练□ | | 不熟练□ |
| 教师评语： | | | | | | | |

　　　　　　　　　　　　　　　　　　　　　　　　　　　任务实践成绩＿＿＿＿分
　　　　　　　　　　　　　　　　　　　　　　　　　　　日期：　　　　年　月　日

# 知识拓展——局部装饰

### 1. 汽车防护杠

防护杠是汽车车身的一个重要组成部分，它不仅具有美观作用，还具有缓冲作用。当发生事故时，它能吸收并缓和外界冲击力，保护车身。

#### 1）防护杠的分类

根据行业标准《汽车防护杠》（QC/T 905—2013），防护杠按安装位置可分为前防护杠、后防护杠和侧防护杠三类，如图 2-19 所示。其中，前、后防护杠是防护车身前、后部位的安全装置，是现代汽车不可或缺的；侧防护杠是汽车预防侧撞所采取的安全措施。

（a）前防护杠

（b）后防护杠

项目二 汽车车身装饰

（c）侧防护杠

（d）前防护杠和侧防护杠

图2-19 防护杠

> 读一读

在交通事故中，汽车发生侧面碰撞是比较常见的事故。轿车防侧撞常见的安全措施有两种，一种是设计时改进车厢结构，使其能起到分散侧撞冲击力的作用；另一种是安装侧防护杠，增强侧面防撞击能力，这一种方法简单、实用，是目前普遍采用的措施。

2）防护杠的选择和安装注意事项

选择防护杠时，应考虑车型、协调性、防护杠材质等。车型不同，其能适用的防护杠一般也是不同的。防护杠应尽量不改变车辆的原有配置，与整车相协调，并起到防撞作用。防护杠常用的材料有钢板、塑料、铝合金等。其中，钢板防护杠常用于货车；塑料防护杠主要用于轿车，铝合金防护杠主要用于越野汽车和小型客车。

安装防护杠时，防护杠与翼板、前隔栅的距离应相等，必要时，可在防护杠和装配托架之间加设填隙片来使其居中；螺钉拧紧后，用力摇动防护杠，其振动越小越好。

扫一扫

防护杠安装

2. 车灯装饰

车灯装饰不仅使汽车更加美观，而且能提高照明质量，保证行车安全。按位置和功用不同，车灯可分为前照灯、辅助型车灯、其他车灯等。

1）前照灯

前照灯又称前大灯，安装在汽车头部的两侧，可为照明不良时提供行车照明，它对夜间行车安全影响较大，因此，应满足以下两个基本要求。

① 前照灯应具有明亮、均匀的灯光，使驾驶员能辨明车前150 m以内路面上的任何障碍物。

② 前照灯应具有防炫目装置，以免夜间行车时，使迎面车辆驾驶员炫目而造成交通事故。

前照灯一般由灯泡、反射镜、配光镜三部分组成。目前，常用的前照灯灯泡主要有卤钨灯泡、发光二极管大灯（LED）、氙气大灯（HID）等。反射镜的作用是使灯

51

泡光线聚合并导向前方,增强光度,增长路面可视距离。配光镜的作用是将反射镜反射出来的平行光束进行折射,使车前路面和路边均具有良好且均匀的照明。

### 2)辅助型车灯

辅助型车灯又称竞技型车灯,它既能提高能见度,又能装饰汽车。辅助型车灯种类较多,有超白光型、聚光型、雨雪雾灯型、探射灯型等。

### 3)其他车灯

汽车常用的其他车灯有转向灯、夜行示宽灯、制动灯、倒车灯、内部照明灯等。

- **转向灯**:转向时开启,断续闪亮,提示前后左右的车辆和行人注意。转向灯一般应在距转弯路口 30~100 m 时打开。
- **夜行示宽灯**:俗称小灯,用于夜间行车时显示车身宽度和长度,应经常检查保养。
- **制动灯**:亮度较强,它的作用是告知后车,此车要减速或停车。
- **倒车灯**:为倒车提供照明,能减少车主后视盲点。
- **内部照明灯**:用于车内一般照明和指示。

## 3. 后视镜装饰

后视镜俗称倒车镜,用来观察汽车两侧和后方的情况,是汽车的安全装置。按安装位置不同,后视镜可分为外后视镜、下后视镜和内后视镜三种。

- **外后视镜**:用于观察汽车侧后方情况,常选用视野范围大的凸面镜来制作。
- **下后视镜**:用于观察汽车前下方情况,常选用凸面镜来制作。
- **内后视镜**:用于观察汽车后方和车内情况,常选用平面镜或棱形镜来制作。

按安装方位不同,轿车后视镜可分为左侧后视镜、中央后视镜和右侧后视镜三种。正确的后视镜位置和角度,可确保最大后视范围、减小后视盲区,提高行车安全。

- **左侧后视镜**:调整上下位置,使远处地平线处于镜面中央;调整左右位置,使车身占镜面 1/4 左右,如图 2-20(a)所示。
- **中央后视镜**:调整上下位置,使远处地平线处于镜面中央;调整左右位置,使镜面的左侧边缘正好切至驾驶员在镜中影像的右耳际,如图 2-20(b)所示。
- **右侧后视镜**:调整上下位置,使地面约占镜面的 2/3;调整左右位置,使车身占镜面 1/4 左右,如图 2-20(c)所示。

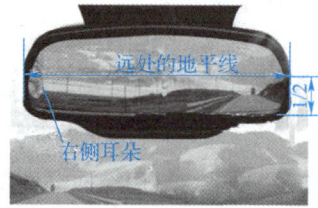

(a)左侧后视镜　　　　(b)中央后视镜　　　　(c)右侧后视镜

图 2-20　后视镜的调整

电动后视镜是目前中、高档轿车普遍采用的标准装备，具有记忆存储、加热除霜、自动折叠等功能，可为驾驶员提供更便捷、舒适的操作条件。

# 任务三　汽车开天窗

## 一、工作任务

任务单号：_____

| 工作任务 | 汽车开天窗 | 日期 | 年　月　日 |
|---|---|---|---|
| 车型/车牌号 | | 生产厂家 | 公司 |
| 任务描述： 看着单位同事新加装的天窗，杨女士心动了，也想给自己的爱车装一个。趁着周末，她上网搜索离家较近又比较靠谱的汽车美容店，选好之后就开车直奔美容店，打算给车装天窗。 ||||

| 操作要求 | 施工材料与施工设备 | 水枪、高压水枪、洗车液、毛巾、手电钻、螺钉、刀片、天窗、车内饰模板、车顶模板、电动剪板机、保护套、胶带、螺丝刀 | 是否满足 | □是　□否 |
|---|---|---|---|---|
| | 场地要求 | 可停放大型车辆的混凝土地坪、高压水源、足够长度的水管、适度的照明、封闭车间 | 是否满足 | □是　□否 |
| | 环境要求 | 环境温度 15～25℃ | 是否满足 | □是　□否 |
| | 备注 | | | |

出单人签字：　　　　　　　　　____年___月___日

接单人签字：　　　　　　　　　____年___月___日

车间负责人签字：

日期：　年　月　日

## 二、相关知识

带天窗的汽车给人一种高档、浪漫的感觉，越来越多的人选择带天窗的车辆，或给车辆加装天窗。

### 1. 汽车天窗的作用

汽车天窗位于汽车顶部，它的主要作用是换气、提高汽车档次、节能、除雾等。

#### 1）换气

未安装天窗的汽车，一般是通过打开侧窗来排出车内污浊空气，但车外污浊空气和噪声也会随之进入车内。此外，封闭车厢内氧气较少，易使驾驶员疲劳、反应变慢。而天窗作为一种新型的换气设备，是利用负压换气，可很好地解决这些问题。汽车加装天窗后，当汽车正常行驶时，气流在车顶快速流动，使车内形成负压，导致车内污浊空气抽出，新鲜空气从进气口流入，从而改善空气循环，且没有风直接刮在身上的不舒适感觉，也没有尘土卷入。

#### 2）提高汽车档次

天窗不仅是一种良好的换气设备，还能起到美观装饰作用。目前，大部分进口高档汽车都配有天窗，而国产轿车配备天窗还尚未普及，因此，汽车加装天窗后，让人感觉档次提高，同时也更加美观。

#### 3）节能

夏天，汽车内部在阳光暴晒下的温度很高，打开天窗可迅速降温，降温速度比开空调快2～3倍，同时还能节约30%左右能耗。

#### 4）除雾

空气湿度大且温度较低时，汽车侧窗紧闭会增大车内外温差，在前风窗玻璃上形成雾气。打开车顶天窗至后翘通风位置，可轻易消除前风窗玻璃上的雾气，改善视觉效果。

### 2. 汽车天窗的分类

#### 1）按结构形式分类

按结构形式不同，天窗可分为内藏式、上掀外滑式、敞篷式等，如图2-21所示。

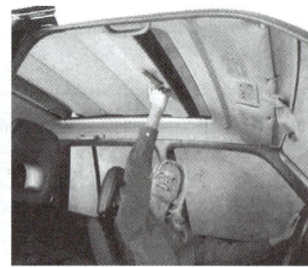

（a）内藏式天窗　　　　　（b）上掀外滑式天窗　　　　　（c）敞篷式天窗

图2-21 汽车天窗

- **内藏式天窗**：开启后可保持不同角度。它的安装工艺一般比较复杂，具有隔热、防夹、自动关闭等功能，能与汽车内装饰融为一体。

- 上掀外滑式天窗：开启时，先向上推起，再滑动至天窗全部打开；关闭时，先滑动回原位置，再拉下关闭即可。
- 敞篷式天窗：开启时，天窗完全打开，敞开空间大。

2）按驱动方式分类

按驱动方式不同，天窗可分为手动天窗和电动天窗两种。

- 手动天窗：没有动力装置，依靠人手动打开、关闭，它具有结构简单、安装方便、价格便宜等特点，常用于经济型轿车。
- 电动天窗：有动力驱动装置，通过操作开关即可自动开启和关闭，它具有安装相对复杂、价格较高等特点，常用于商务车和高档车。

**提 示**

① 无论哪种天窗，车顶都需配太阳挡板。
② 吉普车、跑车等特殊车型，它们的车顶钣金结构复杂，不适合加改装天窗。

### 3. 汽车天窗的选装方法及其注意事项

1）汽车天窗的选择

① 根据车型选择天窗。市场上的天窗基本都是跟车型配套的，故应按车型进行选择。
② 在同类中选择适合的天窗。在同类天窗中，一般有标准型、经济型、豪华型等，车主应根据自己需求和能力进行选择。

2）汽车天窗的安装方法

按说明书安装天窗，具体步骤如下。

① 洗车。按一般清洗步骤进行车身清洗。
② 检查大灯、音响等电器，并让车主确认检查结果。
③ 用保护套套好车门、座椅等，以防污损。
④ 定位。如图 2-22 所示，先用车内饰模板贴着车内饰板，进行内部定位；再将车顶模板放在车顶上，按要求量好尺寸，然后用胶带粘好定位。

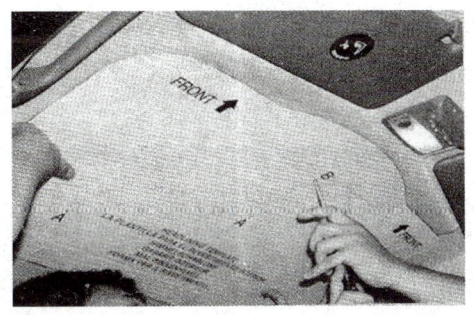
（a）内部模板定位

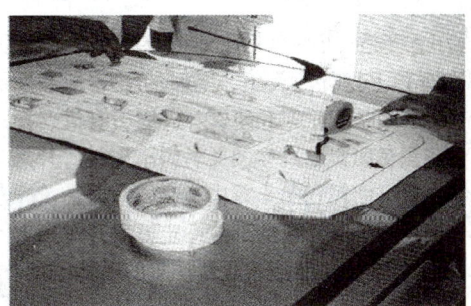
（b）外部模板定位

图 2-22 定位

⑤ 如图 2-23 所示，用手电钻在模板上钻定位孔，并确保内外模板完全重合，然后将螺钉插入定位孔，加强固定。

⑥ 画线开孔。先用刀片按车内模板切割内饰板，再用剪刀在车顶剪一个洞，从该洞开始，用电动剪板机等专用工具沿外模板边缘切割车顶外板，剪出天窗位置，如图2-24所示。

图2-23　钻定位孔

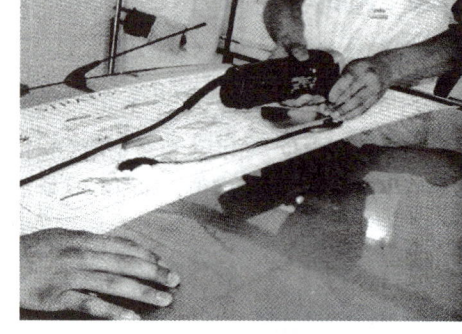

图2-24　切割车顶外板

⑦ 先打磨切口部位，使之光滑，然后在露出的金属断面上喷涂防锈漆，以防锈蚀。

⑧ 将组装好的天窗框架安放至天窗切口位置，调整到合适位置，拧紧固定螺钉。

⑨ 先拆开仪表板和A柱饰板，再将天窗电源连接到汽车电源上；然后在A柱上打螺孔，连接搭铁线；然后再将控制线连接到车锁上，从而确保车锁锁闭时天窗自动关闭；最后布置天窗线束，安装电动机。

⑩ 将拆卸下的内饰件重新安装回去，并同时安装天窗内饰密封件。

⑪ 操作控制开关，验证天窗功能是否已实现。若有故障，应及时查找并修复。

⑫ 对车顶部位进行反复冲水，检查加装天窗的密封性。

### 3）汽车天窗选装的注意事项

① 天窗应与车型配套，且协调。

② 天窗应不影响车辆的安全性。

③ 天窗应不影响车辆寿命。

④ 开天窗位置与前风窗玻璃最好相距25 cm，以便照顾前后排乘坐人的需要。

**读一读**

天窗使用和保养时，应注意以下问题。

① 下雨时不要开启天窗，雨停且天窗上的水吹干之后再开启天窗。

② 用滑石粉涂抹天窗的橡胶密封圈，可延长密封圈寿命。

③ 每隔一段时间，天窗活动部分应用润滑油或润滑剂进行润滑。

## 三、任务实践操作——汽车天窗的安装施工

操作工人先让杨女士选好适合该车型的天窗，然后再按以下步骤进行安装。

① 清洗汽车，并擦干，然后将车开入封闭车间。

② 检查大灯、音响等各类电器，并让杨女士确认检查结果。

③ 用保护套遮盖车门、座椅等内饰件。

④ 先进行内部定位，再进行外部定位，并粘贴固定。

⑤ 如图2-25所示，先钻定位孔，然后插入螺钉加强固定。

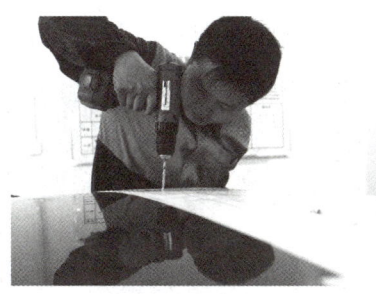 

（a）钻定位孔　　　　　　　　　　（b）插螺钉固定

图 2-25　钻定位孔和固定定位孔

⑥ 用刀片按车内模板切割内饰板，切割完后如图 2-26 所示。

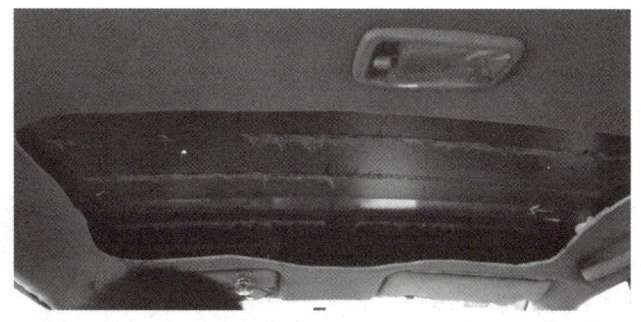

图 2-26　切割内饰板

⑦ 用剪刀在车顶剪一个洞，如图 2-27（a）所示。从该洞开始，用电动剪板机沿外模板边缘切割车顶外板，如图 2-27（b）所示。

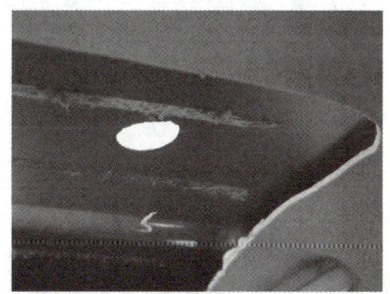 

（a）剪洞　　　　　　　　　　（b）切割车顶外板

图 2-27　剪洞和切割车顶外板

⑧ 打磨切口部位，并在露出的金属断面上喷涂防锈漆，效果如图 2-28 所示。

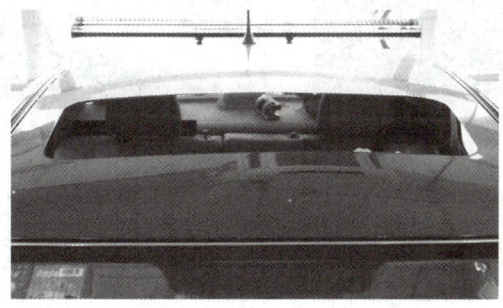

图 2-28　车顶外板切口效果

⑨ 如图2-29所示，将天窗框架安放至天窗切口位置，并拧紧固定螺钉。

（a）安放天窗外框架

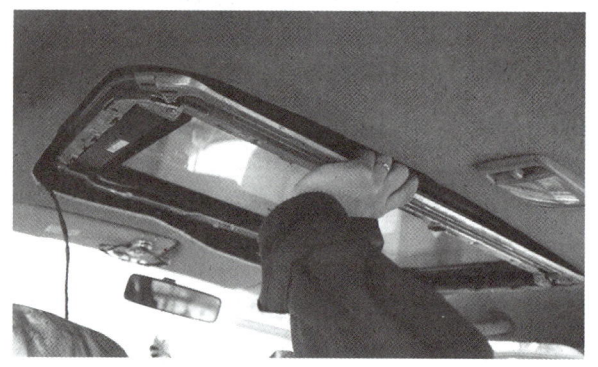
（b）安放天窗内框架

图2-29　安放天窗框架

⑩ 如图2-30所示，连接线路，安装电动机。

⑪ 如图2-31所示，安装拆卸下的内饰件和密封件。

图2-30　连接线路

图2-31　安装内饰件和密封件

⑫ 先验证天窗功能，再淋水测试天窗密封性，如图2-32所示。若天窗功能正常，且不漏水，则天窗安装完成，其最终效果如图2-33所示。

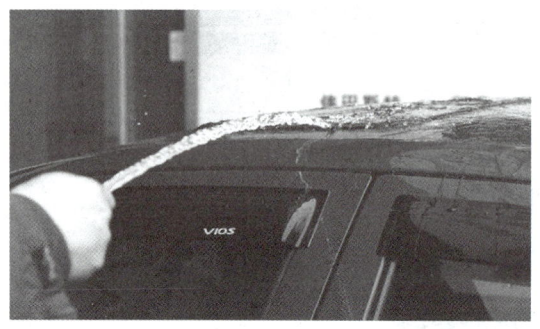
图2-32　天窗密封性测试

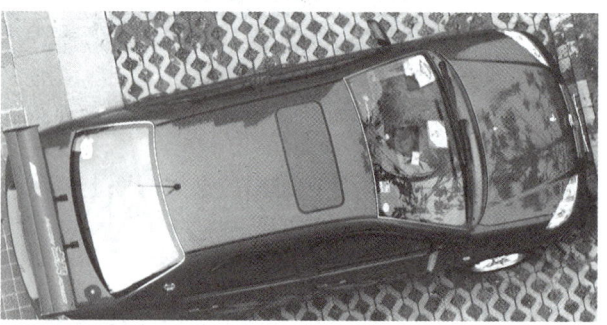
图2-33　天窗安装效果

## 四、任务工单

| 任务名称 | 汽车开天窗 | 姓名 | | 日期 | 年　　月　　日 |
|---|---|---|---|---|---|
| 汽车开天窗的操作流程 | | | | | |
| 开天窗要点 | | | | | |
| 操作中出现的问题及其原因和解决方法 | | | | | |
| 技能掌握程度 | 非常熟练□　　比较熟练□　　一般熟练□　　不熟练□ | | | | |
| 教师评语: | | | | | |

任务实践成绩_____分

日期：　　年　　月　　日

# 思考与练习

### 一、选择题

1. 汽车大包围一般是由（　　）组成。
   A．上包围　　　　B．前包围　　　　C．后包围　　　　D．侧包围
2. 汽车天窗按驱动形式可分为（　　）。
   A．手动式　　　　B．拉动式　　　　C．电动式　　　　D．压动式
3. 汽车前照灯一般由（　　）组成。
   A．反射镜　　　　B．灯泡　　　　　C．配光镜　　　　D．平面镜
4. 汽车前照灯常用的灯泡有（　　）。
   A．LED灯　　　　B．卤钨灯泡　　　C．荧光灯　　　　D．氙气大灯

## 二、判断题

1. 汽车天窗的主要功能是负压换气。（　　）
2. 大包围有利于改善车身周围气流对行驶车辆稳定性的影响。（　　）
3. 扰流板有利于提高汽车前端行驶稳定性。（　　）
4. 小灯是指夜行示宽灯，主要用于夜间行车时显示车身宽度和长度。（　　）

## 三、简答题

1. 简述车身贴膜的作用和湿贴法的一般步骤。
2. 简述导流板和扰流板的导流和扰流原理。
3. 轿车后视镜按安装方位可分为哪几种？它们的位置如何调整？
4. 简述汽车天窗的作用和分类。

# 项目三　汽车玻璃的美容与装饰

## 项目导读

　　玻璃是汽车不可缺少的一部分,随着科学技术的不断发展,它的功能也在不断完善。汽车玻璃的美容主要包括玻璃清洗和损伤修复,这不仅有利于改善汽车整体外观,还有利于行车安全。汽车玻璃的装饰项目很多,其中最常采用的是隔热防爆膜装饰,它不仅具有良好的隔热、透光效果,还能减少内外反光比率,降低眩光刺眼,使驾车更安全、舒适。

## 学习目标

1. 了解汽车玻璃的类型和清洗装置
2. 掌握汽车玻璃的清洗保养工艺
3. 了解汽车玻璃的损伤类型
4. 掌握汽车玻璃划痕和裂纹的修复和修补
5. 了解隔热防爆膜的结构、特性和鉴别方法
6. 掌握隔热防爆膜的粘贴工艺

## 能力目标

1. 会清洗保养汽车玻璃
2. 会修复汽车玻璃划痕,会修补汽车玻璃裂纹
3. 能给汽车玻璃粘贴隔热防爆膜

 汽车美容与装饰

# 任务一　汽车玻璃的清洗

## 一、工作任务

任务单号：_____

| 工作任务 | 汽车玻璃的清洗 | 日期 | 　　　年　　月　　日 |
|---|---|---|---|
| 车型/车牌号 | | 生产厂家 | 　　　　　　　公司 |
| 任务描述：<br>李女士的车买了已有三年，平时一般自己在家清洗车身，每隔三个月去汽车美容店彻底清洗车。最近下了几天雨，她发现透过风窗玻璃看周围环境不是很清楚，因此，天晴之后，她将车开到汽车美容店，打算清洗玻璃，并做防雾防水养护。 ||||
|  ||||
| 操作要求 | 施工材料与施工设备 | 水枪、高压水枪、车身清洗液、毛巾、大毛巾、海绵、玻璃清洗剂、玻璃防雾剂、玻璃防水剂 | 是否满足　□是　□否 |
| | 场地要求 | 可停放大型车辆的混凝土地坪、高压水源、足够长度的水管、适度的照明 | 是否满足　□是　□否 |
| | 环境要求 | 环境温度 15～25℃ | 是否满足　□是　□否 |
| | 备注 | | |
| 出单人签字：<br>　　　　　　　　　　____年____月____日 ||| 接单人签字：<br>　　　　　　　　____年____月____日 |
| 车间负责人签字：<br>　　　　　　　　　　　　　　　　　　　　　　　　日期：　　年　　月　　日 ||||

## 二、相关知识

### 1. 汽车玻璃的分类

汽车玻璃是汽车被动安全设施之一，应具有良好的视线、足够的强度，发生意外事故时能对车内人员起到保护作用。根据国家标准《汽车安全玻璃》（GB 9656—2003），汽车玻璃有以下两种分类方法。

1）按应用部位分类

按应用部位不同，汽车玻璃可分为前风窗玻璃和前风窗以外玻璃。其中，前风窗以外玻璃包括车门玻璃、角窗玻璃、侧窗玻璃、后窗玻璃、顶窗玻璃等。

2）按加工工艺分类

按加工工艺不同，汽车玻璃可分为夹层玻璃、中空玻璃、钢化玻璃、塑玻复合材料等。

（1）夹层玻璃

夹层玻璃是将聚乙烯醇丁醛（PVB）树脂胶片放在两片或多片玻璃原片之间，通过加热、加压黏合而成的复合玻璃制品，如图3-1所示。它有平面和曲面两种形状，它的层数一般有2层、3层、5层、7层，最多可有9层。PVB胶片韧性好，被撞击时可吸收部分撞击能量，减弱撞击破坏，同时，PVB胶片的黏合作用可使玻璃碎片黏在胶片上，避免碎片伤人。夹层玻璃可用作汽车各个部位的玻璃。

（2）中空玻璃

中空玻璃是指用间隔材料均匀隔开两片或多片玻璃，其周边黏结密封，使玻璃层间形成干燥气体空间的玻璃制品，如图3-2所示。中空玻璃具有绝热性好、隔声性好、防潮性好、防结露性好等特点，可用作前风窗以外玻璃。

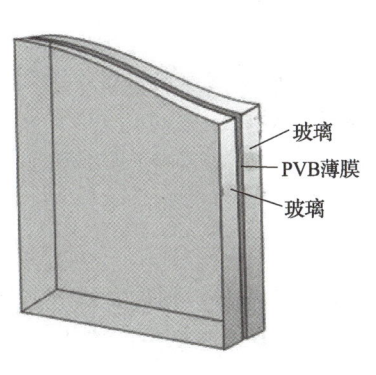

图3-1　夹层玻璃

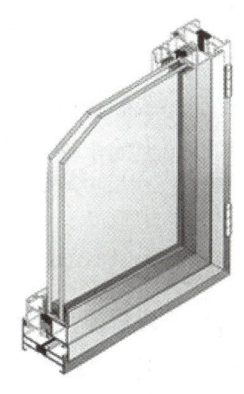

图3-2　中空玻璃

（3）钢化玻璃

钢化玻璃又称强化玻璃，是通过物理或化学方法在玻璃表面形成压应力层的一种玻璃。它具有强度高、弹性较好、工作温度高、耐急冷急热温差大、不易炸裂等特点，可用作汽车前风窗以外玻璃以及设计时速低于40 km/h汽车的前风窗玻璃。

钢化玻璃不能切割、磨削，其边角也不能碰撞挤压，需选用现成规格尺寸的玻璃或专门定制加工。

（4）塑玻复合材料

塑玻复合材料是由一层或多层玻璃与一层或多层塑料材料复合而成的玻璃，安装时塑料层一般朝向车内。塑玻复合材料可用作汽车各个部位的玻璃。

## 2. 汽车玻璃的清洁装置

汽车玻璃的清洁装置主要有喷水装置、刮水装置和加热除霜装置等，其中，前两种装置是前风窗玻璃的必备清洁装置，它们之间相互配合，起到清洁前风窗玻璃的作用；加热除霜装置一般安装在后窗玻璃上。

### 1）喷水装置和刮水装置

**（1）喷水装置**

喷水装置一般由储液壶、水泵、喷水嘴、输水管、控制开关五部分组成。其中，储液壶的材质一般为塑料，常用来储存玻璃清洗液；水泵一般是微型电动离心泵，它将储液壶中的玻璃清洗液输入喷水嘴；喷水嘴的挤压作用将清洗液分成细小射流喷向风窗玻璃。

**（2）刮水装置**

刮水装置一般由电动机、刮水器、控制开关组成。

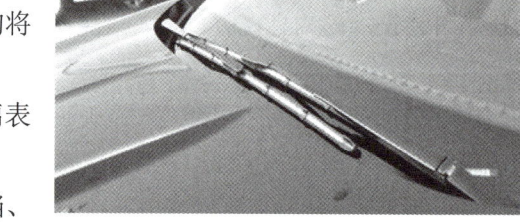

- 电动机：刮水装置的电动机常采用直流永磁电动机，一般与蜗轮蜗杆机构做成一体。蜗轮蜗杆的作用是减速增扭，它的输出轴带动连杆机构，通过连杆机构将连续旋转运动变为刮水器的左右摆动。
- 刮水器：刮水器的刮片胶条通过弹簧条压向玻璃表面，从而清除玻璃上的雨水和污垢。
- 控制开关：一般位于转向盘下部，常有快挡、慢挡、间歇控制挡三挡。其中，间歇控制挡每动作一次一般停止 2～12 s，对驾驶员干扰较小。

### 2）加热除霜装置

加热除霜装置一般由加热线和控制开关组成。加热线的材质通常为镍铬合金，当打开加热开关时，加热线会使玻璃慢慢变热，玻璃上的水珠蒸发消失，从而改善后视效果。

## 3. 汽车玻璃清洁用品

### 1）玻璃清洗剂

汽车玻璃表面附着污垢一般有泥沙、灰尘、树胶、虫胶、昆虫遗体、油垢、残余上光蜡等，玻璃清洗剂应能快速地清除这些污垢，且对玻璃、刮水器、漆面无腐蚀作用。汽车玻璃清洗剂一般由水、有机溶剂、表面活性剂、香精、助剂等组成，实物及清洗效果如图 3-3 所示。

（a）玻璃清洗剂　　　　（b）清洗效果

图 3-3　玻璃清洗剂及其清洗效果

- 水：可洗净玻璃上的泥沙和灰尘，它是玻璃清洗剂的主要成分。
- 有机溶剂：可溶解动植物胶质、油污，常采用的有机溶剂是乙醇，因为它溶解性好，防冻性好，价格适中，安全、无毒。
- 表面活性剂：少量的表面活性剂就能大大降低水的表面张力，改变体系界面状态，起到润湿、渗透、增溶、净洗、分散等作用。用玻璃清洗剂清洗后，玻璃上应不形成条纹痕迹，残留物应少，且玻璃表面应保持高度透明，因此，玻璃清洗剂一般选用不残留固体的液体非离子表面活性剂为主洗剂，另加入少量阴离子表面活性剂起润滑和光亮作用。常用的表面活性剂有 AEO-9，LAS 等。

🚗 **香精**：遮盖清洗剂原料的难闻气味，它在洗涤时易造成条纹，因此，加入量很少。

🚗 **助剂**：主要作用是提高去污能力，或软化硬水，提高水溶液的透明度。

🔧 **提　示**

> AEO-9 是脂肪醇聚氧乙烯醚的简称，10% AEO-9 水溶液在 25℃时是澄清透明的。AEO-9 易溶于水、乙醇、乙二醇等，具有良好的乳化、分散、去污、净洗等性能，常用来配制洗涤剂、乳化剂等。
>
> LAS 是直链烷基苯磺酸钠的简称，它溶于水，具有润湿、发泡、乳化、分散、去污等性能，常用来配制各种洗涤剂、乳化剂、香波等。

2）玻璃抛光剂

玻璃抛光剂一般常用于去除汽车玻璃表面难以去除的油脂、污渍、昆虫尸体、氧化层、细微划痕等。使用时，用干燥的海绵或纤维布将玻璃抛光剂均匀地涂抹到玻璃表面，静置一段时间后，用干净且干燥的海绵或纤维布擦拭干净即可。

### 4. 汽车玻璃的防雾、防水、除冰处理

1）汽车玻璃的防雾和防水

当汽车内外温差大时，玻璃内侧易形成一层雾，严重影响驾驶员视线。当汽车在大雾中行驶时，风窗玻璃和后视镜上极易形成细小水珠，给汽车行驶带来安全隐患。因此，需对汽车玻璃进行防雾、防水处理。

彻底清洁汽车玻璃后，在风窗玻璃内侧和后视镜上喷玻璃防雾剂，然后用毛巾擦拭均匀；在风窗玻璃外侧喷玻璃防水剂，然后用毛巾擦拭均匀。汽车玻璃防雾剂和防水剂的效果如图 3-4 所示。

（a）防雾剂及其效果

（b）防水剂及其效果

图 3-4　汽车玻璃防雾剂和防水剂的效果

### 2）汽车玻璃的除冰处理

当汽车风窗玻璃上的积雪难以去除时，应用除冰剂清除积雪。除冰剂不仅能快速融化玻璃表面的积雪、冰层、冰霜，还能去除油污和尘埃。使用时，将除冰剂直接喷洒在玻璃表面，等冰雪融化后，用毛巾擦拭干净即可。

#### 5. 汽车玻璃清洗保养及其注意事项

##### 1）汽车玻璃的清洗保养工艺

① 清洗车身和玻璃。先冲洗掉车身和玻璃上的沙粒和灰尘，再用洗车香波清洗，然后用高压水冲洗干净。

② 用玻璃清洗剂清洗玻璃。用海绵将玻璃清洗剂均匀地擦拭到玻璃内外表面，或将玻璃清洗剂直接均匀地喷到玻璃上，静置一段时间后，用毛巾擦干，如图 3-5 所示。

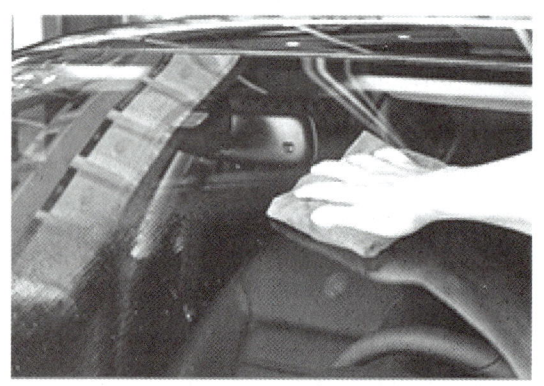

（a）喷玻璃清洗剂　　　　　　　　　　　　　（b）擦干玻璃清洗剂

图 3-5　用玻璃清洗剂清洗玻璃

③ 涂抹玻璃防雾剂和防水剂。将玻璃防雾剂均匀涂抹到风窗玻璃内侧和后视镜上，将玻璃防水剂均匀涂抹到风窗外侧，即完成玻璃清洗保养。

##### 2）汽车玻璃清洗保养的注意事项

① 玻璃上黏附的鸟粪、昆虫、沥青等污染物，可用塑料或橡胶刮刀去除。

② 清洁后窗玻璃时，注意不要破坏除霜栅格。

③ 检查刮水器刮片，及时更换老化、破损的刮片。

## 三、任务实践操作——汽车玻璃的清洗保养

操作工人清洗保养李女士车玻璃的具体步骤如下。

① 按一般洗车步骤清洗车身和玻璃。

② 将玻璃清洗剂倒在海绵上，用海绵擦洗玻璃，如图 3-6 所示，5 min 之后，用水冲洗，然后用毛巾擦干。

③ 如图 3-7 所示，用玻璃防雾剂涂抹风窗玻璃内侧和后视镜，用玻璃防水剂涂抹风窗玻璃外侧，最后效果如图 3-8 所示。

## 项目三 汽车玻璃的美容与装饰

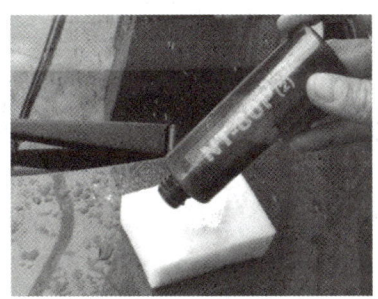 

（a）倒玻璃清洗剂　　　　　　　　（b）涂抹玻璃清洗剂

图 3-6　清洗玻璃

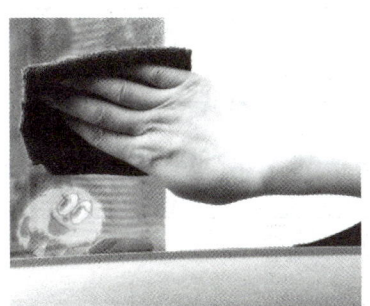 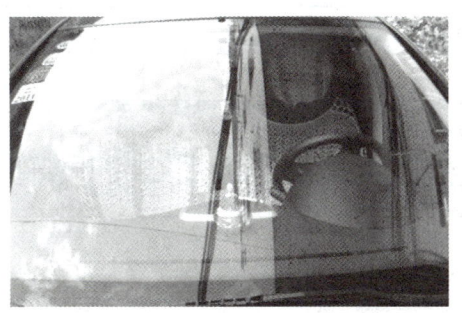

图 3-7　风窗内侧涂抹防雾剂　　　　　图 3-8　玻璃清洗保养效果

## 四、任务工单

| 任务名称 | 汽车玻璃的清洗保养 | 姓名 | | 日期 | 年　月　日 |
|---|---|---|---|---|---|
| 污染物种类及污染程度 | | | | | |
| 玻璃清洗的操作流程 | | | | | |
| 玻璃清洗的操作要点 | | | | | |
| 操作中出现的问题及其原因和解决方法 | | | | | |
| 技能掌握程度 | 非常熟练□　　比较熟练□　　一般熟练□　　不熟练□ | | | | |
| 教师评语： 　　　　　　　　　　　　　　　　　　　　　任务实践成绩_____分 　　　　　　　　　　　　　　　　　　　　　日期：　　年　月　日 | | | | | |

# 任务二　汽车玻璃的损伤修复

## 一、工作任务

任务单号：_____

| 工作任务 | 汽车玻璃裂纹修补 | 日期 | 年　月　日 |
|---|---|---|---|
| 车型/车牌号 | | 生产厂家 | 公司 |
| 任务描述： 昨天下班，胡先生开车回家，在高速路上行驶时，车前风窗玻璃被一小块石子击中，出现裂纹。现在他开车来到汽车美容店，打算修补该裂纹。 | | | |

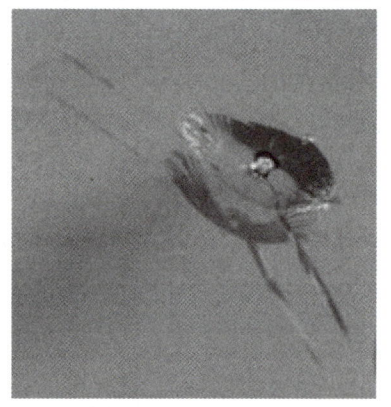

| 操作要求 | 施工材料与施工设备 | 玻璃清洗剂、钻子、紫外线灯、毛巾、玻璃修补剂、玻璃抛光剂、支架、加液器、刀片 | 是否满足 | □是　□否 |
|---|---|---|---|---|
| | 场地要求 | 可停放大型车辆的混凝土地坪、适度的照明 | 是否满足 | □是　□否 |
| | 环境要求 | 环境温度 15～25℃ | 是否满足 | □是　□否 |
| | 备注 | | | |
| 出单人签字：　　　　　　　　　　　　年　　　月　　　日 | | 接单人签字：　　　　　　　　　　　　年　　　月　　　日 | | |
| 车间负责人签字：　　　　　　　　　　　　　　　　　　　　　日期：　　年　　月　　日 | | | | |

## 二、相关知识

在日常行驶中，汽车难免会遭受小石子之类的硬物砸伤。受损玻璃不仅影响汽车美观，还会影响驾驶员视线，给行车带来安全隐患，因此，应尽快修复受损玻璃，若无法修复的，则需更换新玻璃。

## 1. 汽车玻璃损伤的种类

汽车玻璃具有透明度高、硬度大、脆性大等特点，受外力撞击时易出现损伤。按损伤特点不同，汽车玻璃损伤可分为划痕损伤和裂纹损伤两类。

### 1）划痕损伤

划痕损伤是指汽车玻璃遭受硬物摩擦时，表面产生的浅印痕，如图 3-9 所示。划痕损伤一般出现在前风窗玻璃上，主要由刮水器造成。当未喷玻璃清洗剂，刮水器直接刮脏风窗玻璃时，很容易使玻璃出现划痕损伤。

### 2）裂纹损伤

裂纹损伤是指汽车玻璃遭受外力作用时，玻璃从外部到内部产生分裂，甚至完全裂开。按形状不同，汽车玻璃裂纹可分为线形裂纹、圆形裂纹和星形裂纹，如图 3-10 所示。

图 3-9　划痕损伤

- 🚗 **线形裂纹**：常见于粘贴安装的前风窗玻璃，它产生的原因有剧烈震动时玻璃局部受力不均、玻璃表面温度变化过大、新安装玻璃位置不合适等。若不及时处理，线形裂纹会逐渐增长，直至整块玻璃报废。
- 🚗 **圆形裂纹**：受到外力撞击后，玻璃表面形成的较规则圆形凹陷。
- 🚗 **星形裂纹**：受到外力撞击后，玻璃表面形成以撞击点为中心，向四周发散的裂纹。

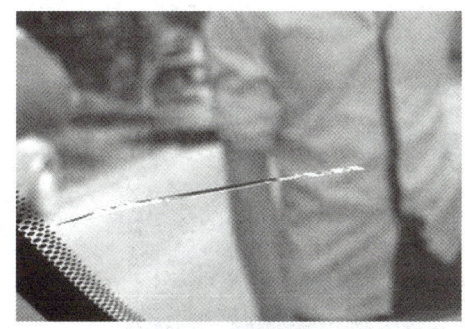 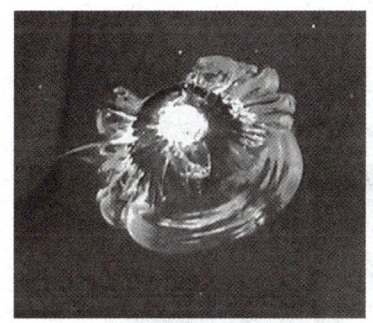 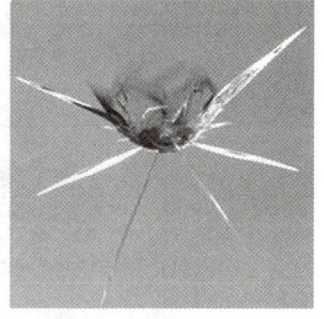

（a）线形裂纹　　　　　　　　　（b）圆形裂纹　　　　　　　　　（c）星形裂纹

图 3-10　裂纹损伤

## 2. 汽车玻璃损伤的修复和修补

### 1）玻璃划痕损伤的修复

玻璃表面的划痕损伤，用抹布擦拭是无法去除的，且还会越擦越脏，甚至使抹布污垢进入划痕中，形成一条条黑色痕迹。因此，汽车玻璃划痕损伤需进行专业修复。

玻璃划痕损伤修复的具体步骤如下。

① 用玻璃清洗剂清洗玻璃，以免沙子、灰尘附着在玻璃表面。

② 如图 3-11 所示，用胶带在待修复玻璃周围粘贴一圈，以免抛光时弄脏汽车其他部位；用笔在玻璃背后圈出要修复部位，以免抛光挪位。

③ 将玻璃抛光纸粘贴在抛光盘上，然后对划痕处进行抛光。玻璃抛光纸磨削能力按大小排序为绿色、水红色、蓝色、褐色、白色。其中，绿色砂纸用于较深划痕，蓝色砂纸用于轻微划痕，最后都用白色抛光

纸抛光。用白色纸抛光时，先将少量抛光膏挤在抛光纸上，再进行抛光，直至玻璃出现光泽。抛光过程需喷一定量水，以免玻璃表面过热。

④ 用清水清洗干净玻璃表面，然后擦干，修复效果如图 3-12 所示。

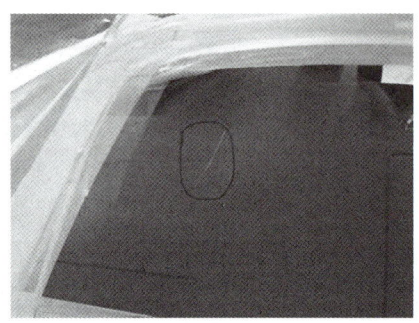 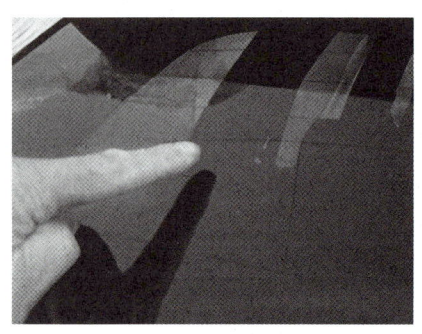

图 3-11　粘贴胶带　　　　　　　　　　　图 3-12　划痕修复效果

2）玻璃裂纹损伤的修补

玻璃裂纹损伤修补一般是在裂缝中填补玻璃修补剂来消除缝隙。玻璃缝隙填补材料是一种高透明的液态胶质，在紫外线下加热时可快速凝固，强度也可达到原玻璃的 90% 以上，且能确保玻璃的透光性。

玻璃裂纹损伤修补的具体步骤如下。

① 用玻璃清洗剂清洗玻璃，并清理玻璃裂纹处碎屑，然后擦干。

② 如图 3-13 所示，先安装支架，再在支架上安装加液器，并使加液器的加液口与裂纹对正。

（a）安装支架　　　　　　　　　　　（b）安装加液器

图 3-13　安装支架和加液器

③ 用真空注射器将玻璃裂纹内的空气抽掉。

④ 将少量玻璃修补剂倒入加液器中，反复抽压几次，使修补剂进入玻璃裂纹中。

⑤ 取下支架，用紫外线灯照射修补处，使修补剂凝固，如图 3-14 所示。

⑥ 若修补处还有小缺口，可滴入浓度较高的修补剂，盖上玻璃片，再用紫外线灯照射烘干，如图 3-15 所示。

⑦ 先用刀片刮除玻璃表面多余的玻璃修补剂，再涂抹玻璃抛光剂，然后用布擦拭抛光即可。

① 由于紫外线灯对人体伤害较大，使用时需做好防护，严禁用它直接照射人体。

② 当裂纹尺寸大于 2 cm 时，最好更换新的风窗玻璃。

图 3-14　紫外线灯照射

图 3-15　紫外线灯烘干效果

## 三、任务实践操作——汽车玻璃裂纹修补

操作工人修补胡先生前风窗玻璃的具体步骤如下。

① 用玻璃清洗剂清洗玻璃，并擦干。

② 在车身上铺设毛巾，以免施工时刮伤车漆，如图 3-16 所示。

③ 先用钻子在玻璃裂纹处钻孔，掏出裂纹中的杂质，如图 3-17（a）所示；再吹气清理杂质，如图 3-17（b）所示。

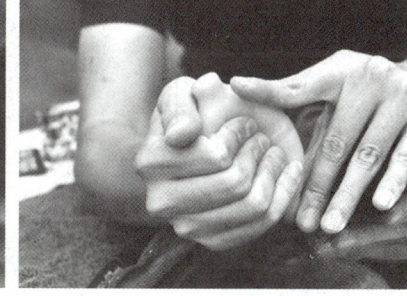

（a）钻孔　　　　　　　　（b）吹气清理

图 3-16　铺毛巾　　　　　　　　　　　　图 3-17　清理杂质

④ 先固定支架，再给裂纹处抽真空，然后给裂纹处注射玻璃修补剂，如图 3-18 所示。

⑤ 取下支架，用紫外线灯照射修补处，使修补剂固化。

⑥ 用刀片刮除多余玻璃修补剂，然后用毛巾擦干净，如图 3-19 所示。

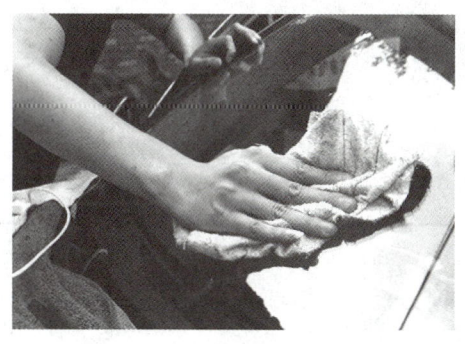

图 3-18　注射玻璃修补剂　　　　　　　　图 3-19　擦净玻璃

⑦ 涂抹玻璃抛光剂进行抛光，然后再用毛巾擦干净即可。修补效果如图 3-20 所示。

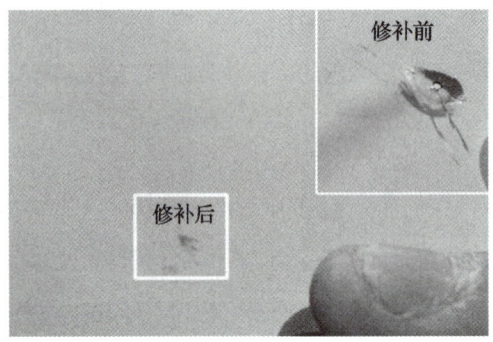

图 3-20　玻璃裂纹修补效果

# 四、任务工单

| 任务名称 | 汽车玻璃裂纹修补 | 姓名 | | 日期 | 年　月　日 |
|---|---|---|---|---|---|
| 裂纹的类型和尺寸 | | | | | |
| 裂纹修补的操作流程 | | | | | |
| 操作中出现的问题及其原因和解决方法 | | | | | |
| 技能掌握程度 | 非常熟练□　　比较熟练□　　一般熟练□　　不熟练□ | | | | |
| 教师评语： 　　　　　　　　　　　　　　　　　　　　　　　　　　　　　　　任务实践成绩_____分 　　　　　　　　　　　　　　　　　　　　　　　　　　　　日期：　　年　　月　　日 | | | | | |

# 任务三  汽车玻璃的隔热防爆膜装饰

## 一、工作任务

任务单号：_____

| 工作任务 | 粘贴隔热防爆膜 | 日期 | 年　月　日 |
|---|---|---|---|
| 车型/车牌号 | | 生产厂家 | 公司 |
| 任务描述：<br>罗先生的车买了半年，夏天开车时，车内闷热，有时阳光刺眼，因此，他打算给窗玻璃安装隔热防爆膜，改善驾驶条件。 ||||

| 操作要求 | 施工材料与施工设备 | 玻璃清洗液、毛巾、保护膜、玻璃膜安装液、清水、热风枪、裁膜刀、喷水壶、刮板、隔热防爆膜 | 是否满足 | □是　□否 |
|---|---|---|---|---|
| | 场地要求 | 封闭车间，良好的照明 | 是否满足 | □是　□否 |
| | 环境要求 | 环境温度 15～25℃ | 是否满足 | □是　□否 |
| | 备注 | | | |
| 出单人签字：<br>　　　　　　　　　　____年___月___日 |||| 接单人签字：<br>　　　　　　　　　　____年___月___日 |
| 车间负责人签字：<br>　　　　　　　　　　　　　　　　　　　　日期：　　年　月　日 |||||

## 二、相关知识

　　洁净明亮的汽车玻璃虽然使驾驶员具有良好的视野，确保行车安全，但阳光中的有害射线也会照射进来。例如，红外线热能高，它会使车内温度升高，增大空调使用率；紫外线对人体和车内饰件有害，它会加速人体皮肤老化，甚至引发皮肤癌，它也会加速车内皮件老化。玻璃上粘贴隔热防爆膜，即可解决这些问题。

1. 隔热防爆膜的结构和特性

隔热防爆膜的品牌较多，常用的品牌有威固、强生、3M、优玛、龙膜等。以 3M 隔热防爆膜为例，它一般由耐磨外层、安全基层、隔热层、防紫外线层、感压式粘胶层、"易施工"胶膜层、透明基材组成，如图 3-21 所示。

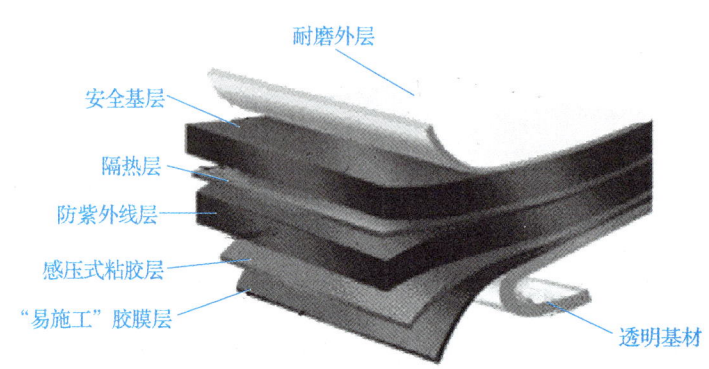

图 3-21　3M 隔热防爆膜的结构

- 耐磨外层：常由透明的丙烯酸制作而成，坚韧耐磨，清洗玻璃时不易产生刮痕。
- 安全基层：常由透明的聚氨酯制作而成，抗冲击力强，能长期有效地保护车内人员安全，同时还能有效过滤阳光和迎面车辆的远光眩光。
- 隔热层：此层是通过将铝、银等金属分子溅射涂布在安全基层上而制成的，可将阳光中的红外线反射回去，起到隔热效果，节约燃油。
- 防紫外线层：涂布在隔热层上的一层特殊涂层，可阻隔阳光中 99% 的紫外线 A 和 B，起到保护车内人员和饰件免受紫外线侵害的作用。
- 感压式粘胶层：此层具有非常强的黏性，当玻璃遭受外来冲击破碎时，它可黏附碎片，避免玻璃碎片伤害车内人员。
- "易施工"胶膜层：此层主要由玻璃状的粘胶组成，可使膜在玻璃上易于移动，施工更加方便。此外，此层还能有效增加隔热防爆膜与玻璃间的黏力。
- 透明基材：此层是可剥离的隔离层，它的主要作用是保护隔热防爆膜。施工时，此层会被剥离掉，其余层都粘贴在玻璃上。

2. 隔热防爆膜质量的鉴别方法

市场上隔热防爆膜品种繁多，质量和性能参差不齐，优质隔热防爆膜的效果和寿命是劣质产品无法比拟的。隔热防爆膜可从手感、颜色、隔热性、气泡、清晰度、保质期等方面进行质量鉴别。

1）手感

优质膜细腻、光滑、质地均匀，手触摸时感觉厚实平滑；劣质膜粗糙，手触摸时感觉粗糙、薄、软，容易起皱。

2）颜色

优质膜的颜料熔合在膜中，不易变色，粘贴刮涂时也不易脱色。劣质膜的颜料一般在胶中，易褪色，粘贴刮涂时也易脱色。

3）隔热性

隔热性用肉眼和手感是难以鉴别的，可通过一个简单的测试进行鉴别。将贴着膜的玻璃挨着碘钨灯，用手触摸玻璃，感觉不到热的是优质膜，感觉烫手的则是劣质膜。

4）气泡

撕开膜的塑料内衬，重新复合时，若有气泡，则是劣质膜；若完好如初，则是优质膜。

5）清晰度

无论颜色深浅，优质膜在夜间的清晰度应在 6 m 以上，而劣质膜则不清晰，总给人一种雾蒙蒙的感觉。

6）保质期

优质隔热防爆膜的保质期一般为 5 年，有的甚至可达 8 年。当隔热防爆膜在保质期内正常使用时，膜应不褪色、不脱胶，金属层不脱落。

**读一读**

国家标准《机动车运行安全技术条件》（GB 7258—2017）规定，前风窗玻璃以及驾驶人视区部位玻璃的可见光透射比应不小于 70%，所有车窗玻璃不得粘贴镜面反光遮阳膜。

### 3. 隔热防爆膜的粘贴及其注意事项

1）隔热防爆膜的粘贴

隔热防爆膜的粘贴步骤如下。

① 清洗车身和玻璃。按一般清洗步骤清洗车身和玻璃，并擦干。

② 外部和内饰的保护。用毛巾遮盖车身外部不施工部位，以免刮伤漆面；用保护膜或保护套遮盖车内饰件，以免玻璃清洗剂弄脏内饰。

③ 粗裁膜。粗裁膜有模板和无模板两种方式。其中，模板方法是利用车窗模板裁切膜；无模板方法是通过钢尺测量车窗尺寸，根据测量尺寸稍留余量裁切膜。

④ 彻底清洁侧窗玻璃外侧和密封条。侧窗玻璃密封条有胶边和毛边两种，对于胶边密封条，可用吹气风枪吹出密封槽内的砂粒、杂物；对于毛边密封条，可用 2 cm 宽的美纹纸粘贴密封槽边上的内毡毛。用毛巾蘸取玻璃清洗剂，擦拭待施工侧窗玻璃外侧，然后用干净的湿毛巾再擦拭一遍，最后用干毛巾擦干。

车窗玻璃贴膜

⑤ 侧窗玻璃膜定型，如图 3-22 所示。

a. 喷少量清水在侧窗玻璃外侧上。

b. 将已裁好的膜铺放在上面，铺放时使隔热防爆膜的保护膜朝外，用刀沿着窗边缘进行裁切。

c. 用热风枪加热膜（侧窗玻璃膜也可不加热），一边加热一边用塑料刮刀刮膜，挤出水和气泡，并使膜变形，直至与侧窗玻璃面完全吻合，注意不要出现折痕、波纹，不要起边。

d. 沿着窗边缘进行精确裁切，注意不要划伤玻璃。

e. 小心地将膜从底部揭起，转移至裁膜板上。

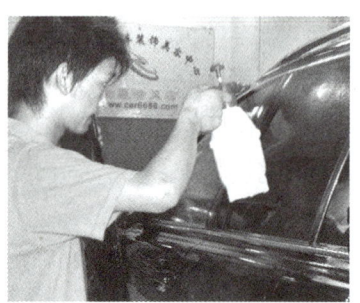

（a）喷清水

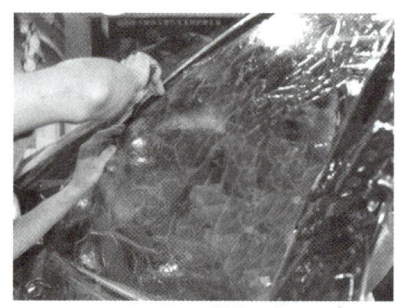

（b）裁切

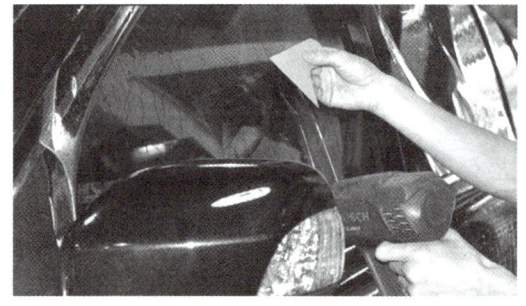

（c）刮膜

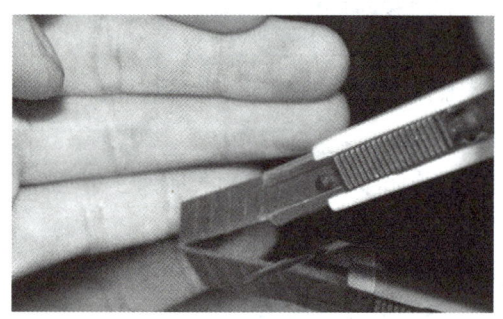

（d）精确裁切

图 3-22　侧窗玻璃膜定型

⑥ 彻底清洁侧窗玻璃内侧。按步骤四清洁侧窗玻璃内侧。

⑦ 侧窗玻璃内侧贴膜。

a．将侧窗玻璃定型膜的保护膜撕开，给胶膜层喷玻璃膜安装液，使胶膜层暂时失去黏性。

b．在侧窗玻璃内侧喷玻璃膜安装液。

c．将侧窗玻璃定型膜安放在侧窗玻璃内侧，滑动至合适位置，如图 3-23（a）所示。

d．用塑料刮刀刮膜，挤出水和气泡，如图 3-23（b）所示，使膜紧贴在玻璃上。

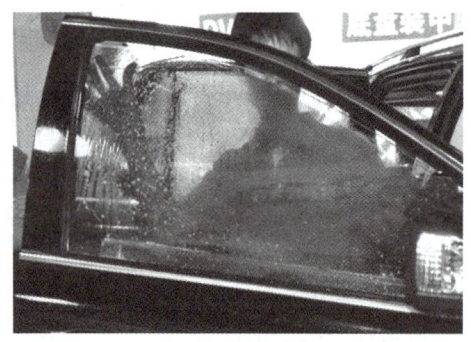

（a）安放侧窗玻璃内侧膜

（b）刮侧窗玻璃内侧膜

图 3-23　侧窗玻璃内侧贴膜

⑧ 彻底清洁前风窗玻璃外侧。按步骤④的操作方法清洁前风窗玻璃外侧。

⑨ 前风窗玻璃膜定型。前风窗玻璃膜的定型方法与侧窗玻璃膜相同，由于前风窗玻璃为曲面，必须使用热风枪加热来定型。

⑩ 彻底清洁前风窗玻璃内侧，清洁方法与外侧相同。

⑪ 前风窗玻璃内侧贴膜。它的贴膜方法与侧窗玻璃内侧相同。

⑫ 按步骤⑧~⑪进行后窗玻璃内侧的贴膜。

⑬ 清洁和检查。先用湿毛巾擦洗汽车所有玻璃，去除水迹和污迹；再查看贴膜效果，若存在贴膜缺陷，则进行相应处理。

### 2）隔热防爆膜的粘贴注意事项

① 选择膜时，注意查看有无防伪标志，正规产品的背面一般都有此标志。

② 前风窗玻璃对贴膜要求较高，要求透光性好、隔热防爆性好，需用整张膜粘贴。

③ 贴膜时应防止灰尘、毛发等粘到膜内，最好在无尘封闭车间进行。

### 4. 汽车玻璃贴膜的缺陷

汽车玻璃贴膜常见的缺陷有气笋、褶皱、边缘不齐、夹入杂物、孔洞、雾蒙蒙等，它们的产生原因和解决方法如表3-1所示。

表3-1 汽车玻璃贴膜缺陷

| 缺陷名称 | 特征 | 原因 | 解决方法 |
| --- | --- | --- | --- |
| 气笋 | 竹笋尖端一样的气泡 | ① 排水不彻底<br>② 定型未做好，使膜与窗形状不一致 | 排水，加热膜，用刮板压实，然后固定膜边缘，以防气笋重新出现 |
| 褶皱 | 膜打褶 | ① 热定型时，膜被烤焦<br>② 排水手法不对，使膜打褶<br>③ 剥离保护膜或铺贴膜时不小心，造成膜打褶 | 重新粘贴新膜 |
| 边缘不齐 | 膜边缘呈锯齿状或波浪状 | ① 下刀不稳，或下刀方向不对<br>② 裁膜刀不锋利，撕扯玻璃膜 | 精细精修，若效果不好或边缘间隙过大，则重新粘贴新膜 |
| 夹入杂物 | 膜与玻璃之间存在异物 | ① 不在封闭车间贴膜<br>② 操作人员穿着易被静电吸附的衣服，如毛衣、棉衣<br>③ 贴膜时喷洒未经过滤、沉淀的自来水 | 去除杂物，重新粘贴，若效果不好，则重新粘贴新膜 |
| 孔洞 | 膜被划破 | ① 排水工具有尖锐突出<br>② 玻璃未清洗干净，存在沙粒等杂物<br>③ 排水时不小心刮破膜 | 更换排水工具的刮片，重新粘贴新膜 |
| 雾蒙蒙 | 膜雾蒙蒙的，不清晰 | 玻璃膜安装液未完全挤出或膜未干 | 用刮片进一步刮压膜 |

## 三、任务实践操作——粘贴隔热防爆膜

操作工人让罗先生挑选好隔热防爆膜后，按以下步骤进行贴膜。

① 按一般步骤清洗车身和玻璃。

② 如图3-24所示，遮盖车身外部和车内饰件。

③ 测量窗尺寸，稍留余量裁膜。

④ 先用玻璃清洗剂清洗侧窗玻璃外侧，擦干，再喷少量清水，然后将膜放在玻璃上，刮膜定型，沿窗边缘进行精确裁切，最后将膜揭起，转移至裁膜板上。

⑤ 清洁侧窗玻璃内侧，撕掉定型膜的保护膜，给玻璃和膜的胶层都喷少量玻璃膜安装液，然后将定型膜铺放在侧窗玻璃内侧，用塑料刮刀刮膜，使膜紧贴在玻璃上。

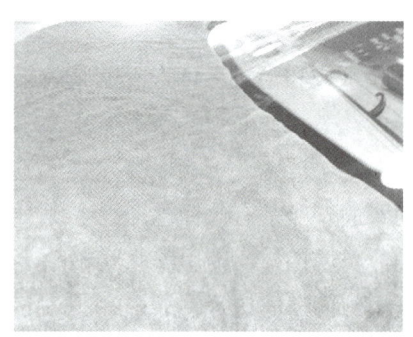
（a）车身外部遮盖

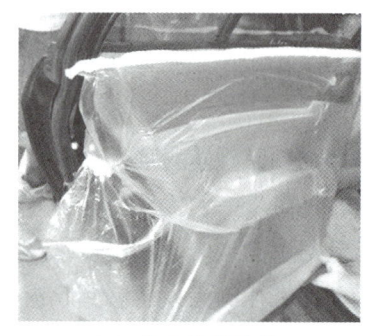
（b）车内饰件遮盖

图 3-24　遮盖保护

⑥ 先用玻璃清洗剂清洗前风窗玻璃外侧，擦干，再喷少量清水，然后将膜放在玻璃上，调整至合适位置，如图 3-25（a）所示。先用热风枪加热，再用塑料刮刀刮膜，如图 3-25（b）和图 3-25（c）所示，使膜和前风窗玻璃曲面完全吻合，然后用刀沿着窗边缘裁切，最后将膜揭起，转移至裁膜板上。

（a）放置膜

（b）加热膜

（c）刮膜

图 3-25　前风窗玻璃膜定型

⑦ 清洁前风窗玻璃内侧，将前风窗玻璃定型膜粘贴在前风窗玻璃内侧。

⑧ 定型后窗玻璃膜，然后粘贴在后窗玻璃内侧。

⑨ 先用湿毛巾擦洗汽车玻璃，再查看贴膜效果，最终效果如图 3-26 所示。

（a）侧窗玻璃贴膜效果

（b）前风窗玻璃贴膜效果

图 3-26　贴膜效果

## 四、任务工单

| 任务名称 | 粘贴隔热防爆膜 | 姓名 | | 日期 | 年　　月　　日 |
|---|---|---|---|---|---|
| 隔热防爆膜的粘贴流程 | | | | | |
| 隔热防爆膜的粘贴要点 | | | | | |
| 操作中出现的问题及其原因和解决方法 | | | | | |
| 技能掌握程度 | 非常熟练□　　　比较熟练□　　　一般熟练□　　　不熟练□ ||||||
| 教师评语： ||||||
| |||||任务实践成绩_____分　<br>日期：　　　年　　月　　日 |

# 思考与练习

## 一、选择题

1．汽车前风窗玻璃的透光率不能低于（　　　）。
　A．50%　　　　　　B．60%　　　　　　C．70%　　　　　　D．80%

2．优质汽车防爆膜的使用期一般为（　　　）。
　A．三年左右　　　　B．四年左右　　　　C．五年以上　　　　D．八年以上

3．按应用部位不同，汽车玻璃可分为（　　　）。
　A．车门玻璃　　　　B．前风窗玻璃　　　C．后窗玻璃　　　　D．前风窗以外玻璃

4．在太阳光中，会侵害人体和汽车内饰件的是（　　　）。
　A．紫外线　　　　　B．红外线　　　　　C．可见光　　　　　D．X射线

## 二、判断题

1. 钢化玻璃用作汽车前风窗玻璃时，没有任何限制。（   ）
2. 夹层玻璃可用作汽车前风窗玻璃。（   ）
3. 玻璃上的裂纹都可以进行修补。（   ）
4. 当汽车玻璃上的裂纹很小，不影响视线时，可以不进行修补。（   ）

## 三、简答题

1. 简述汽车玻璃清洗保养工艺过程。
2. 简述隔热防爆膜的结构和特性。
3. 简述隔热防爆膜质量的鉴别方法。

# 项目四　汽车发动机的美容与护理

### 项目导读

　　发动机是汽车的动力源,是汽车的心脏,它的状态直接影响汽车的安全和使用。发动机一般都包括燃油系统、润滑系统、冷却系统等系统。其中,燃油系统为发动机各种工作状态提供所需要的燃油;润滑系统为发动机相对运动零件表面提供润滑油,减少机件磨损;冷却系统确保发动机都保持在适当温度范围内。它们的清洗美容、护理,有利于发动机正常工作,且能延长使用寿命。

### 学习目标

1. 了解汽车发动机的类型及基本组成
2. 熟悉汽车发动机舱的清洁护理用品及清洗护理工艺
3. 熟悉汽车发动机燃油系统的燃油、清洗用品及清洗护理工艺
4. 熟悉汽车发动机润滑系统的机油、清洗用品及清洗护理工艺
5. 了解冷却液的作用,熟悉汽车发动机冷却系统的清洗用品及清洗护理工艺

### 能力目标

1. 会清洗保养汽车发动机舱
2. 会选用燃油,会清洗保养汽车发动机燃油系统
3. 会选用机油,会清洗保养汽车发动机润滑系统
4. 会选用冷却液,会清洗保养汽车发动机冷却系统

汽车美容与装饰

# 任务一　汽车发动机舱的清洁和护理

## 一、工作任务

任务单号：_____

| 工作任务 | | 汽车发动机舱的清洁护理 | 日期 | 年　月　日 |
|---|---|---|---|---|
| 车型/车牌号 | | | 生产厂家 | 公司 |
| 任务描述：<br>　　陈先生的这辆轩逸车买了已有两年，行程 8 000 公里，发动机舱内已布满灰尘。趁着周末，他将车开到汽车美容店，打算清洗保养汽车的发动机舱。 | | | | |
| | |  | | |
| 操作要求 | 施工材料与施工设备 | 吹尘枪、高效清理枪、高效干洗枪、喷壶、发动机外部清洗液、大毛巾、毛巾、发动机保养剂 | 是否满足 | □是　□否 |
| | 场地要求 | 可停放大型车辆的混凝土地坪、适度的照明 | 是否满足 | □是　□否 |
| | 环境要求 | 环境温度 15～25℃ | 是否满足 | □是　□否 |
| | 备注 | | | |
| 出单人签字：<br>　　　　　　　____年___月___日 | | | 接单人签字：<br>　　　　　　　____年___月___日 | |
| 车间负责人签字：<br>　　　　　　　　　　　　　　　　　　　　　日期：　　年　月　日 | | | | |

# 项目四 汽车发动机的美容与护理

## 二、相关知识

汽车发动机舱一般由发动机、空气滤清器、发电机、节气门、制动助力泵、发动机排气系统、制动液储液罐、继电器盒等组成，如图4-1所示。汽车发动机舱的清洁和护理有利于延长汽车使用寿命和提高汽车安全性。

图4-1　捷达汽车的发动机舱

### 1. 汽车发动机的类型及基本组成

#### 1）汽车发动机的类型

按使用燃料不同，发动机可分为柴油发动机、汽油发动机、其他燃料发动机。

按工作循环不同，发动机可分为四冲程发动机和二冲程发动机。

按冷却方式不同，发动机可分为水冷式发动机和风冷式发动机。

按着火方式不同，发动机可分为点燃式发动机和压燃式发动机。

- **点燃式发动机**：通过火花塞电极间的电火花点燃燃油和空气混合气的发动机，汽油发动机就是采用此种着火方式。
- **压燃式发动机**：通过压缩燃油和空气混合气，温度升高，使混合气自燃的发动机，柴油发动机就是采用此种着火方式。

#### 2）汽车发动机的基本组成

柴油发动机通常由两大机构四大系统组成，其中，两大机构是指曲柄连杆机构和配气机构，四大系统是指燃油系统、润滑系统、冷却系统和启动系统。与柴油发动机相比，汽油发动机多了一个点火系统，即由两大机构五大系统组成。

- **曲柄连杆机构**：是发动机实现工作循环，完成能量转换的主要运动零件。它一般由机体组、活塞连杆组、曲轴飞轮组等组成。在做功行程中，燃气压力使活塞在气缸内做直线运动，并通过连杆转换成曲轴的旋转运动，从而对外输出动力。在进气、压缩和排气行程中，飞轮释放能量，将曲轴的旋转运动转化为活塞的直线运动。
- **配气机构**：一般由气门、弹簧、凸轮轴、凸轮轴传动机构等组成。它的作用是根据发动机的工作顺序和过程，定时开启和关闭进气门和排气门，使可燃混合气或空气进入气缸，并使废气从气缸内排出，实现换气。

- 燃油系统：汽油发动机的燃油系统是将空气和汽油配制成适当浓度的可燃混合气，送入气缸燃烧，燃烧后的废气从气缸排出到大气中。柴油发动机的燃油系统是将空气和柴油分别送入气缸，在燃烧室内形成混合气并燃烧，燃烧后的废气也从气缸排出到大气中。
- 润滑系统：向相对运动的零件表面输送定量的清洁润滑油，减轻机件磨损，并能清洗和冷却零件表面。
- 冷却系统：将受热零件吸收的部分热量及时散发出去，确保发动机在适宜温度下工作。
- 启动系统：曲轴在外力作用下开始转动到发动机开始自动地怠速运转的全过程，称为发动机的启动。完成启动过程所需的装置，称为发动机的启动系统，一般由启动机及其附属装置组成。
- 点火系统：指汽油发动机中，能在火花塞电极间产生电火花的设备，通常由蓄电池、发电机、分电器、点火线圈、火花塞等组成。

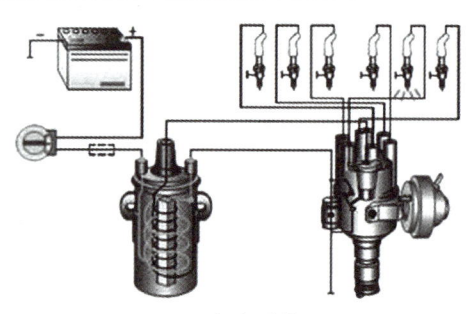

点火系统

## 2. 汽车发动机舱清洁护理用品

### 1）发动机表面清洗剂

常用的发动机表面清洗剂有发动机强力清洗剂和发动机外部清洗剂两类。

（1）发动机外部清洗剂

发动机外部清洗剂能快速乳化、分解油污，且不腐蚀机体和零部件，适用于去除发动机上的油污。发动机外部清洗剂一般是以煤油为基础的去油剂，属于生物不可降解型，且易燃，因此，严禁在发动机灼热时使用，使用后的脏液应妥善处理。

发动机外部清洗剂使用步骤如下。

① 停止运行发动机，并使之冷却，使发动机温度低于50℃以下。

② 充分摇匀清洗剂，将清洗剂喷洒在发动机舱各部件表面，如图4-2所示。对于油污比较厚的地方，可以用刷子进行刷洗。

③ 等待5 min，使清洗剂充分渗透、溶解各部件表面污垢，如图4-3所示。

④ 一边用清水冲洗清洗剂和污垢，一边用毛巾或海绵擦拭，直至冲洗干净，最后用干毛巾擦干即可，如图4-4所示。

图4-2 喷洒清洗剂

图4-3 静置5 min

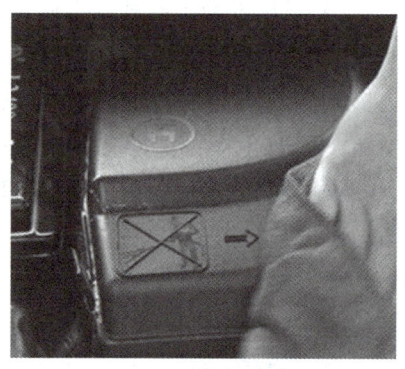
图4-4 擦干

（2）发动机强力清洗剂

发动机强力清洗剂能迅速渗透到油污内部，使油污乳化、分解，剥离物体，且不损伤机体和零部件。发动机强力清洗剂不易燃，无毒副作用，它产生的脏水在大自然中能降解。

使用时，将清洗剂直接喷洒在发动机舱各部件表面，重油污处可适当刷洗，间隔 3 min 后，用水冲洗，最后用毛巾擦干即可。

2）发动机保养剂

发动机保养剂常用于发动机外部件的护理，它能防止零件积累油泥，可减缓线束老化，减小老旧车型自燃几率，还能让发动机看起来像新的一样。使用时，将保养剂喷洒在已清洗干净的发动机各部件上即可，如图 4-5 所示。

图 4-5　喷洒保养剂

3. 汽车发动机舱清洗的主要内容

1）发动机外表灰尘和油污的清洗

发动机外表可先用软刷或压缩空气除尘，然后再用清洗剂清洗油污。清洗时，不能用汽油等有机溶剂替代清洗剂，以免损坏塑料、橡胶等部件。

2）发动机外表锈渍的清除

铝合金、铸铁等金属表面生锈是一个缓慢的氧化过程，开始时是细小斑点，然后逐渐扩大，形成片状锈渍，因此，锈渍应早发现早处理。处理时，将除锈剂喷在锈渍处，然后进行擦洗即可。

3）发动机电器电路部分的清洗

发动机电器电路部分包括点火模块、点火线圈、分电器、各种电路线束等，需用发动机清洗剂清洗。清洗时，尽量不要用水或普通清洗剂清洗，以免加速塑料壳体和橡胶线束的老化，影响汽车启动和正常行驶。

蒸汽清洗发动机舱

## 三、任务实践操作——汽车发动机舱的清洁护理

操作工人让陈先生将车开至清洗车间，然后按以下步骤进行发动机舱的清洗和保养。

① 如图 4-6 所示，用大毛巾遮盖前风窗玻璃、左右叶子板以及中网，以免清洗出来的灰尘、油污落

在车身漆面，同时保护进气口和改装元件。

② 用吹尘枪清理发动机舱表面的灰尘，如图 4-7 所示。

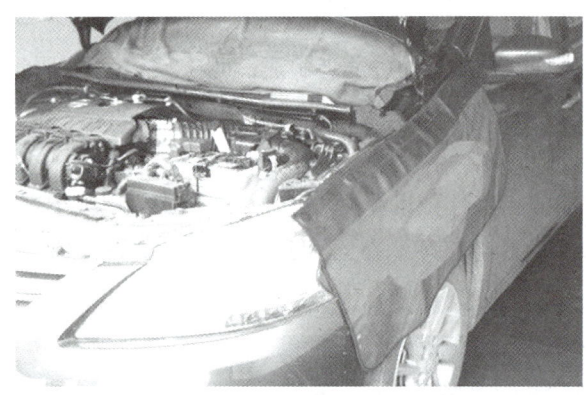
图 4-6　遮盖防护

图 4-7　清理灰尘

③ 如图 4-8 所示，按产品说明书配制一定浓度的发动机清洗液，然后倒入高效清理枪罐中。

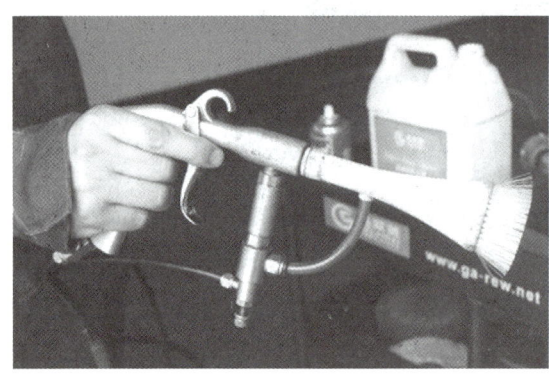
（a）高效清理枪

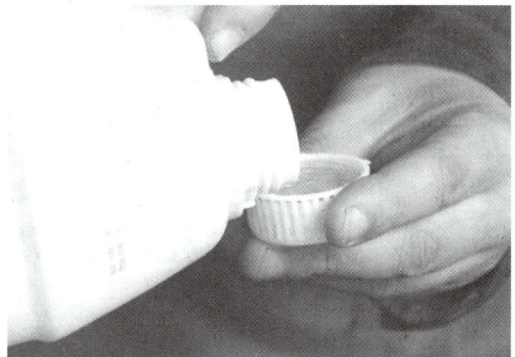
（b）配制发动机清洗液

图 4-8　发动机清洗液装入高效清理枪中

④ 如图 4-9 所示，先用高效清理枪清洗发动机舱盖，再用毛巾擦干。

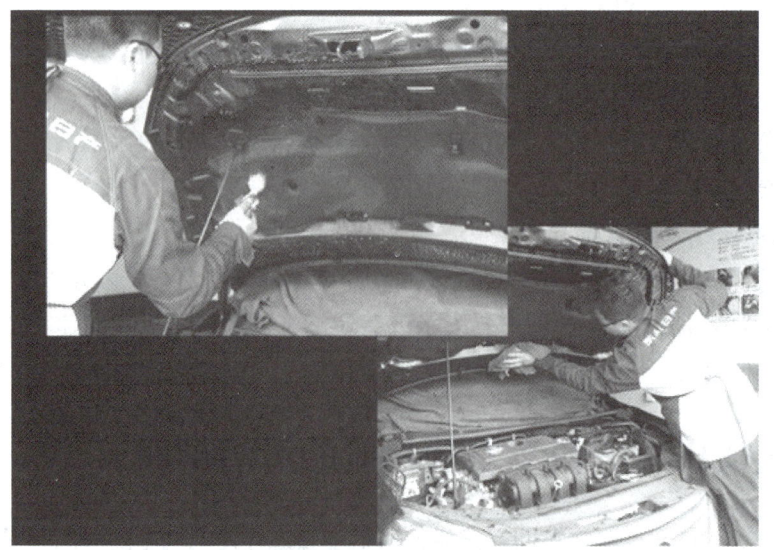
图 4-9　清洗发动机舱盖

⑤ 用高效清理枪清洗发动机舱，如图 4-10（a）所示。对于高效清理枪无法清洗部位，可喷洒喷雾清洁剂，如图 4-10（b）所示，5 min 后，再用高效清理枪清洗一遍，如图 4-10（c）所示。

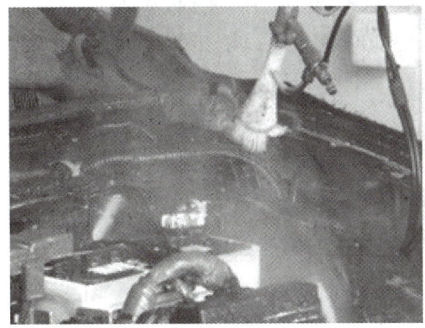 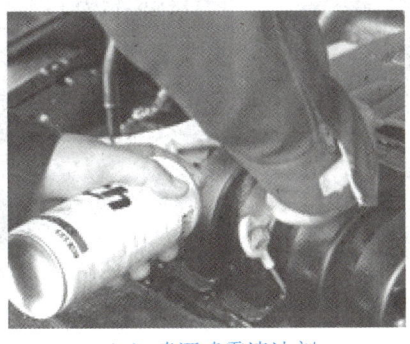 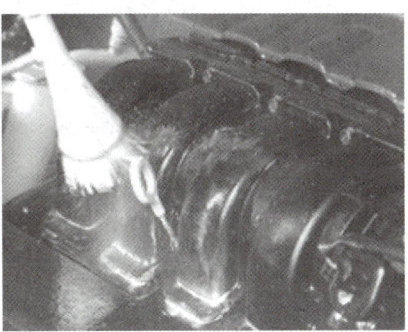

（a）高效清理枪清洗发动机舱　　　　　（b）喷洒喷雾清洁剂　　　　　（c）高效清理枪再次清洗

图 4-10　清洗发动机舱

⑥ 用高效干洗枪洗刷和吹干发动机舱表面的水分，如图 4-11 所示。

 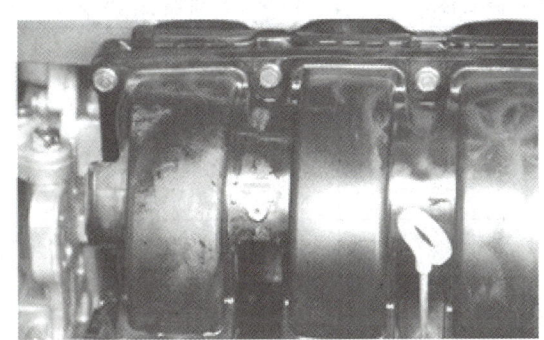

（a）洗刷和吹干　　　　　　　　　　（b）效果

图 4-11　高效干洗枪洗刷和吹干的效果

⑦ 用吹尘枪快速吹干发动机舱的水分，如图 4-12 所示，然后再用毛巾擦干剩余水分，效果如图 4-13 所示。

 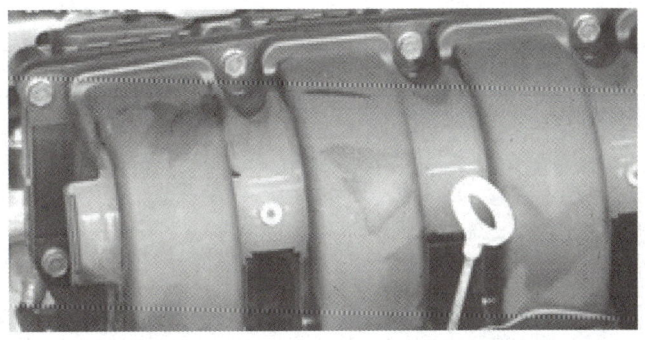

图 4-12　吹尘枪吹干水分　　　　　　　图 4-13　最终干燥效果

⑧ 将发动机保养剂装入高效清理枪中，然后喷洒发动机舱盖及内部，如图 4-14 所示。

⑨ 盖上发动机盖，发动发动机 3~5 min，使发动机部件充分吸收保养剂。发动机舱清洁护理的最终效果如图 4-15 所示。

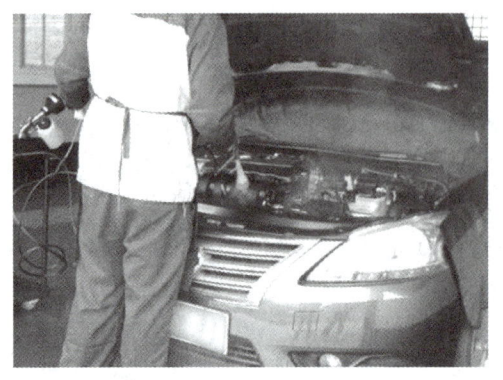
图 4-14 高效清理枪喷发动机保养剂

图 4-15 发动机舱清洁护理效果

## 四、任务工单

| 任务名称 | 汽车发动机舱的清洁护理 | 姓名 | | 日期 | 年 月 日 |
|---|---|---|---|---|---|
| 发动机舱的清洁护理流程 | | | | | |
| 发动机舱的清洁护理要点 | | | | | |
| 操作中出现的问题及其原因和解决方法 | | | | | |
| 技能掌握程度 | 非常熟练□　　比较熟练□　　一般熟练□　　不熟练□ | | | | |
| 教师评语： | | | | | |

任务实践成绩_____分

日期：　　年　月　日

项目四 汽车发动机的美容与护理

# 任务二 汽车发动机燃油系统的清洗保养

## 一、工作任务

任务单号：_____

| 工作任务 | 清洗保养发动机燃油系统 | 日期 | 年　月　日 |
|---|---|---|---|
| 车型/车牌号 |  | 生产厂家 | 公司 |
| 任务描述：<br>王先生的福克斯车买了已有三年，一年之前清洗过一次燃油系统，最近感觉车冷启动困难，爬坡无力，加速反应迟缓，怠速不稳，年检时尾气超标，因此，他打算清洗一下车的燃油系统。 ||||

| 操作要求 | 施工材料与施工设备 | 燃油系统清洗剂、吊瓶式免拆清洗机、扳手、螺丝刀 | 是否满足 | □是　□否 |
|---|---|---|---|---|
| | 场地要求 | 可停放大型车辆的混凝土地坪，适度的照明 | 是否满足 | □是　□否 |
| | 环境要求 | 环境温度 15~25℃ | 是否满足 | □是　□否 |
| | 备注 | | | |

出单人签字：
　　　　　　____年___月___日

接单人签字：
　　　　　　____年___月___日

车间负责人签字：
　　　　　　日期：　年　月　日

## 二、相关知识

汽车发动机长时间工作后，进气阀、喷油嘴、气缸、节气阀等内会产生油泥，使油耗和废气排放量增大，严重时会导致爆燃，因此，定期清洗保养发动机燃油系统是非常必要的。

1. 汽车发动机燃油系统

按可燃混合气形成方式不同，汽油发动机燃油系统可分为化油器式和汽油喷射式两种。其中，化油器式燃油系统具有结构简单、使用方便、工作可靠、成本较低等优点，但它排污较高、动力较低；汽油喷射式燃油系统具有输出功率高、动力高、排污低、加速过渡性好等优点，它的缺点是布置复杂、制造成本较高。

1）汽车发动机燃油系统的组成

发动机燃油系统一般由供油系统和进排气系统组成。

（1）供油系统

如图 4-16 所示，供油系统由汽油箱、汽油泵、汽油滤清器、喷油器、油压调节器、油管等组成，它的作用是储存和输送汽油。当发动机工作时，汽油泵将汽油从油箱输送至汽油滤清器，去除油中杂质和水分，再送至各个喷油器。

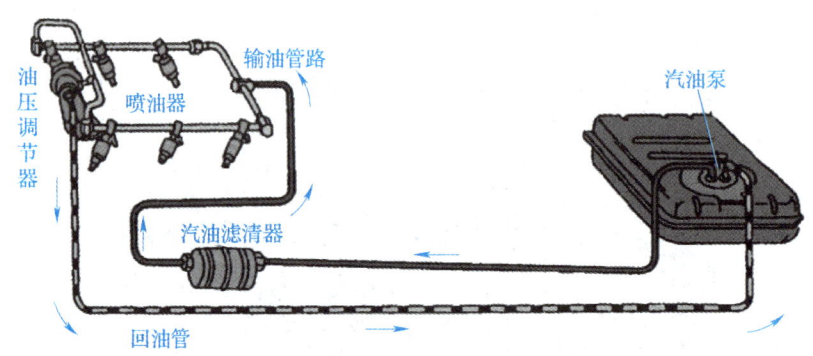

图 4-16　汽油喷射式燃油系统的供油系统

**提示**

① 汽油发动机进气阀和喷油嘴处呈海绵状的油泥一般称为结胶；气缸内的油泥称为积炭；节气阀中的油泥称为油污。

② 油压调节器的作用是确保油压和进气压力差保持恒定。

（2）进排气系统

进排气系统是指进气系统和排气系统。

- 进气系统：主要由空气滤清器、空气流量传感器、进气软管、进气歧管等组成，它的作用是向发动机气缸提供新鲜空气。
- 排气系统：主要由排气歧管、三元催化转换器、消声器、排气管等组成，它的作用是排出发动机气缸内可燃气体燃烧所产生的废气，并同时减小发动机噪声。

2）燃油

汽油和柴油都是原油经过一定加工后制得的，是汽车发动机常用的燃油。

（1）汽油

选用汽油时，需考虑爆燃和压缩比。

- 爆燃：是指发动机工作时，火花塞点火后，离火花塞最远的末端气体受到火焰前锋面的热辐射和压缩作用而自燃。爆燃时会产生反方向作用力，使发动机产生剧烈抖动，动力降低。它是发动机的一种非正常燃烧现象。

- 压缩比：是汽车的核心节能指标，提高发动机的压缩比，会使燃烧更充分，从而降低油耗。压缩比越大，燃烧的反作用越大，对发动机的性能要求越高，因而不同发动机具有不同的压缩比。

发动机的爆燃与压缩比关系密切，压缩比越高，发动机越容易发生爆燃。

根据国家标准《车用汽油》（GB 17930—2016）规定，车用汽油（Ⅳ）按研究法辛烷值分为 90 号、93 号和 97 号 3 个牌号，车用汽油（Ⅴ）、车用汽油（ⅥA）和车用汽油（ⅥB）按研究法辛烷值分为 89 号、92 号、95 号和 98 号 4 个牌号。汽油牌号的高低反映汽油辛烷值的大小。辛烷值越高，汽油的爆燃温度越高，汽油越不容易爆燃。

选择汽油时，应根据发动机压缩比选择汽油牌号。压缩比在 8.5～9.5 之间的中档轿车，一般应选用 93 号汽油；压缩比大于 9.5 的轿车，一般应选用 97 号汽油。目前，国产轿车的压缩比一般都大于 9，应选用 93 号或 97 号汽油。

> **读一读**
>
> 2017 年 1 月 1 日起，93 号、97 号汽油将全部被置换为 92 号、95 号、98 号汽油。原来加 93 号汽油的汽车，可加 92 号汽油；原来加 97 号汽油的汽车，可加 95 号汽油；发动机压缩比在 9.5 以上的汽车，以及采用蜗轮增压技术的汽车，可加 98 号汽油。
>
> 压缩比在 7.5～8.0 的汽车，一般应选用 89 号汽油；压缩比在 8.0～8.5 的汽车，应选用 89 号或 92 号汽油；压缩比在 8.5～9.5 的汽车，应选用 92 号或 95 号汽油；压缩比大于 9.5 的汽车，应选用 98 号汽油。

（2）柴油

根据国家标准《车用柴油》（GB 19147—2016）规定，车用柴油按凝点分为 5 号、0 号、-10 号、-20 号、-35 号、-50 号 6 个牌号。

- 5 号车用柴油：适用于风险率为 10% 的最低气温在 8℃ 以上的地区使用。
- 0 号车用柴油：适用于风险率为 10% 的最低气温在 4℃ 以上的地区使用。
- -10 号车用柴油：适用于风险率为 10% 的最低气温在 -5℃ 以上的地区使用。
- -20 号车用柴油：适用于风险率为 10% 的最低气温在 -14℃ 以上的地区使用。
- -35 号车用柴油：适用于风险率为 10% 的最低气温在 -29℃ 以上的地区使用。
- -50 号车用柴油：适用于风险率为 10% 的最低气温在 -44℃ 以上的地区使用。

各地区可参照标准 GB 19147—2016 选择合适牌号的车用柴油。

2. 发动机燃油系统清洗保养的用品和设备

1）燃油系统强力清洁保护剂

燃油系统强力清洁保护剂能消除进气门、喷油嘴、燃烧室、活塞顶等燃油系统中的积炭，清洗三元催化器，使雾化改善、动力提升、油耗降低、尾气排放减少，且能有效防止油泵、油管生锈。

### 2）燃烧促进剂

燃烧促进剂能有效促进燃烧，减少废气颗粒和积炭的形成，从而降低油耗、降低保养费用，它常用于柴油发动机燃油系统。

### 3）积炭清洗保养剂

积炭清洗保养剂能清除喷油嘴、燃烧室、三元催化器等内部的积炭，润滑气门杆，提升动力，减少尾气排放，抑制积炭生成，延长三元催化器使用寿命。

### 4）吊瓶式燃油免拆清洗机

吊瓶式燃油免拆清洗机的进回油管耐腐蚀、耐高温和高压，适合各类清洗液，它具有操作简单、经济实用等特点，常用于动态清洗发动机燃油系统，如图 4-17 所示。吊瓶式燃油免拆清洗机可同时清洗燃油系统和节气门，有效清除喷油器、燃烧室、节气门的积炭和沉积物，消除发动机怠速不稳、抖动、加速不良、爆燃等故障，延长发动机的使用寿命。

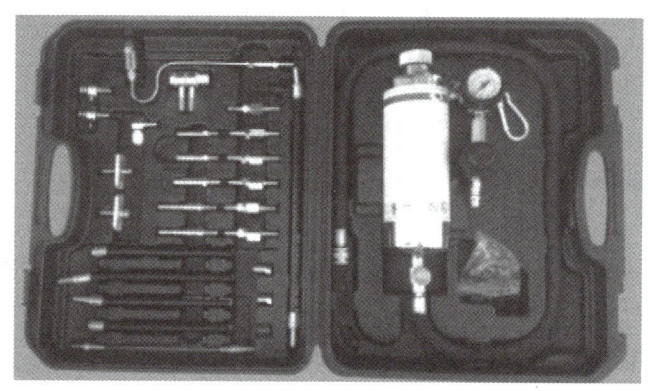

图 4-17 吊瓶式燃油免拆清洗机

**提示**

发动机积炭产生的原因有燃油燃烧、燃油品质不佳、燃烧不充分、经常低速行驶等，积炭会使发动机冷启动困难、怠速不稳、尾气超标、油耗增加。其中，燃油燃烧是不可避免的，而后面三个原因是可以改善的。

## 3. 发动机燃油系统的免拆清洗保养方法

### 1）专用清洗剂清洗

根据使用说明书，将燃油系统专用清洗剂直接加入油箱，清洗剂随着燃油流动，自动溶解、清除燃油系统中的胶质、积炭等有害物质，起到清洗作用。

### 2）机器清洗

吊瓶式燃油免拆清洗机清洗燃油系统的步骤如下。

① 拔下油泵继电器或油泵保险，切断燃油系统电源。

② 断开发动机回油管，用专用接头堵上；断开发动机进油管，将它与清洗机的对应管路连接。

③ 如图 4-18 所示，将燃油系统清洗剂加入清洗机瓶中，再将清洗机挂在发动机罩上。

燃油系统免拆清洗

④ 连接压缩空气接头，打开空气开关，调整压力至工作压力，打开吊瓶阀门，如图4-19所示。

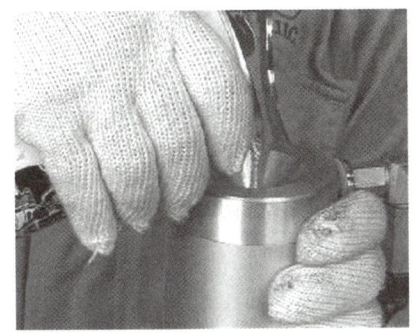
图4-18 加入燃油系统清洗剂

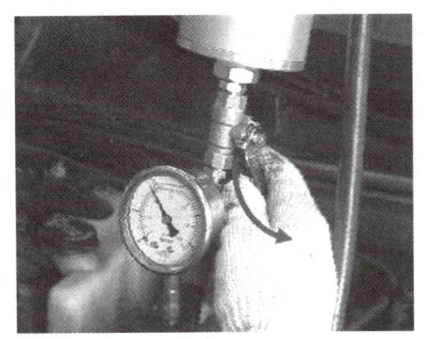
图4-19 打开吊瓶阀门

⑤ 启动发动机，让发动机怠速运转15～25 min，直至发动机自行熄火。燃油系统中的胶质和积炭溶解、剥落，燃烧后随废气排出。

## 三、任务实践操作——清洗保养发动机燃油系统

操作工人让王先生将车开至维修工位，然后按以下步骤清洗保养发动机燃油系统。

① 拔掉油泵保险，如图4-20所示。

② 如图4-21所示，拔掉增压泵插头，发动车辆，直至车辆自然熄火，使发动机油管内油压泄压。

图4-20 拔油泵保险

图4-21 拔增压泵插头

③ 拔下进入高压油泵的低压油管，如图4-22所示，用棉纱或压缩空气枪清理取油管时掉下的汽油。

④ 将燃油系统清洗剂加入清洗机中，再将清洗机挂在发动机罩上。

⑤ 将清洗机的接头连接到增压泵的低压端，如图4-23所示。

图4-22 拔高压泵的低压油管

图4-23 清洗设备连接增压泵的低压端

⑥ 接通清洗机气源，将压力调整为 5 f，如图 4-24 所示。

⑦ 打开清洗阀门，启动发动机，让发动机怠速运转，清洗燃油系统 20 min。

⑧ 清洗结束后，关闭发动机，关闭清洗机的压缩空气。

⑨ 从发动机上取下清洗机的接头，然后用棉纱或压缩空气枪清理取接头时掉下的清洗剂。

⑩ 将低压油管装回高压油泵，插上增压泵插头，安装油泵保险，复原保险盒。

⑪ 启动发动机，将转速提高到 2 000 r/min，运行 2 min，使发动机内残留的清洗剂完全燃烧，形成尾气排出。

⑫ 将车辆上拆下的其他零件复原，如图 4-25 所示。

图 4-24　调整压力

图 4-25　复原各零件

⑬ 给清洗机泄压，然后放回工具室，则燃油系统清洗结束。

## 四、任务工单

| 任务名称 | 清洗保养发动机燃油系统 | 姓名 | | 日期 | 年　月　日 |
|---|---|---|---|---|---|
| 发动机燃油系统的特征 | | | | | |
| 吊瓶式免拆清洗机的使用要点 | | | | | |
| 发动机燃油系统清洗保养操作流程 | | | | | |
| 操作中出现的问题及其原因和解决方法 | | | | | |
| 技能掌握程度 | 非常熟练□　　比较熟练□　　一般熟练□　　不熟练□ | | | | |
| 教师评语： | | | | | |

任务实践成绩_____分

日期　　　年　月　日

项目四 汽车发动机的美容与护理

# 任务三　汽车发动机润滑系统的清洗保养

## 一、工作任务

任务单号：_____

| 工作任务 | 清洗保养发动机润滑系统 | 日期 | 年　　月　　日 |
|---|---|---|---|
| 车型/车牌号 | | 生产厂家 | 公司 |
| 任务描述： 吴先生的迈腾车买了一年，工作日开车上下班，周末偶尔开车出去玩玩，行程一万多公里。半年前做过一次发动机润滑系统清洗保养，最近感觉汽车冷启动困难，发动机功率降低，因此，他打算给车的发动机润滑系统再做一次清洗保养。 ||||

| 操作要求 | 施工材料与施工设备 | 举升机、润滑系统免拆清洗机、润滑系统清洗剂、润滑系统保护剂、机油滤清器、机油 | 是否满足 | □是　□否 |
|---|---|---|---|---|
| | 场地要求 | 可停放大型车辆、通风良好的场地，适度的照明 | 是否满足 | □是　□否 |
| | 环境要求 | 环境温度15～25℃ | 是否满足 | □是　□否 |
| | 备注 | | | |

| 出单人签字： _____年___月___日 || 接单人签字： _____年___月___日 ||
| 车间负责人签字： 　　　　　　　　　　　　　　　　　　　　　　　　　　　　　日期：　　年　　月　　日 ||||

95

## 二、相关知识

发动机润滑系统使机油在发动机机体内循环流动，润滑运动零件表面，减少零件磨损，减小发动机功率消耗，但长期使用后，一些机油会形成油泥和积炭，导致机油过早失效，因此，需定期更换机油，定期清洗保养润滑系统。

### 1. 汽车发动机润滑系统

汽车发动机润滑系统具有润滑、密封、清洁、冷却、防锈等作用。

- **润滑和密封**：机油能在运动零件的所有摩擦表面之间形成连续的油膜，起到润滑和密封的作用。
- **清洁**：机油还能清洗摩擦表面，带走磨屑和其他异物。
- **冷却**：机油在循环过程中能带走部分摩擦热。
- **防锈**：机油能阻隔零件和空气接触，防止零件锈蚀。

#### 1）汽车发动机润滑系统的组成

汽车发动机润滑系统一般由机油泵、集滤器、机油滤清器、油底壳等组成，如图4-26所示。润滑系统工作时，曲轴带动机油泵运转，使机油从油底壳，经集滤器、机油泵输出，然后进入机油滤清器，滤掉机油中的机械杂质后流入气缸体主油道和缸盖主油道，然后分别流入各自相应的零部件，最后又都流回油底壳。

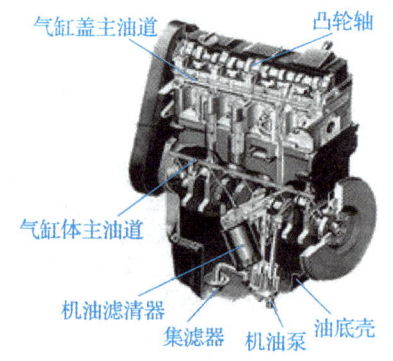

图4-26 汽车发动机润滑系统

- **机油泵**：提高机油压力，确保机油在润滑系统内不断循环，常用的机油泵有外啮合齿轮式和内啮合转子式两种。
- **集滤器**：安装在机油泵前面的吸油口端，它的作用是防止较大的机械杂质进入机油泵。汽车发动机常用的集滤器有浮式和固定式两种。
- **机油滤清器**：包括机油粗滤器和机油细滤器两种。其中，机油粗滤器是指与主油道串联的滤清器，常串联于机油泵与主油道之间，常采用缝隙式滤清方法；机油细滤器是指与主油道并联的滤清器，它的作用是清除细小杂质，有过滤式和离心式两种，离心式更常用。
- **油底壳**：位于发动机下部，可拆装，它的作用是封闭曲轴箱，并作为储油槽外壳，防止杂质进入，收集和储存流回的润滑油，散去部分热量，防止润滑油氧化。

#### 2）汽车发动机机油

（1）分类

国际上一般采用美国工程师学会（SAE）黏度分类法和美国石油学会（API）使用分类法。

- **美国SAE黏度分类法**：按黏度等级不同，机油分为冬季用机油和非冬季用机油。其中，冬季用机油有SAE0W，SAE5W，SAE10W，SAE15W，SAE20W和SAE25W六个牌号；非冬季用机油有SAE20，SAE30，SAE40和SAE50四个牌号。牌号越大的机油，其黏度越大，适合在较高环境温度下使用。目前使用的机油大多数都具有多黏度等级，牌号有SAE5W/20，SAE10W/30等，它们与适用温度范围之间的关系如表4-1所示。

表 4-1　机油黏度等级与适用温度范围的关系

| 黏度级号 | 适用温度范围（℃） | 黏度级号 | 适用温度范围（℃） |
| --- | --- | --- | --- |
| 5W/20 | −45～20 | 15W/40 | −25～40 |
| 10W/30 | −30～30 | 20W/30 | −20～30 |
| 10W/40 | −30～40 | 20W/40 | −20～40 |
| 15W/30 | −25～30 | | |

🚗 **美国 API 使用分类法**：按机油的性能和使用场合不同，机油可分为 S 系列和 C 系列两类。其中，S 系列为汽油机油，有 SA，SB，SC，……，SH 八个级别；C 系列为柴油机油，有 CA，CB，CC，CD 和 CE 五个级别。A 为最低级，字母越往后，质量等级越高。

我国机油是参照 API 进行分类的，根据国家标准《内燃机油分类》（GB/T 28772—2012）规定，内燃机油分为汽油机油、柴油机油和农用柴油机油三类。其中，汽油机油品种有 SE，SF，SG，SH，SJ，SL，SM，SN，GF-1，GF-2，GF-3，GF-4，GF-5；柴油机油品种有 CC，CD，CF，CF-2，CF-4，CG-4，CH-4，CI-4，CJ-4。

**提　示**

① 选择机油时，需考虑发动机机型，发动机转速越高，要求机油使用级别越高。
② 按照汽车使用说明书，选择合适的机油级别，不同级别的机油不能混用。

（2）更换周期

机油在使用过程中会有消耗，应定期检查油尺的油面高度，发现不足时应及时补充。长时间使用后，机油会变质，需定期进行更换。汽车说明书上一般会规定机油的更换周期，这个周期是机油的最长更换周期，可在这个期限之前更换机油。

## 2. 发动机润滑系统清洗保养的用品和设备

### 1）润滑系统清洗剂

润滑系统清洗剂能清除发动机及润滑系统管路内沉积黏附的油泥、胶质积炭等沉积物，使活塞环恢复弹性，润滑系统管路通畅，改善润滑环境，降低噪声。润滑系统清洗剂一般在更换机油前使用。

### 2）润滑系统保护剂

润滑系统保护剂具有以下作用。
① 中和润滑系统产生的酸性物质，保护机件不受腐蚀，延长发动机寿命。
② 恢复和保护发动机性能。
③ 防止机油氧化和老化，降低机油油耗。
④ 减少发动机冷启动磨损以及正常运转的摩擦阻力，降低发动机运转时的噪声。
⑤ 提高机油的高温性能，防止油泥等沉积物生成，使润滑系统保持清洁。

使用时，将润滑系统保护剂倒入机油加注口即可。它可在润滑系统清洗后随新机油一起加入，也可在两次换机油之间加入，强化旧机油性能。

### 3）润滑系统免拆清洗机

图4-27 LX-3800润滑系统免拆清洗机

如图4-27所示，LX-3800润滑系统免拆清洗机有动态和静态两种清洗方式。动态清洗发动机润滑系统是指当发动机在怠速运转时清洗发动机的润滑油路，这种方法是最有效、最彻底的清洗方法，但这种方法只适用于性能良好的发动机。静态清洗发动机润滑系统是指在发动机停机状态下清洗发动机的润滑油路，这种方法比较适用于发动机老化，出现烧机油，缸压降低，行程里程太高（超过1 600 000公里）等情况下发动机润滑油路的清洗。

润滑系统免拆清洗机可清除发动机润滑系统及各零件摩擦表面的污泥、积炭等沉积物，具有操作简单、使用方便等特点。

## 3. 发动机润滑系统的免拆清洗保养方法

### 1）专用清洗剂清洗

专用清洗剂清洗发动机润滑系统的步骤如下。

① 根据产品使用说明书，按比例将润滑系统清洗剂倒入曲轴箱内，如图4-28所示。

② 启动发动机，让发动机怠速运转5 min。

③ 打开放油螺栓，将旧机油和清洗剂一起排出。

④ 更换机油滤清器，加入新机油。若要保养，可同时加入润滑系统保护剂。

### 2）机器清洗

LX-3800润滑系统免拆清洗机清洗发动机润滑系统的步骤如下。

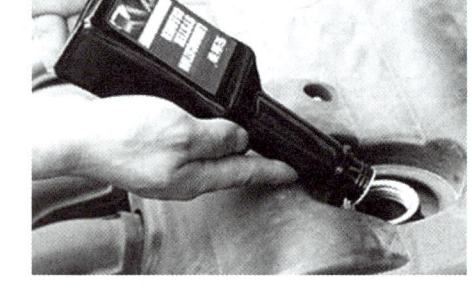

图4-28 倒润滑系统清洗剂

① 将发动机油底壳的机油排出。

润滑系统免拆清洗

② 将专用清洗剂和机油按1∶10加入清洗机的储油箱中，使混合液的总体积为20 L。

③ 将清洗机的进出油管与发动机的进油口和排油口连接，此时，清洗机储油箱中的机油和清洗剂混合液替代发动机中的机油，在发动机中循环、润滑。

④ 设定清洗时间，按下油泵按钮，油泵将清洗混合液泵入发动机，当清洗剂储油箱中液体下降4.5 L时，启动发动机，让它怠速运转。

⑤ 当计时器归零时，清洗机发出警报声。此时，先关闭发动机，后关闭清洗机油泵，再将发动机油箱内的机油全部放完。

⑥ 将清洗机的进出油管从发动机上拔下，将一个新的机油滤清器与发动机连接，然后加入新机油，则润滑系统清洗完成。若需保养，加入新机油时，可同时加入润滑系统保护剂。

> **注 意**
>
> ① 机器清洗发动机润滑系统时,发动机油箱底盘中的清洗混合液不能多于4.5 L。
> ② 仔细阅读操作说明书,严格按说明书操作。
> ③ 若出现渗漏现象,应立即维修。
> ④ 不能经常使油路管线扭曲。

## 三、任务实践操作——清洗保养发动机润滑系统

操作工人将吴先生的车用举升机举起后,按以下步骤清洗保养发动机润滑系统。

① 排出发动机油底壳机油。

② 如图4-29所示,将粉红色的清洗液装入润滑系统免拆清洗机的储油箱中。

③ 将清洗机的进出油管与发动机的进油口和排油口连接,如图4-30所示。

图4-29 清洗液和清洗机

图4-30 连接清洗机油管

④ 设定清洗机的清洗时间,按下油泵按钮,然后启动发动机,让它怠速运转。

⑤ 清洗时间结束后,关闭发动机,关闭清洗机油泵,然后开盖放油,如图4-31所示。

(a) 开盖

(b) 放油

图4-31 开盖放油

⑥ 拔清洗机进出油管,更换新的机油滤清器,倒入新机油和润滑系统保护剂,如图4-32所示。

图 4-32　倒入新机油

## 四、任务工单

| 任务名称 | 清洗保养发动机润滑系统 | 姓名 | | 日期 | 年　　月　　日 |
|---|---|---|---|---|---|
| 润滑系统免拆清洗机的使用要点 | | | | | |
| 发动机润滑系统的清洗保养流程 | | | | | |
| 发动机润滑系统的清洗保养要点 | | | | | |
| 操作中出现的问题及其原因和解决方法 | | | | | |
| 技能掌握程度 | 非常熟练□　　比较熟练□　　一般熟练□　　不熟练□ | | | | |
| 教师评语： | | | | | |

任务实践成绩_____分

日期：　　年　　月　　日

项目四 汽车发动机的美容与护理

# 任务四 汽车发动机冷却系统的清洗保养

## 一、工作任务

任务单号：_____

| 工作任务 | 清洗保养发动机冷却系统 | 日期 | 年 月 日 |
|---|---|---|---|
| 车型/车牌号 | | 生产厂家 | 公司 |
| 任务描述： 莫先生的车买了刚一年，行程6 000公里，平时保养也就是洗洗车，一个月前刚清洗保养过发动机燃油系统和润滑系统，最近发现汽车行驶时发动机温度较高，且冷却液也该更换了。因此，他打算清洗保养一下发动机冷却系统，并更换冷却液。 ||||

| 操作要求 | 施工材料与施工设备 | 冷却系统清洗剂、清水、冷却系统保护剂、冷却液 | 是否满足 | □是 □否 |
|---|---|---|---|---|
| | 场地要求 | 可停放大型车辆的混凝土地坪，适度的照明 | 是否满足 | □是 □否 |
| | 环境要求 | 环境温度15～25℃ | 是否满足 | □是 □否 |
| | 备注 | | | |
| 出单人签字： _____年___月___日 |||接单人签字： _____年___月___日||
| 车间负责人签字： 日期： 年 月 日 |||||

## 二、相关知识

汽车发动机冷却系统通过冷却液循环流动，带走气缸体吸收的部分热量，确保发动机在最适宜的温度下工作。当发动机经过长期使用后，其冷却系统会产生污渍、水垢、锈斑等，它们会慢慢腐蚀零部件，导致发动机过热、散热器开锅，严重时会导致发动机爆缸。因此，需定期清洗发动机冷却系统。

## 1. 发动机冷却系统

### 1）汽车发动机冷却系统的组成

发动机冷却方式有水冷和风冷两种，目前汽车发动机一般常采用水冷方式，即采用强制循环式水冷却系统，利用水泵使冷却液不断地循环流动，带走零件表面热量。如图4-33所示，汽车发动机冷却系统主要由散热器、水泵、节温器、风扇等组成。

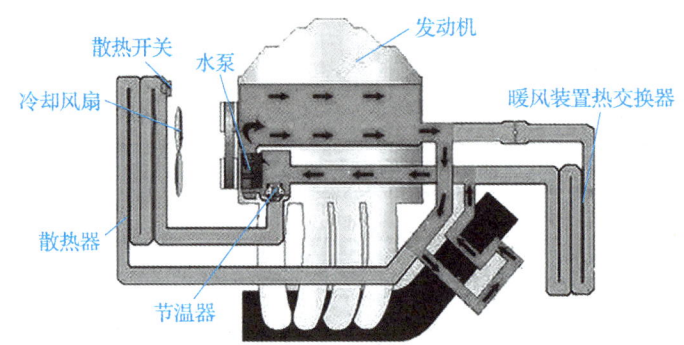

图4-33 汽车发动机冷却系统示意图

### 2）冷却液

发动机冷却液一般由乙二醇、水、防腐蚀添加剂、防锈添加剂、防垢添加剂、抗泡沫添加剂等组成，颜色大多为红色或绿色，以便于观察泄漏，以及与发动机其他液体相区别。冷却液在发动机水箱内循环，起到防冻、防沸、防腐蚀、防锈、防垢等作用，确保发动机能正常运行。

- **防冻和防沸**：乙二醇是扩大冷却液适用温度区间的核心组分，乙二醇与水融合，可使冷却液的凝点达到-60℃，大大低于水的凝点0℃，具有良好的防冻效果。防冻液的沸点至少应达到108℃以上，高于水的沸点100℃，具有防沸效果，高浓度冷却液的沸点甚至可达到197℃。防冻液的凝点和沸点之间的温度差值越大，其品质越好。

- **防腐蚀和防锈**：发动机及其冷却系统一般都是由铜、铁、铝、钢等金属制成的，它们在高温下与水接触时，会逐渐腐蚀、生锈，甚至蚀穿金属板，导致渗漏。防冻液中的防腐蚀和防锈添加剂能有效预防发动机冷却系统的腐蚀和生锈。

- **防垢**：硬水中的碱性物质在加热时会分解形成水垢，附着在水箱、水套的内部金属表面，使散热效果越来越差，导致开锅、缺水。此外，水垢导热系数很小，仅为黄铜的1/50，水垢会使冷却液的热传导性大大降低。因此，冷却液一般采用蒸馏水和乙二醇融合，并添加防垢添加剂，使其具有防垢效果。

## 2. 发动机冷却系统清洗保养的用品和设备

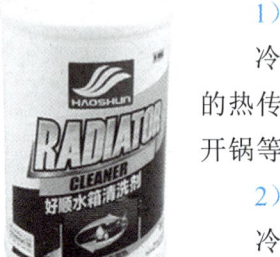

### 1）冷却系统清洗剂

冷却系统清洗剂可清除冷却系统内的油污、脏污、锈渍、水垢，提高冷却系统的热传递效果，恢复冷却系统性能，解决因冷却液变质而引起的发动机过热和水箱开锅等问题。

### 2）冷却系统保护剂

冷却系统保护剂可防止冷却系统各部件结垢、生锈、腐蚀，保持水箱清洁，消除水泵噪声，从而保持发动机冷却系统的冷却效能，避免因积垢、锈蚀造成发动机过热、水箱开锅和渗漏等故障。

使用时，先摇匀产品，再将产品加入发动机冷却系统的水箱中，然后启动发动机，运转 5 min 即可，如图 4-34 所示。

（a）开盖

（b）倒入冷却系统保护剂

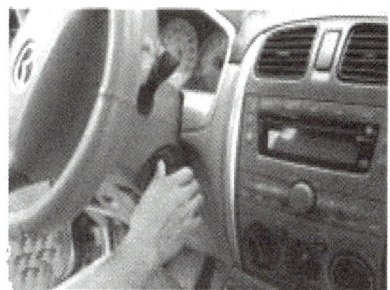
（c）启动发动机

图 4-34　冷却系统保护剂的使用

3）冷却系统免拆清洗机

发动机冷却系统免拆清洗机是利用高压气体驱动泵工作，使气动泵的一端形成真空，将散热器中的清洗液吸入气动泵，清洗液经气动泵加压后，从气动泵另一端接口压出，进入发动机机体水套内，使清洗液在一定压力下循环清洗冷却系统。在清洗过程中，脉动液压冲击和清洗液的化学作用，使水箱和水道中的污渍、水垢等清除干净。

## 3. 发动机冷却系统的免拆清洗保养方法

1）专用清洗剂清洗

用专用清洗剂清洗发动机冷却系统的步骤如下。

① 启动发动机，当发动机在正常工作温度下时熄火，将冷却液从水箱中排出。

② 将冷却系统清洗剂和清水按比例倒入水箱。

③ 启动发动机，让发动机运转 10 min，进行清洗。

④ 将水箱中的污水排出，再用清水洗净水箱。

⑤ 将新冷却液倒入水箱，再加入适量冷却系统保护剂，则清洗养护完成。

2）机器清洗

冷却系统免拆清洗机循环清洗发动机冷却系统的步骤如下。

① 将适量清洗剂和水加入清洗机内。

② 先拆开暖风机与发动机连接的水管，再与清洗机的出液管相连。拆开水箱与发动机连接的上水管，再与清洗机的回液管相连。

③ 将压缩空气与清洗机相连，工作压力调为 0.1 MPa。

④ 将转换阀旋至循环清洗，启动发动机，让发动机运转 10～20 min。

⑤ 将转换阀旋至空气位置，拉起调压阀，使高压空气进入，当空气量占出液管 1/3 时，进行气动冲洗，如图 4-35 所示。

⑥ 撤下清洗机，将新冷却液加入水箱，再加入适量冷却系统保护剂，则清洗养护完成。

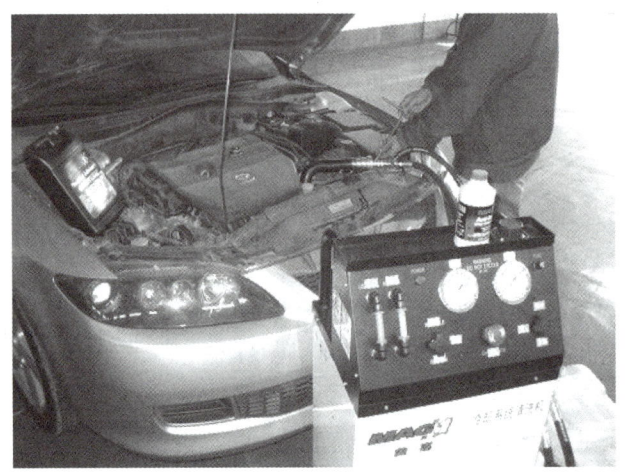

图 4-35 气动冲洗

## 三、任务实践操作——清洗保养发动机冷却系统

操作工人按以下步骤清洗保养莫先生的汽车。

① 将水箱中的冷却液排出。

② 先将冷却系统清洗剂倒入水箱，再将清水倒入水箱，如图 4-36 所示。

（a）加入冷却系统清洗剂　　　　　　　　　（b）加入清水

图 4-36 清洗液加入水箱

③ 启动发动机，如图 4-37 所示，让发动机运转 10 min，然后关闭发动机。

图 4-37 发动机运转

④ 排出水箱中的污水，再用清水洗净水箱。
⑤ 将新冷却液倒入水箱，并加入适量冷却系统保护剂，则清洗养护完成。

## 四、任务工单

| 任务名称 | 清洗保养发动机冷却系统 | 姓名 | | 日期 | 年　　月　　日 |
|---|---|---|---|---|---|
| 冷却系统免拆清洗机的使用要点 | | | | | |
| 发动机冷却系统的清洗保养流程 | | | | | |
| 发动机冷却系统的清洗保养要点 | | | | | |
| 操作中出现的问题及其原因和解决方法 | | | | | |
| 技能掌握程度 | 非常熟练□　　　比较熟练□　　　一般熟练□　　　不熟练□ | | | | |
| 教师评语： | | | | | |

任务实践成绩_____分

日期：　　年　　月　　日

# 思考与练习

一、选择题

1. 汽车发动机按着火方式可分为（　　　）。
   A．喷火式　　　　B．点燃式　　　　C．火花式　　　　D．压燃式

2. 柴油发动机和汽油发动机都有的系统是（　　）。
   A．润滑系统　　　　B．燃油系统　　　　C．点火系统　　　　D．启动系统
3. 发动机燃油系统一般由（　　）组成。
   A．油路系统　　　　B．气流系统　　　　C．供油系统　　　　D．进排气系统
4. 汽车发动机润滑系统具有（　　）作用。
   A．润滑　　　　　　B．防锈　　　　　　C．冷却　　　　　　D．密封

## 二、判断题

1. 压缩比越低，发动机越容易发生爆燃。　　　　　　　　　　　　　　　　（　　）
2. 柴油发动机比汽油发动机多一个点火系统。　　　　　　　　　　　　　　（　　）
3. 选择汽油时，应根据发动机压缩比选择汽油牌号。　　　　　　　　　　　（　　）
4. 车用汽油（Ⅴ）按研究法辛烷值分为90号、93号和97号3个牌号。　　　（　　）

## 三、简答题

1. 简述我国机油的分类方法。
2. 简述冷却系统免拆清洗机的工作原理。

# 项目五　汽车底盘的美容与装饰

## 项目导读

汽车底盘的作用是安装和支承发动机及其各部件，形成汽车整体造型，并接受发动机动力，使汽车产生运动，确保汽车正常行驶。汽车底盘的清洗护理，有利于确保汽车安全行驶。底盘封塑和底盘装甲，有利于避免或减小外界腐蚀和撞击对汽车底盘的伤害。车轮总成的清洗和装饰，有利于提升汽车整体外观和档次，是现代汽车常做的美容装饰项目之一。

## 学习目标

1. 了解汽车底盘的组成及其一般清洗
2. 熟悉汽车底盘的免拆清洗工艺
3. 了解汽车底盘防护作用和防护材料
4. 掌握汽车底盘封塑和底盘装甲工艺
5. 了解车轮总成的组成及其作用
6. 掌握车轮总成的清洗过程

## 能力目标

1. 能进行汽车底盘的一般清洗和免拆清洗
2. 能给汽车做底盘封塑和底盘装甲
3. 会清洗护理汽车车轮总成

汽车美容与装饰

# 任务一　汽车底盘的清洗护理

## 一、工作任务

任务单号：_____

| 工作任务 | 汽车底盘的一般清洗护理 | | 日期 | 年　　月　　日 | |
|---|---|---|---|---|---|
| 车型/车牌号 | | | 生产厂家 | 公司 | |
| 任务描述： 五一小长假，胡先生一家开车自驾游，期间遇上下雨，汽车底盘上粘上很多泥巴，回家后，他赶紧将车开到汽车美容店，打算清洗汽车底盘。 | | | | | |
| 操作要求 | 施工材料与施工设备 | 举升机、高压水枪、泡沫清洗机、底盘清洗剂、去油剂、去污剂、塑料铲子、防锈剂 | 是否满足 | □是 | □否 |
| | 场地要求 | 可停放大型车辆的混凝土地坪，高压水源，足够长度的水管，适度的照明 | 是否满足 | □是 | □否 |
| | 环境要求 | 环境温度15～25℃ | 是否满足 | □是 | □否 |
| | 备注 | | | | |
| 出单人签字：　　　　　　　　　　　____年___月___日 | | | 接单人签字：　　　　　　　　　　　____年___月___日 | | |
| 车间负责人签字： | | | 日期：　　年　月　日 | | |

## 二、相关知识

　　汽车底盘比较接近路面，因而路面灰尘易附着在底盘上，尤其是雨、雪过后，底盘容易积存污泥，污泥中藏匿的湿气易导致底盘生锈，影响汽车行驶性能。因此，平时应定期清洗汽车底盘，雨、雪过后也应及时清洗汽车底盘。

1. 汽车底盘的组成

汽车底盘一般由传动系统、行驶系统、转向系统和制动系统四部分组成。

1）传动系统

如图 5-1 所示，汽车传动系统一般由离合器、变速箱、万向传动装置（如万向节和驱动轴）、差速器等组成。传动系统将汽车发动机的动力传递到驱动车轮，它具有减速、变速、倒车、中断动力、轮间差速和轴间差速等功能。

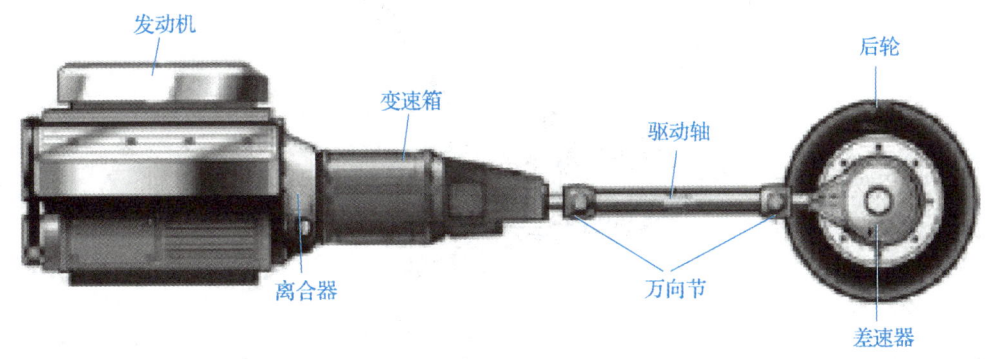

图 5-1　汽车传动系统示意图

按能量传递方式不同，汽车传动系统可分为液力传动、液压传动、电传动等。

- 液力传动：是利用液体介质在主动元件和从动元件之间循环流动过程中动能的变化来传递动力。它具有无级变速、防过载、减振、低速稳定性好、自适应性好、可靠、使用寿命长等特点，广泛用于汽车传动系统。当液力传动装置串联一个有级式机械变速器时，该传动称为液力机械传动。
- 液压传动：是利用液体传动介质静压力能的变化来传递能量，主要由发动机驱动油泵、液压马达和控制装置等组成。它具有无级调速、传动平稳、承载能力大、过载保护、自润滑、质量轻、体积小等特点，广泛用于汽车传动系统。
- 电传动：是由发动机带动发电机发电，再由电力带动电动机，从而驱动车轮的传动系统。它具有可无极变速、动力特性好、启动平稳、爬坡能力强等优点，但成本高、质量大，目前主要用于重型矿用汽车和某些军用汽车上。

2）行驶系统

汽车行驶系统的作用是承受汽车质量，传递各个方向作用力，确保车辆正常行驶，以及减小振动，缓和冲击，确保车辆乘坐舒适性以及货物运输安全性。汽车行驶系统一般由车架、车桥、车轮、悬架四部分组成。

- 车架：是汽车的装配基休，一般由两根纵梁和几根横梁组成，通过悬架、前桥、后桥支承在车轮上。它能支承、连接汽车各零部件总成，承受车内外各种载荷的作用。
- 车桥：它的两端安装车轮，传递车架与车轮之间各种载荷的作用，及其所产生的弯矩和转矩。
- 车轮：具有承载和缓冲作用，它与路面摩擦可产生使汽车行驶的牵引力和制动力。
- 悬架：车架与车桥之间一切传力、连接装置的总称，主要由弹性元件、减振器、导向机构等组成。它能将路面作用于车轮上的垂直反力（支承力）、纵向反力（驱动力和制动力）和侧向反力以及这些反力所形成的力矩传递到车架上，以确保汽车的正常行驶，同时还具有减振缓冲的作用。

### 3）转向系统

汽车上用来改变或恢复其行驶方向的机构称为汽车转向系统，如图 5-2 所示。按转向能源不同，转向系统可分为机械转向系统和动力转向系统两大类，现代汽车常采用动力转向系统。转向系统一般由转向操纵机构、转向器、转向传动机构组成。

图 5-2　奔驰 GL 转向系统

- 转向操纵机构：主要由转向盘、转向轴、转向管柱等组成。
- 转向器：是将转向盘的转动变为转向摇臂的摆动或齿条轴的直线反复运动，且能放大转向操纵力的机构。它一般固定在汽车车架或车身上，可改变转向操纵力的传动方向。
- 转向传动机构：是将转向器输出的力和运动传递给车轮（转向节），并使左右车轮按一定关系进行偏转的机构。

### 4）制动系统

制动系统一般由制动器和制动操纵机构两部分组成。按用途不同，制动系统可分为行车制动系统和驻车制动系统。按制动介质不同，制动系统可分为机械式、液压式和气压式。

制动系统的作用如下。

① 控制汽车的行驶速度，可使车辆减速，甚至停车。
② 使汽车可靠地停留在原地，不致滑溜。
③ 使驾驶员敢发挥汽车高速行驶性能，确保行车安全。

## 2. 汽车底盘的清洗

汽车底盘的清洗包括汽车底盘的一般清洗和免拆清洗两大类。

### 1）汽车底盘的一般清洗

（1）车身底板的清洗

汽车底盘清洗机

车身底板是汽车车身的最低部分，行驶时易粘上泥水、焦油、沥青等污物，由于位于车身底部，污染不易被发现，若不及时处理，会产生锈蚀、锈斑。

车身底板的泥水、焦油、沥青等污物，可用发动机清洗剂或除油剂进行清洗；车身底板的锈蚀、锈斑，可用除锈剂进行擦洗。清洗干净后的车身底板，可喷涂多功能防锈剂，以防锈蚀。

（2）传动系统的清洗

传动系统的变速箱、传动轴、减速器壳体、半轴套管等部件的表面也容易粘上泥土、油泥等污物，若长时间不清理,部件表面会产生锈蚀。清洗传动系统时,可根据污染物的种类,选择合适的清洗剂进行清洗。

### (3)转向系统的清洗

转向系统的转向横拉杆、转向器、转向节臂等部件位于车底,当汽车行驶时,它们比较容易被弄脏,若长时间不清理,会生锈,影响使用性能。

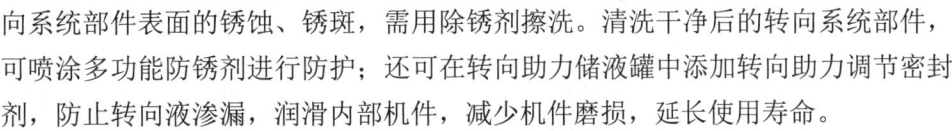

转向系统部件表面的污泥、油渍等污物,可用多功能清洗剂清洗;转向系统部件表面的锈蚀、锈斑,需用除锈剂擦洗。清洗干净后的转向系统部件,可喷涂多功能防锈剂进行防护;还可在转向助力储液罐中添加转向助力调节密封剂,防止转向液渗漏,润滑内部机件,减少机件磨损,延长使用寿命。

### (4)制动系统的清洗

汽车制动蹄片易粘上油泥、制动液、烧蚀物、胶质等污物,产生制动噪声,影响制动性能,因此,需定期清洗制动系统部件表面。清洗时,将制动系统清洗剂喷洒在需清洗部位,清洗剂会溶解并冲洗掉制动系统部件表面的油脂、油污等污物,然后自然晾干或擦干即可。

### 2)汽车底盘的免拆清洗

#### (1)自动变速箱的免拆清洗

自动变速箱是汽车的传动部件,它的主要作用是通过油的流动传递动力,同时还具有润滑降温的作用。自动变速箱内油的质量要求较高,需保持清洁,否则易导致相应部件使用寿命降低,动力传递效率降低,变速箱提速慢或失效。

如图 5-3 所示,ATF-809 自动变速箱换油机能全自动循环清洗变速箱,还能定量回收旧油,定量加注新油,实现自动等量换油。

自动变速箱的免拆清洗步骤如下。

① 用举升机将汽车举起,使驱动轮悬空。

② 先将换油机上的两根油管与已拆开的自动变速箱油管两端相连,再连接电源。

③ 将清洗剂加入自动变速箱,启动发动机,自动变速箱油便通过换油机进行循环清洗,循环清洗 20 min 后,即可关闭发动机,结束清洗。

④ 将新的自动变速箱油加入换油机中,启动发动机,当变速箱达到正常油温时,关闭发动机,然后按下换油机上的相应按键,换油机自动更换自动变速箱油。

图 5-3  ATF-809 自动变速箱换油机

⑤ 关闭换油机,断开换油机与自动变速箱的连接,重新连接好变速箱和散热油管,则自动变速箱清洗换油完成。

> **注 意**
>
> ① 换油时,应注意各连接处是否漏油,若有漏油,应立即停机检查,处理完后再重新连接、换油。

② 每次用完换油机后，应及时排出旧油箱内的废油，保存好新油箱内新油，使换油机的电子秤在非工作时处于空载状态。

### （2）动力转向系统的免拆清洗

汽车长时间使用后，动力转向系统内易形成大量油泥，使冷车转向困难，或转向不足，汽车一般行驶30 000～40 000公里后应进行一次动力转向系统清洗。

动力转向系统清洁剂的作用如下。

① 彻底清除系统内产生的轻漆、油泥等杂质，消除转向困难。

② 清洗并润滑系统内部部件，防止零件过早磨损，同时提高操作灵敏度和平稳性。

③ 有助于防止转向打滑和冷车转向困难。

清洗动力转向系统时，先将它与动力转向系统免拆清洗机（见图5-4）连接，再将动力转向系统清洁剂（见图5-5）直接倒入动力转向液中，启动发动机，使发动机怠速运转，原地持续转动方向盘15 min，然后关闭发动机，放掉旧油，加入新的动力转向液和动力转向系统保护剂即可。

图 5-4　动力转向系统免拆清洗机

图 5-5　动力转向系统清洁剂

## 三、任务实践操作——汽车底盘的一般清洗护理

操作工人清洗保养胡先生汽车底盘的具体步骤如下。

① 用举升机将汽车举起。

② 用高压水枪冲洗汽车底盘，冲掉底盘上粘着的泥巴等污物。

③ 用泡沫清洗机进一步清洗汽车底盘，如图5-6所示。顽固附着物可用塑料铲子铲掉；对于顽固污渍，可用相应去污剂、去油剂等进行清洗。

④ 自然晾干。用工作灯检查底盘是否有刮痕、锈迹之类，小刮痕可不处理，锈迹需先磨掉，再清洗干净，然后自然晾干。

⑤ 给底盘喷涂防锈剂，如图5-7所示，防止底盘生锈，则底盘清洗护理完成。

# 项目五　汽车底盘的美容与装饰

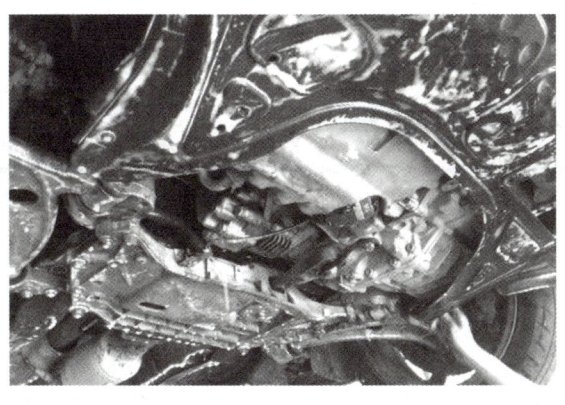

图 5-6　泡沫清洗机清洗底盘

图 5-7　喷防锈剂

## 四、任务工单

| 任务名称 | 汽车底盘的一般清洗护理 | 姓名 | | 日期 | 年　月　日 |
|---|---|---|---|---|---|
| 污染物种类及污染程度 | | | | | |
| 汽车底盘一般清洗护理的操作流程 | | | | | |
| 汽车底盘一般清洗护理的操作要点 | | | | | |
| 操作中出现的问题及其原因和解决方法 | | | | | |
| 技能掌握程度 | 非常熟练□　　比较熟练□　　一般熟练□　　不熟练□ | | | | |
| 教师评语： | | | | | |

任务实践成绩_____分

日期：　　年　月　日

汽车美容与装饰

# 任务二 汽车的底盘封塑和底盘装甲

## 一、工作任务

任务单号：_____

| 工作任务 | 汽车底盘装甲 | 日期 | 年　　月　　日 |
|---|---|---|---|
| 车型/车牌号 | | 生产厂家 | 公司 |
| 任务描述： 赵先生的车买了刚一年，各方面性能都比较满意，唯一让他感觉烦的是，当车行驶在砂石路面上时，溅起的砂石撞击底盘，可清晰地听到撞击声，因此，他打算给车做个底盘装甲。 ||||

| 操作要求 | 施工材料与施工设备 | 举升机、高压水枪、空气压缩机、高压气枪、底盘装甲用喷枪、遮盖纸、遮盖袋、钢丝刷、去污剂、除锈剂 | 是否满足 | □是　□否 |
|---|---|---|---|---|
| | 场地要求 | 可停放大型车辆的混凝土地坪，通风的场所，适度的照明 | 是否满足 | □是　□否 |
| | 环境要求 | 环境温度 15～25℃ | 是否满足 | □是　□否 |
| | 备注 | | | |
| 出单人签字： _____年___月___日 |||| 接单人签字： _____年___月___日 |
| 车间负责人签字： |||| 日期：　　年　　月　　日 |

## 二、相关知识

气候条件和路况会对行驶中的汽车底盘产生较大的影响。例如，风吹细小砂石撞击底盘，雨水蒸汽烘烤底盘，融雪剂腐蚀底盘钢筋，使底盘凹凸不平、锈蚀斑斑、层层剥落。因此，需对汽车底盘进行防护。

常见的汽车底盘防护有底盘封塑和底盘装甲。

### 1. 汽车底盘的损伤类型

按损伤的形成原因不同，汽车底盘损伤可分为碰撞损伤和锈蚀损伤，如图 5-8 所示。

（a）碰撞损伤

（b）锈蚀损伤

图 5-8 汽车底盘损伤

- 碰撞损伤：汽车底盘位于车身下部，离地面较近，不可避免会遭受石子、路面障碍物等的碰撞、刮擦。轻微碰撞会刮伤金属，影响美观，若长时间不处理，刮伤处会产生锈蚀。严重碰撞不仅会刮伤金属，还会损坏底盘零件，影响汽车正常行驶。
- 锈蚀损伤：汽车底盘锈蚀损伤产生的原因主要有底盘附着油污腐蚀，碰撞或刮擦造成的锈蚀，融雪剂等化学药剂对底盘的腐蚀，积存污泥导致的锈蚀，潮湿环境导致的锈蚀等。

### 2. 汽车底盘防护的作用

#### 1）保护底盘

目前，国内生产的大多数中低级汽车的底盘只涂一层油脂来隔绝水分。当汽车行驶一定里程后，油脂会不断蒸发，黏附灰尘、油污，造成新的腐蚀。此外，雨雪侵蚀、飞石撞击，也会损伤汽车底盘。给汽车做底盘防护，则可以使底盘与外界隔绝，起到防腐、防撞、防锈等作用，延长汽车使用寿命。

#### 2）确保行车安全

某些受损底盘会导致零件变形，悬架上下摆臂和左右方向拉杆尤其容易发生变形，机油底壳和变速箱底壳等容易发生轻微渗漏，而这些变形和渗漏都不容易被检测出来，存在安全隐患，而底盘防护能有效防止变形和渗漏。

#### 3）提高舒适性

汽车底盘防护一般采用具有弹性的材质进行密封处理，这不仅大大增加了车辆行驶平稳度，还降低了车辆行驶过程中的风噪和路噪，此外，底盘防护还能阻隔底盘铁板的热传导，使车内冬暖夏凉，提高车内人员乘坐的舒适性。

#### 4）车辆保值

车辆保养越好，其保值越好。经过底盘防护处理的车辆，其外观、安全性、舒适性更好，因而它的保值性更好。

### 3. 汽车底盘防护材料

汽车底盘防护材料有沥青基车底胶、合成橡胶基车底胶、水基车

底胶等，其中，前两种是国内汽车底盘防护常用材料。

#### 1）沥青基车底胶

沥青基车底胶是以改性沥青为主，加入合成树脂、腐蚀抑制剂等制成的底盘防腐、降噪产品。它的优点是能长久保持柔韧性，降噪效果好，价格较低；它的缺点是干燥速度慢（1～2 h），且表面不能盖漆，不适合用作汽车下裙边等需要盖漆部位的喷涂。

#### 2）合成橡胶基车底胶

由于合成橡胶基车底胶干燥速度快，一般为20～30 min，它又称为快干车底胶。合成橡胶基车底胶具有干燥快、防水防锈、耐酸碱、耐盐水腐蚀、防砂石溅击性好、降噪效果好、无毒无味、不易燃，以及施工无垂滴，与底盘金属、PVC塑料护板附着牢固，干燥后可盖漆等特点，在汽车底盘防护中应用广泛。

> 第四代环保快干型底盘装甲产品具有弹性高、防水性好、防腐性好、吸声降噪性好等特点，并在环保基础上运用深层电离四元接枝技术，将四种不同性能的高分子材料融为一体。它施工时不受温度和湿度影响，使施工时间大大缩短，极大地方便了车主和施工人员的汽车底盘保养工作，是目前底盘装甲常用的产品。

#### 3）水基车底胶

水基车底胶是以水为溶剂，施工时气味小，缺点是干燥速度慢，附着力相对较弱。

### 4. 汽车底盘封塑

汽车底盘封塑是指将一种防潮、防腐、弹性好、附着性好的柔性聚酯材料喷涂到汽车底盘上，涂层厚度约在2 mm，使底盘与外界隔绝，起到防腐、防锈、防撞等保护作用。

底盘封塑

#### 1）底盘封塑施工工艺

汽车底盘封塑施工工艺主要包括清洗底盘、检查、遮挡防护纸、第一次喷涂、第二次喷涂、清理等步骤。

（1）清洗底盘

先将四个车轮拆下，用举升机将车辆升到工作高度，再用高压水枪全面冲洗底盘，冲掉底盘和车轮挡泥板上附着的尘土和泥沙，然后用专用去污剂清除底盘上的沥青、油污等污物，用毛巾擦干底盘上的水，用气枪将缝隙中的水吹出，如图5-9所示。

> **注意**
> ① 严禁操作人员钻入用千斤顶举起的车底下进行冲洗作业。
> ② 车底的边缘部分、弯曲部分以及车轮挡泥板等应仔细冲洗，必要时可配合较软的钢丝刷或铲刀去除顽固附着物，操作时需注意不要损坏汽车底盘的保护涂层。

（2）检查

用安全工作灯照射汽车底盘、悬架等，检查是否有生锈。若有锈斑或刮痕，可用砂纸打磨去除，再用气枪将杂质吹走。

(3) 遮盖防护纸

用防护纸遮盖车身周围的裙部和轮毂以及发动机传动轴、排气管散热部位、非施工区等，如图 5-10 所示，以免影响其他部件的正常运转。

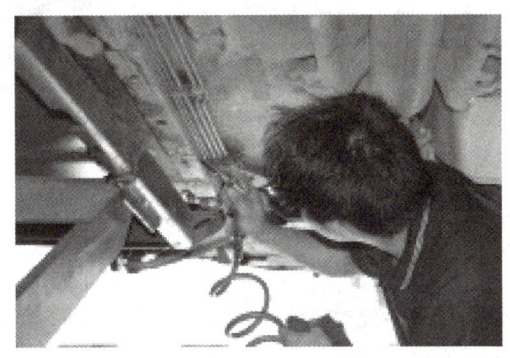

图 5-9　气枪吹干缝隙

图 5-10　包裹遮盖纸

(4) 第一次喷涂

先将防护材料装入喷枪，从翼子板及其附近开始喷涂。喷涂时，喷枪应距底盘 30 cm 左右，移动速度应缓慢且均匀，喷涂厚度也应均匀。

(5) 第二次喷涂

为了提高隔声和防撞效果，需进行第二次喷涂。第二次喷涂应等第一层喷塑干燥之后才进行，一般需要间隔 20 min。

(6) 清理

拆除遮挡防护纸，安装车轮，清理作业现场。

2) 底盘封塑注意事项

① 定期维护、保养举升机，确保安全。

② 底盘封塑施工时，应做好个人防护，佩戴口罩和防护眼镜，并注意防火和通风。

③ 不能将防护材料喷涂到发动机油底壳、排气管、消声器、变速器等部位，也不能喷涂到传动、转向、制动、悬架等转动部位，以免涂料干燥后影响相应部件正常运转。

④ 汽车底盘喷塑后，自然干燥一般需要 24 h，此期间应避免涉水行驶。

5. 汽车底盘装甲

底盘装甲是底盘防撞防锈隔声涂层的通俗叫法，它是专为车辆底盘开发的一种黏附性涂层，具有防锈、防振、防撞击、防水、吸声降噪等作用，可使汽车底盘的耐候性、防砂石撞击性、隔声效果增强。

底盘装甲施工工艺的主要步骤包括彻底清洗、遮挡防护纸、喷涂、局部修补、清理和清洗等。

底盘装甲

(1) 彻底清洗

① 先拆除车轮和翼子板，再用举升机将车辆升到合适位置。

② 用高压水枪冲洗底盘，清除底盘上附着的灰尘和砂石。

③ 用去污剂清洗底盘上的沥青、油污等，尤其注意各个部位的死角。

④ 先用砂纸抛光生锈部位，直至金属露出其本色，再用水冲洗，确保无尘、无锈。

⑤ 先用毛巾擦干，再用风枪吹干。

（2）遮盖防护纸

发动机油底壳、变速箱外壳、进排气歧管、排气管、减振器、减振弹簧、转向轴等部位应遮盖或包裹防护纸，以免防护材料喷涂到它们表面。

**提 示**

① 由于发动机油底壳和变速箱外壳需要散热，所有防护材料不能喷涂在它们的表面，以免影响散热。

② 由于汽车行驶时，排气管温度较高，所以排气管表面不能喷涂防护材料，以免高温烤焦附着物而散发出难闻气味。

（3）喷涂

将防护材料装入喷枪，然后进行喷涂，一般需喷涂3~4次，使厚度达到约4 mm。喷涂时，喷枪距离底盘约25 cm，两次喷涂之间的时间间隔大约为15 min。

（4）局部修补

检查喷涂质量，进行适当的局部修补，确保喷涂效果。

（5）清理和清洗

拆除防护纸，安装车轮和翼子板，用专用清洁剂清洗弄脏的非喷涂部位。天气晴朗时进行底盘装甲施工，汽车喷涂完工2~4 h后即可使用，但完全干燥需要大约3天，此期间底盘应避免接触水。

**读一读**

与底盘封塑相比，底盘装甲的保护效果更好，隔声降噪效果更明显，它们的主要区别如下。

① 在施工工艺上，两者大同小异，施工厚度和防护涂料成分略有不同。普通封塑厚度约为2 mm，涂料主要成分为聚酯材料；底盘装甲厚度约为4 mm，某些局部厚度可达5 mm以上，涂料主要成分一般是橡胶和聚酯的复合材料。

② 在功能上，底盘封塑主要是保护汽车底盘的裸露钢板，起防腐和防止砂石击打作用；底盘装甲除具有底盘封塑功能外，还具有隔声降噪作用，且它的抗撞击能力更强。

# 三、任务实践操作——汽车底盘装甲

操作工人先让赵先生选好底盘装甲产品，然后按以下步骤进行操作。

① 先将四个轮子拆掉，如图5-11所示，再将汽车举升到合适位置，然后用高压水枪冲洗底盘，如图5-12所示，再用清洁剂清洗，最后用高压气枪吹干。

图5-11 拆除四个轮子

图5-12 冲洗底盘

② 用报纸遮挡和包裹非喷涂部位，如图5-13所示，然后再从车身顶部罩防护袋。

③ 将底盘装甲产品装入喷枪，然后开始喷涂底盘，如图5-14所示。

（a）产品

（b）喷涂

图5-13 遮挡防护纸　　　　图5-14 喷涂底盘装甲产品

④ 均匀喷涂4次，喷涂效果如图5-15所示。

（a）底盘

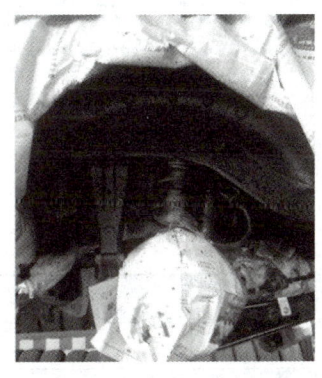
（b）轮毂四周

图5-15 底盘装甲效果

⑤ 拆除遮挡袋和纸，进行必要的局部修补，然后清洗弄脏部位，擦干，则底盘装甲完成。

汽车美容与装饰

## 四、任务工单

| 任务名称 | 汽车底盘装甲 | 姓名 | | 日期 | 年 月 日 |
|---|---|---|---|---|---|
| 底盘装甲的操作流程 | | | | | |
| 底盘装甲的操作要点 | | | | | |
| 操作中出现的问题及其原因和解决方法 | | | | | |
| 技能掌握程度 | 非常熟练☐ 比较熟练☐ 一般熟练☐ 不熟练☐ ||||||
| 教师评语： ||||||
| ||||| 任务实践成绩_____分 |
| ||||| 日期： 年 月 日 |

# 任务三　车轮总成的美容与装饰

## 一、工作任务

任务单号：_____

| 工作任务 | 车轮总成的清洗护理 | 日期 | 年 月 日 |
|---|---|---|---|
| 车型/车牌号 | | 生产厂家 | 公司 |
| 任务描述：<br>陈先生的车买了三年，平时经常清洗护理，保养较好，半年前拆卸清洗过车轮总成，为了行车安全，他现在打算再彻底清洗一下车轮总成。 ||||
|  ||||

(续)

| 操作要求 | 施工材料与施工设备 | 洗车香波、海绵、油污去除剂、除锈剂、弱酸清洁剂、喷枪、软毛刷、喷壶、高压水枪、抛光打蜡机、抛光蜡、毛巾、轮胎保护剂、风枪、套筒扳手、三脚架 | 是否满足 | □是 □否 |
|---|---|---|---|---|
| | 场地要求 | 可停放大型车辆的混凝土地坪,适度的照明 | 是否满足 | □是 □否 |
| | 环境要求 | 环境温度 15～25℃ | 是否满足 | □是 □否 |
| | 备注 | | | |

出单人签字:　　　　　　　　　　　　年___月___日

接单人签字:　　　　　　　　　　　　年___月___日

车间负责人签字:

日期:　　年　月　日

## 二、相关知识

车轮总成是汽车行驶系统必不可少的一个部件,它的性能与汽车行驶性能息息相关。轮胎故障在高速公路交通事故中占有很大比例,轮胎养护可有效减少轮胎故障。因此,应做好轮胎护理,确保汽车行驶安全。为了汽车整体美观,在不影响行驶安全的前提下,可给车轮加装装饰件。

### 1. 车轮总成的组成

如图 5-16 所示,车轮总成由车轮和轮胎两部分组成。其中,车轮是轮胎和车轴之间的旋转承载件,通常由轮辋和轮辐组成,轮辋是车轮上安装和支承轮胎的部件,轮辐是介于车轴和轮辋之间的支承部件,轮辋和轮辐可是整体的、永久连接的,也可是能拆卸的;轮胎是安装在轮辋上的触地滚动的圆环形弹性部件。

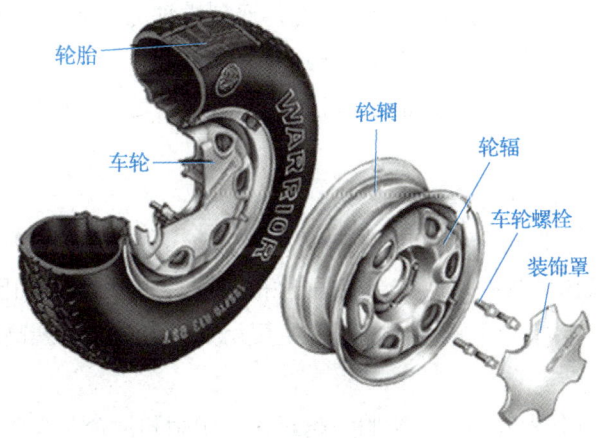

图 5-16　车轮总成的组成

1)车轮

(1)车轮及其组成部件的作用

车轮的作用是安装轮胎,并承受轮胎与车桥之间各种载荷的作用。车轮各组成部件的作用如下。

① 轮毂的作用是连接车轮和车轴。

② 轮辐的作用是连接轮毂和轮辋。

③ 轮辋的作用是安装和固定轮胎。

（2）车轮的种类

按轮辐结构不同，车轮可分为辐板式车轮和辐条式车轮。

- **辐板式车轮**：由挡圈、轮辋、辐板和气门嘴伸出口组成，主要用于普通轿车和轻、中型货车。辐板是指车轮中连接轮毂和轮辋的钢质圆盘，大多数是冲压制成的，少数是与轮毂铸成一体，后者主要用于重型汽车。
- **辐条式车轮**：按辐条结构不同，它可分为钢丝辐条式车轮和铸造辐条式车轮。其中，钢丝辐条式车轮的结构与自行车车轮相同，由于价格昂贵、维修安装不方便，故仅用于赛车和某些高级轿车；铸造辐条式车轮的辐条和轮毂铸成一体，轮辋通过螺栓和特殊形状的衬块固定在辐条上，主要用于重型货车。

**读一读**

轮辋的常用结构有深槽轮辋、平底轮辋、对开式轮辋等。其中，深槽轮辋具有结构简单、刚度大、质量较小等特点，主要用于轿车和轻型越野车，适合安装尺寸小、弹性较大的轮胎；平底轮辋的挡圈是整体的，需用一个开口锁圈来防止挡圈脱出，主要用于货车，适合安装尺寸较大、弹性较小的轮胎；对开式轮辋由内外两部分组成，通过螺栓连成一体，主要用于载重量较大的重型货车和大型客车。

2) 轮胎

（1）轮胎的作用

现代汽车一般都采用充气式轮胎，它的主要作用如下。

① 支承整车质量，并承受路面传递的各种载荷作用。

② 缓和路面传递的冲击载荷，确保乘坐舒适性和行驶平顺性。

③ 轮胎和路面之间的附着作用，为汽车提供驱动力和制动力。

④ 轮胎会将外力传递到横轴上，从而产生制导效应，使车辆维持在驾驶者所希望的轨迹上。

⑤ 胎面花纹可降低汽车行驶过程中产生的噪声。

（2）轮胎的分类

① 按胎内空气压力分类

按轮胎内空气压力不同，轮胎可分为高压胎（0.5～0.7 MPa）、低压胎（0.2～0.5 MPa）和超低压胎（小于 0.2 MPa）三种。其中，低压胎具有弹性好、减振性好、散热性好、与地面附着性好等特点，广泛用于轿车；超低压胎在松软路面上具有良好的通过能力，主要用于越野车和某些高级轿车。

② 按胎面花纹分类

按胎面花纹不同，轮胎可分为普通花纹轮胎、越野花纹轮胎和混合花纹轮胎，如图 5-17 所示。

（a）普通花纹　　（b）混合花纹　　（c）越野花纹

图 5-17　胎面花纹

③ 按有无内胎分类

按有无内胎不同,轮胎可分为有内胎轮胎和无内胎轮胎两种。其中,无内胎轮胎俗称真空胎,它的结构如图 5-18 所示,具有气密性好、散热性好、结构简单、质量轻等特点,是目前轿车上普遍采用的轮胎。无内胎轮胎中的空气被直接压入外胎中,因而要求轮胎具有良好的密封性,一般是在轮胎内壁上附加一层厚度为 2～3 mm 橡胶密封层来封气。

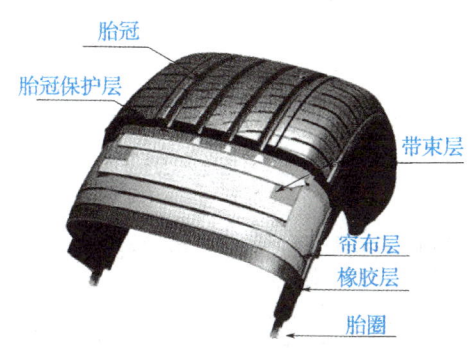

图 5-18　无内胎轮胎

**注意**

① 无内胎轮胎必须与深槽轮辋组合使用。
② 辐条式车轮不能与无内胎轮胎组合使用。

④ 按胎体帘布层结构分类

按胎体帘布层结构不同,轮胎可分为斜交线轮胎和子午线轮胎,如图 5-19 所示。其中,子午线轮胎是现代轿车常用的轮胎,它的胎体帘布方向与轮胎行驶方向一般成 90°夹角,顶层由数层钢丝编成的钢丝帘布层组成,具有接地面积大、附着性能好、胎面滑移小、滚动阻力小、行驶变形小、缓冲性能好、不易刺穿、耐磨性好、使用寿命长等特点。

（a）斜交线轮胎　　　　　　（b）子午线轮胎

图 5-19　斜交线轮胎和子午线轮胎

> 读一读

> 根据国家标准《机动车运行安全技术条件》（GB 7258—2017）规定，轮胎胎面不得因局部磨损而暴露出轮胎帘布层；轮胎不得有影响使用的缺损、异常磨损和变形；轮胎的胎面和胎壁上不得有长度超过 25 mm 或深度足以暴露出轮胎帘布层的破裂和割伤。

2. 轮胎的美容护理

1）车轮总成的拆卸

① 停稳车辆，拉紧驻车制动手柄。

② 取下车轮装饰罩，用车轮螺母拆装机或套筒扳手初步拧松各连接螺栓，如图 5-20 所示，拧松时按对角线顺序进行。

③ 用千斤顶支撑车辆，使车轮稍离地面，如图 5-21 所示。也可将车辆停放在举升架上，通过举升机升起车辆，使车轮稍微离开地面。

图 5-20　拧松螺栓

图 5-21　千斤顶支撑车辆

④ 拧下车轮与轮毂的连接螺栓，取下垫圈，并将它们摆放整齐。

⑤ 一边向外拉，一边左右晃动车轮，使车轮总成从车轴上取下，如图 5-22 所示。

图 5-22　取下车轮总成

> 注　意

> ① 拧连接螺栓时，一般逆时针方向为拧松，顺时针方向为拧紧。
> ② 车底两侧一般均有放置千斤顶的卡槽，放置千斤顶时，必须放在卡槽内，以免发生意外。

2）轮胎的清洗

轮胎上一般除了粘有灰尘、泥土外，还可能会有一些酸、碱性污染物质，清洗时，需先清除轮胎花纹里夹杂的砂石，再用高压水冲洗轮胎上的灰尘和泥土。对于黏附的酸、碱性污染物质，用水是难以清除的，需用专用的轮胎清洗剂进行清洗。

3）轮胎的护理

在对轮胎进行清洗后，喷涂轮胎保护剂，它可快速渗透到轮胎表层，分解污垢，形成保护层，有效防止紫外线损伤，防止轮胎硬化、爆裂，还能使轮胎恢复原色，光亮如新且持久。使用轮胎保护剂时，直接喷涂到轮胎上，然后自然晾干即可。

4）车轮总成的安装

① 顶起车桥，套上车轮，按对角线顺序预拧紧螺栓，使车轮不晃动即可。

② 降下车辆，使车轮着地，用扭力扳手或车轮螺母拆装机按对角线顺序分 2～3 次拧紧螺栓，如图 5-23 所示，拧紧时，轿车车轮一般按 100～200 N·m 力矩来紧固螺栓。

（a）对角线顺序　　　　　　（b）拧紧螺栓

图 5-23　对角线顺序拧紧螺栓

③ 装上装饰盖，则车轮总成安装完成。

### 3. 轮辋的美容护理

汽车轮辋的材质有钢材、铝合金等，它的表面一般有装饰保护层，需用中性清洁剂清洗，不能使用碱性清洗液、腐蚀性溶剂、钢刷等，以免破坏保护层。当轮辋上附着各种清洁剂无法清洁干净的污垢时，可用刷子刷洗，但不能用过硬的刷子，应用柔软的刷子轻轻刷洗。

**注　意**

> 当轮辋温度很高时，不能清洗，因为高温会促使清洁剂发生化学变化，导致轮辋表面受损或使清洁效果减弱；可使轮辋自然冷却 1 h 后再进行清洗，千万不能用冷水冲洗冷却，因为这易使轮辋受损，且可能会造成制动盘变形，影响制动效果，甚至导致交通事故发生。

### 4. 车轮毂饰盖装饰

汽车轮毂饰盖（见图 5-24）位于汽车外部醒目位置，是重要的外装饰件，它常用的材质是铝合金和塑料。高品质的饰盖能烘托出整车的造型效果，提升车辆档次。

图 5-24　汽车轮毂饰盖

1）车轮毂饰盖的选择要求

① 造型优美，质量可靠。若车轮毂饰盖造型不好看，质量差，不仅不会提升整车装饰效果，还会降低车档次，弄巧成拙。车轮毂饰盖应结构可靠，强度较高，装卡牢固，不易掉落。

② 色泽配合协调。车轮毂饰盖色泽应与车轮、整车协调一致，和谐美观。

2）车轮毂饰盖的安装

① 清洁车轮及饰盖，洗掉它们表面的灰尘，然后用毛巾擦干。

② 用手将车轮毂饰盖按进车轮，然后拧紧连接螺栓即可，如图 5-25 所示。

图 5-25　车轮毂饰盖安装效果

## 三、任务实践操作——车轮总成的清洗护理

操作工人清洗护理陈先生车轮总成的步骤如下。

① 拆卸车轮，并用三脚架支撑汽车，如图 5-26 所示，拆卸下的车轮总成按顺序摆放。

图 5-26　拆卸车轮

② 用喷枪喷洗车香波，清洗汽车车轮安装部位，如图 5-27 所示，清洗污泥，并用海绵擦洗，如图 5-28 所示。

图 5-27　喷洗车香波

图 5-28　擦洗污泥

③ 对于含有油污、铁锈的刹车盘等部位，涂抹去污剂、除锈剂等，并用毛刷进行刷洗，如图 5-29 所示，最后用水冲洗干净，如图 5-30 所示。

图 5-29　清洗油污和铁锈

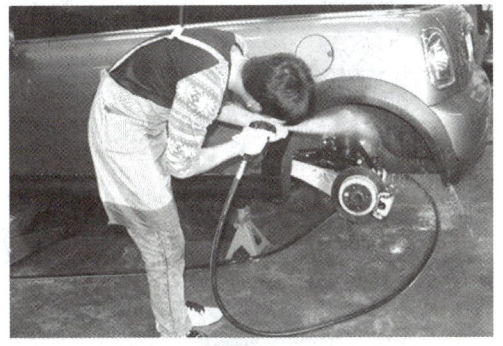

图 5-30　冲洗车轮安装部位

④ 先清除轮胎花纹里夹杂的砂石，如图 5-31 所示，再用高压水冲洗轮胎上的灰尘和泥土。

⑤ 先往轮胎上喷洒轮胎清洗剂，再用软毛刷刷洗，如图 5-32 所示，然后冲洗干净。

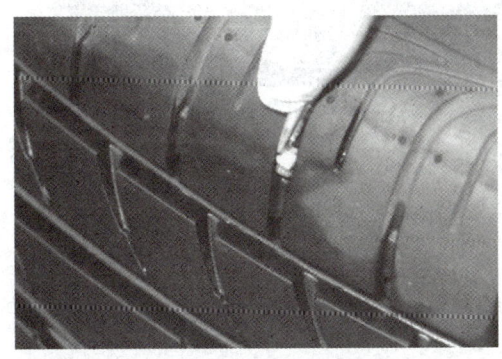

图 5-31　清除砂石

图 5-32　刷洗轮胎

⑥ 刷洗连接螺栓和 LOGO，如图 5-33 所示。

（a）刷洗连接螺栓　　　　　　　　　（b）刷洗 LOGO

图 5-33　刷洗螺栓和 LOGO

⑦ 将抛光剂挤到抛光海绵上，然后抛光车轮，如图 5-34 所示。

（a）挤抛光剂　　　　　　　　　　　（b）抛光

图 5-34　抛光车轮

⑧ 将蜡涂抹到海绵上，然后手工给车轮打蜡，如图 5-35 所示。

 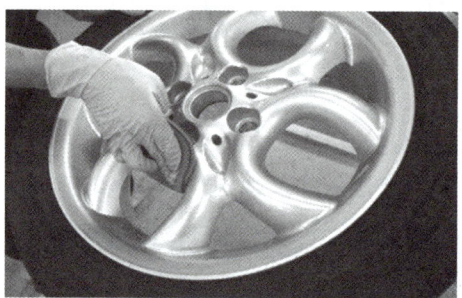

（a）抹蜡　　　　　　　　　　　　　（b）打蜡

图 5-35　车轮打蜡

⑨ 将轮胎保护剂挤到海绵上，如图 5-36 所示，然后用海绵涂抹轮胎，给轮胎上保护剂，如图 5-37 所示。

图 5-36　挤轮胎保护剂　　　　　　　图 5-37　涂抹轮胎保护剂

⑩ 用毛巾将各部位的水分擦干，然后安装车轮总成，则车轮总成清洗护理完成。

## 四、任务工单

| 任务名称 | 车轮总成的清洗护理 | 姓名 | | 日期 | 年　月　日 |
|---|---|---|---|---|---|
| 车轮总成清洗护理的流程 | | | | | |
| 车轮总成清洗护理的操作要点 | | | | | |
| 操作中出现的问题及其原因和解决方法 | | | | | |
| 技能掌握程度 | 非常熟练□　　比较熟练□　　一般熟练□　　不熟练□ | | | | |
| 教师评语： | | | | | |

任务实践成绩_____分

日期：　　年　月　日

# 思考与练习

一．选择题

1. 车轮饰盖是一种用于遮挡轮毂的装饰品，它的材质有（　　）。
   A．真皮　　　　B．塑料　　　　C．铝合金　　　　D．玻璃钢
2. 按损伤的形成原因不同，汽车底盘损伤可分为（　　）。
   A．磨损　　　　B．碰撞损伤　　C．断裂损伤　　　D．锈蚀损伤
3. 汽车底盘一般由（　　）和制动系统四部分组成。
   A．传动系统　　B．转向系统　　C．行驶系统　　　D．刹车系统

4. 车轮总成由（　　）两部分组成。
   A．车轮　　　　B．轮辋　　　　C．轮胎　　　　D．轮辐

二、判断题

1. 在对汽车底盘进行底盘装甲喷涂前，只需要稍微清洗底盘即可。　　　　　　（　　）
2. 底盘装甲一般只喷涂一层。　　　　　　　　　　　　　　　　　　　　　　（　　）
3. 为了达到良好的施工效果，底盘装甲应在密闭车间内施工。　　　　　　　　（　　）
4. 深槽轮辋主要用于轿车和轻型越野车，适合安装尺寸小、弹性较大的轮胎。　（　　）
5. 无内胎轮胎可以与平底轮辋组合使用。　　　　　　　　　　　　　　　　　（　　）

三、简答题

1. 什么是底盘装甲？它主要包括哪些施工步骤？
2. 简述底盘封塑和底盘装甲的区别。
3. 简述车轮和轮胎的作用。

# 项目六　汽车内部的美容与装饰

**项目导读**

随着汽车的普及，汽车已不再是单纯的代步工具，俨然成了流动的家。整洁、舒适是人们对汽车内部最基本的要求，它不仅有利于驾驶者安全驾驶，也有利于驾驶者和乘坐者的身体健康。随着科学技术的发展和生活水平的提高，人们对汽车内部部件材质和装饰的要求也越来越高，车主会通过装饰顶棚、座椅、地板等来体现品味和个性，通过隔声装饰来降低车内噪声，为人们提供舒适的驾乘环境。

**学习目标**

1. 了解汽车内部的清洁用品和设备
2. 掌握汽车内部的清洗护理工艺
3. 了解车内空气的污染种类及净化措施
4. 熟悉汽车内部部件的装饰方法
5. 了解汽车隔声材料和隔声措施
6. 掌握汽车隔声装饰工艺

**能力目标**

1. 会清洗护理汽车内部
2. 会装饰汽车内部部件
3. 能给汽车做隔声处理

汽车美容与装饰

# 任务一　汽车内部的清洁护理

## 一、工作任务

任务单号：_____

| 工作任务 | 清洁护理汽车内部 | 日期 | 年　　月　　日 |
|---|---|---|---|
| 车型/车牌号 | | 生产厂家 | 公司 |
| 任务描述：<br>　　吴女士的东风标致车买了已有三年，平时一般自己在家清洗车身和汽车内部，一年之前去汽车美容店彻底清洗过一次汽车内部。快过年了，她打算再到汽车美容店去彻底清洗一下汽车内部。 ||||

| 操作要求 | 施工材料与施工设备 | 多功能泡沫清洁剂、表板蜡、毛巾、无纺布、软毛刷、胶条、报纸、高压水枪、玻璃清洗剂 | 是否满足 | □是　□否 |
|---|---|---|---|---|
| | 场地要求 | 可停放大型车辆的混凝土地坪，适度的照明 | 是否满足 | □是　□否 |
| | 环境要求 | 环境温度 15～25℃ | 是否满足 | □是　□否 |
| | 备注 | | | |
| 出单人签字：<br>　　　　　年　　月　　日 |||| 接单人签字：<br>　　　　　年　　月　　日 |
| 车间负责人签字：<br>日期：　　年　　月　　日 |||||

## 二、相关知识

　　汽车在使用过程中，汽车内部部件会逐渐附着灰尘、汗渍、水渍、油污等污渍，它们易使丝绒座椅、地毯、顶棚等发霉，真皮老化，产生难闻气味，甚至滋生细菌，严重影响驾乘人员的身心健康。因此，应定期清洁护理汽车内部。

1. 汽车内部清洁剂和保护剂

1) 多功能清洁剂

如图6-1所示,多功能清洁剂是一种中性有机环保产品,不含腐蚀性化学成分,具有无污染、无毒、无刺激气味、不含磷酸盐、不含可燃物、随车携带安全等特点,能高效去除车辆内部和外部各种顽固污渍,具有清洁、除菌、抑菌、除异味等作用,适用于不怕水物体表面的清洁。例如,汽车内部的仪表板、车门、座椅、方向盘、遮阳板、车顶棚、针织坐垫、绒性脚垫等,以及汽车外部金属、玻璃、车毂、后视镜、漆面灰尘和水渍等,都可用多功能清洁剂来清洁表面污渍。

对于不吸水表面,如皮椅、塑料制品等,清洁时,将多功能清洁剂喷洒在海绵、毛巾等清洁工具上,再用清洁工具擦除物体表面污渍,最后用干净的湿毛巾擦拭即可,效果如图6-2所示。对于易吸水表面,如车顶棚、织物座椅等,清洁时,先将毛巾打湿并拧干,再在其表面喷适量多功能清洁剂,用该毛巾顺着一个方向擦拭物体表面,切勿来回反复擦拭,最后用干毛巾擦拭,吸收水分。

图6-1 多功能清洁剂

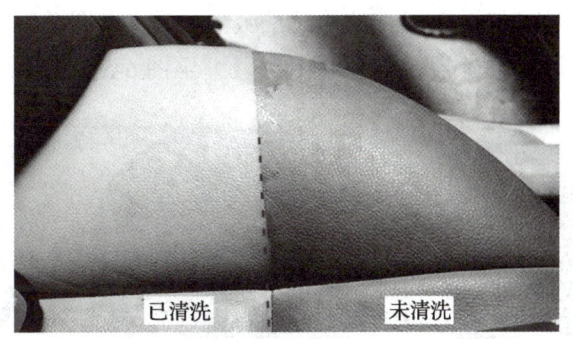

图6-2 多功能清洁剂清洁座椅效果

2) 多功能泡沫清洁剂

多功能泡沫清洁剂不含水,泡沫丰富,去污力强,不损伤织物和皮革(即真皮),同时还具有抗菌作用,广泛用于汽车仪表板、顶棚以及汽车内部真皮和布艺制品表面的清洁。

使用时,先将多功能泡沫清洁剂喷洒在待清洁物体表面,如图6-3所示,再用干净毛巾擦拭即可,清洁效果如图6-4所示。

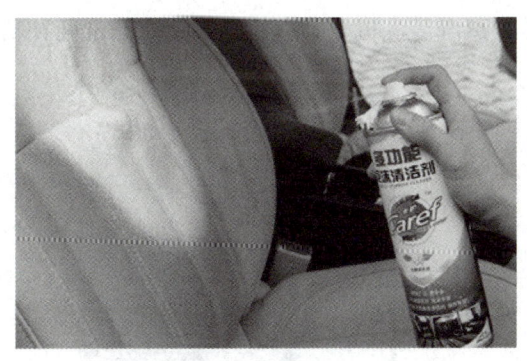

图6-3 喷多功能泡沫清洁剂

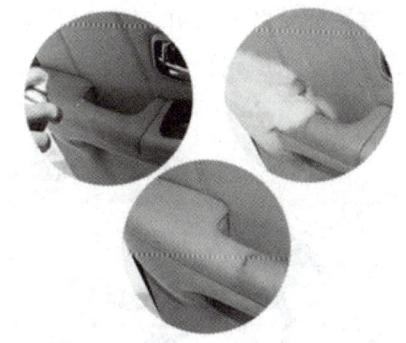

图6-4 多功能泡沫清洁剂清洁门把手效果

3) 表板蜡

表板蜡不仅有清洁作用,还有上光、防尘、防褪色、防老化等作用,能有效抵抗紫外线侵害,适用于车内仪表板、车门、塑料制品、橡胶制品、人造革、皮革等表面护理。

表板蜡常用于已清洗干净汽车内部部件表面的上光保护,使用时,在距物体表面约20 cm处,轻按喷嘴来回喷一层，然后用干净的软布涂抹均匀即可。

4）皮革清洁保护蜡

皮革清洁保护蜡能清洁汽车内部各物体表面的污垢和油渍，并在被处理表面形成保护膜，使灰尘不会聚积，清洁保护一次完成。它适用于皮革、橡胶、塑料材质。使用时，将产品直接喷在待清洁表面或无纺布上，然后用无纺布擦拭均匀即可。

2. 汽车内部清洁设备

1）车载吸尘器

车载吸尘器一般由吸尘器主机和吸嘴组成。吸嘴分为毛刷吸嘴、缝隙吸嘴和静电吸嘴三种。其中，毛刷吸嘴主要用于绒面部位、仪表盘、脚垫、地毯、空调出风口等部位的吸尘，可刷出并吸走所清洁部位藏匿的灰尘；缝隙吸嘴主要用于车内各种边角细缝处的吸尘；静电吸嘴主要用于车内绒面部位、脚垫、行李箱等平面部位的清洁。

使用车载吸尘器时，先安装上合适的吸嘴，再将点烟插头插入车内点烟孔，按下吸尘器电源开关，然后对准待清洁部位，进行吸尘，如图6-5（b）至图6-5（d）所示。

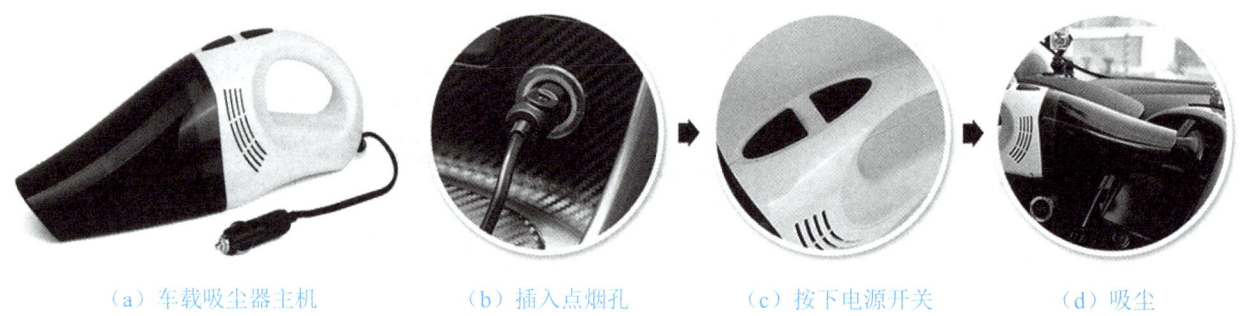

(a) 车载吸尘器主机　　　(b) 插入点烟孔　　　(c) 按下电源开关　　　(d) 吸尘

图6-5　车载吸尘器的使用

2）蒸汽清洗机

汽车内部的绒布织品容易积聚污垢，使细菌容易繁殖，吸尘器只能吸尘，无法清除细菌。图6-6（a）所示为家庭用蒸汽清洗机，在很短时间内可产生大量高温蒸汽，将蒸汽喷射到汽车内部物品上时，可清洁该物品，并杀死藏匿的细菌。图6-6（b）所示为JNX-4蒸汽清洗机，具有吸尘和蒸汽清洗两种功能，汽车美容店一般常采用这种蒸汽清洗设备。

(a)　　　　　　　　　　　　　　　　　　(b)

图6-6　蒸汽清洗机

JNX-4 蒸汽清洗机的清洗口同时安装了蒸汽喷口和吸尘口,此设备在喷出蒸汽清洗时,吸尘口同时一并将清洗后的脏物吸走,它不仅可用于汽车内部清洁、杀菌,还可用于汽车外部清洗,其使用步骤如下。

① 接通蒸汽清洗机电源。
② 连接水源和设备进水阀。
③ 将喷枪装在蒸汽清洗机上,确认设备底部的排水阀已关闭。
④ 启动电源,打开进水阀注水,满水灯亮后关闭进水阀。
⑤ 打开启动开关,设备开始加热升温,约 60 s 后,水泵开始供水蒸汽。根据实际需要,通过汽量旋钮可调节出汽量。
⑥ 将喷枪口对准待清洁部位进行清洁、杀菌,如图 6-7 所示。

蒸汽清洗汽车内部

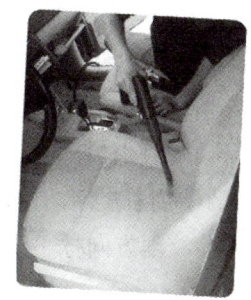    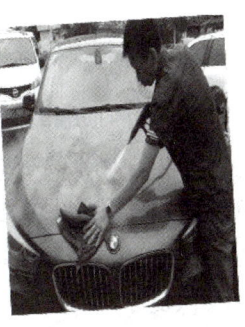

（a）清洁汽车内部　　　　　　　　　　　　（b）清洁汽车外部

图 6-7　蒸汽清洗机清洁汽车

⑦ 清洁完毕后,关闭工作开关,打开喷枪口排放余汽。当天工作结束后,应打开底部排水阀放空水箱。

### 3. 汽车内部清洁步骤

汽车内部清洁的一般步骤为除尘、清洗和护理。

1）除尘

在除尘之前,先将汽车内部的停车证、坐垫、脚垫等杂物取出,然后按从上到下的顺序进行除尘。用吸尘器清除仪表板、烟灰缸、前窗台、后窗台、座椅、地毯、行李箱等部件的灰尘、碎屑。

汽车内部清洗

2）清洗

汽车内部清洗分为机器清洗和手工清洗两种。

- 🚗 **机器清洗**：一般采用蒸汽清洗机清洗,利用热蒸汽软化污渍,它可用于丝绒、化纤、塑料、皮革等几乎所有汽车内部部件的清洗。当汽车内部部件有很难清洗的污渍时,可配合使用多功能清洁剂进行清洗。
- 🚗 **手工清洗**：根据待清洗物体,选择合适的清洗剂和清洗工具来手工清洁。

3）护理

为了延长汽车内部部件的使用寿命,清洗结束后,一般需进行上光护理,使物体恢复光泽,同时又能保护物体,免遭紫外线侵害。汽车内部部件上光护理,一般选用表板蜡,先将它喷在物体表面,然后用毛巾涂抹均匀即可,如图 6-8 所示。对于真皮座椅,真皮清洁上光剂的护理效果比表板蜡好。

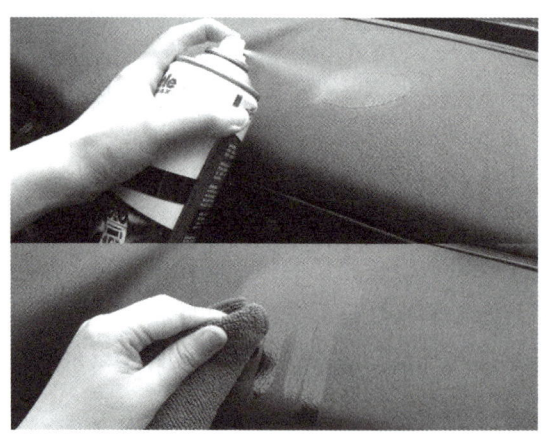

图 6-8　涂抹表板蜡

4. 汽车内部各个部位的清洁方法

1）车内顶棚的清洁

车内顶棚不易被其他脏物污染，由于其材质多为毛料或纤维绒布，吸附性较强，易吸附灰尘、烟味、汗渍等，可用吸尘器配合人工喷专用清洁剂进行清洁。通常先用吸尘器吸尘，再用中性清洁剂着重清洁污垢，然后再全面清洁。车内顶棚全部清洁干净后，应用另一块干净的绒布顺着车顶绒布的纹理方向抹平，使其恢复原来的装饰效果。

汽车顶棚内的填充物是隔热吸声材料，吸水性较强，因此，清洁顶棚时，抹布应尽量干一些，否则湿抹布浸透车顶材料后很难干燥。

2）车窗玻璃内侧的清洁

汽车长时间使用后，车窗玻璃内侧会蒙上一层雾状污垢，影响能见度。若人经常在车内吸烟，这种情况会更严重。清洗时，将玻璃清洗剂喷在毛巾上，然后用毛巾从上往下或从左到右直线擦洗玻璃，最后用干毛巾擦干。擦拭后风窗玻璃内侧时，应沿着玻璃上除雾热线的方向左右擦拭，不能上下擦拭，以免擦断除雾热线。

3）驾驶室的清洁

（1）仪表板的清洁

仪表板多为塑胶、皮革制品，存在大量细条沟纹，极易藏污纳垢。清洁时，先用吸尘器除尘，再喷清洁剂，然后用毛巾擦拭。对于难清除的污渍，可用软毛刷刷洗。仪表板清洗干净后，应喷涂一层表板蜡，然后再用干净的无纺布涂抹均匀，使仪表板表面光亮，且不容易吸附灰尘。

仪表控制台、空调出风口等边角多、格栅多，直接用毛巾难以清洁干净，可用带刷子的吸尘器一边刷一边吸尘，然后再用蒸汽清洗机清洁，或者直接用吸尘蒸汽清洗一体机来一步到位清洁。

(2) 方向盘、换挡杆、驻车制动器手柄等部位的清洁

方向盘、换挡杆、驻车制动器手柄等部位是驾驶员经常用手触摸的地方，很容易粘上人体的油脂和汗渍。它们的外表材料有塑胶、人造革、皮革等，可用中性的多功能清洁剂清洗。将清洁剂喷在毛巾上，再用毛巾擦拭方向盘、换挡杆等部位，然后用干净的湿毛巾擦拭一遍，最后涂抹表板蜡，完成清洁护理。

(3) 踏板的清洁

踏板包括制动踏板、加速踏板和离合器踏板。其中，制动踏板的清洁，对行车安全尤为重要。当制动踏板表面胶垫凹槽内塞满砂石、泥土，下雨天踩它刹车时，很容易打滑，不利于安全行车。

清洁踏板时，应先用硬刷子刷掉踏板胶槽内附着的泥沙，再用蘸有清洁剂的毛巾擦洗，最后用干净的湿毛巾擦洗一遍即可。

4) 座椅的清洁

座椅的使用频率很高，通常会粘有人体汗渍、油脂、毛发等，是汽车内部清洁的重点。座椅外部装饰常用的材料有绒布、皮革等，可用多功能泡沫清洗剂来清洁。对于皮革座椅，清洁干净后，应涂抹皮革上光蜡或表板蜡，使皮椅恢复光泽，且防尘、防老化。

5) 安全带的清洁

安全带是发生危险时保护乘客安全的部件，不能用染色剂或漂白剂清洗，以免影响安全带的使用强度。清洁安全带时，应使用中性清洗剂，先将清洗剂喷在毛巾上，再用该毛巾擦拭安全带即可。

6) 车门部位的清洁

车门部位材质一般为绒布、皮革等，可用多功能泡沫清洁剂来清洁，或用蒸汽清洗机清洁。对于车门锁、铰链部位，若有锈渍，可先用除锈剂清洁，再用清洁剂清除污垢，最后涂抹润滑油脂，确保它们活动良好。此外，还应检查车门内侧底部的排水孔是否通畅，以免积水、生锈。

7) 地毯脚垫的清洁

地毯脚垫一般从车内取出后再清洁。先敲击地毯脚垫，掸掉它们藏匿的砂石、碎屑，再用空气清洁枪吹掉灰尘，然后用高压水枪冲洗，如图6-9所示，最后用毛巾擦干或在太阳下晒干。

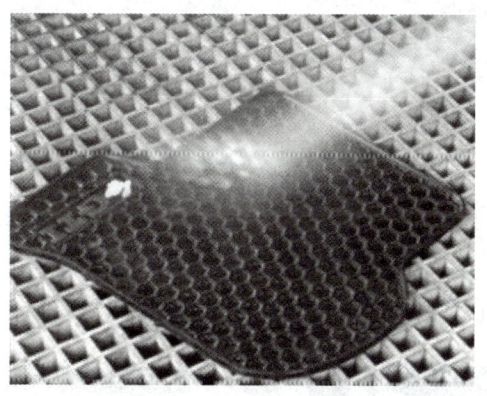

图6-9　冲洗汽车脚垫

8) 行李箱的清洁

行李箱是车辆中用来放置大件物品以及备用轮胎、随车工具的地方，通常有油污、泥沙、碎屑等垃圾，清理不方便，且不能用水直接冲洗。清洁行李箱时，先将里面存放的物品取出，再清理行李箱中的碎屑垃圾，然后用吸尘器吸尘，最后再根据材质进行清洁。行李箱中常见的铺设材料有胶垫、丝绒地毯等。对于铺设胶垫的行李箱，可用毛巾蘸取清洁液擦洗胶垫；对于铺设丝绒的行李箱，可用蒸汽清洗机清洁。

## 三、任务实践操作——清洁护理汽车内部

操作工人清洁吴女士汽车内部的具体步骤如下。

① 先将汽车内部的杂物和脚垫取出,再用吸尘器对汽车内部进行全面吸尘。

② 用胶条和报纸遮挡中控台和车门上的电子设备,如图6-10所示,以免电子设备进水而发生短路。

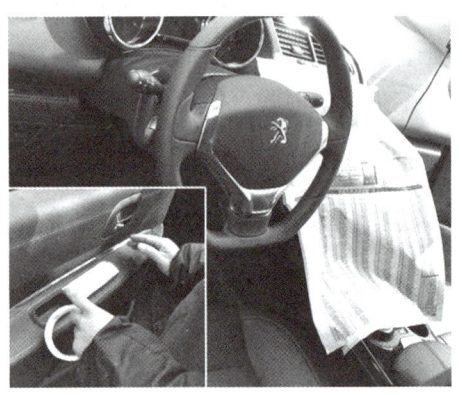

图6-10 遮挡电子设备

③ 清洁车内顶棚。用多功能泡沫清洁剂均匀地喷洒顶棚的一小块面积,如图6-11(a)所示,1 min后,在泡沫变干之前,用干净的湿毛巾擦掉泡沫即可,如图6-11(b)所示。

 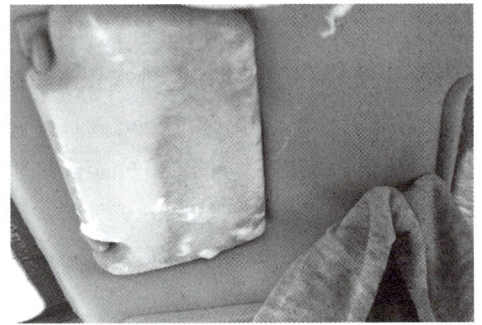

(a)顶棚喷清洁剂　　　　　　　　　　(b)湿毛巾擦掉泡沫

图6-11 清洁车内顶棚

④ 清洁中控台。将多功能泡沫清洁剂喷洒在仪表板上,如图6-12(a)所示,对于难清洗的污渍,可用软毛刷刷洗,如图6-12(b)所示。清洁空调出风口时,先将泡沫清洁剂喷在软毛刷上,再用软毛刷刷洗,如图6-12(c)所示,最后用湿毛巾擦干净即可,如图6-12(d)。

 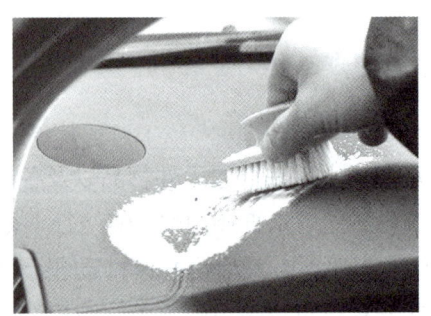

(a)仪表板喷清洁剂　　　　　　　　　　(b)刷洗仪表板

项目六　汽车内部的美容与装饰

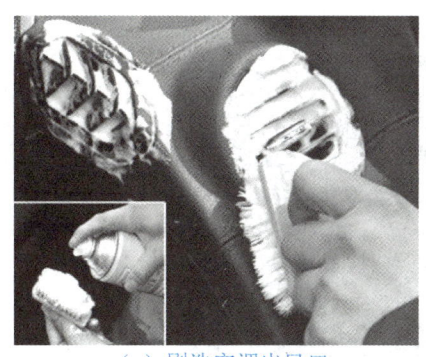

（c）刷洗空调出风口

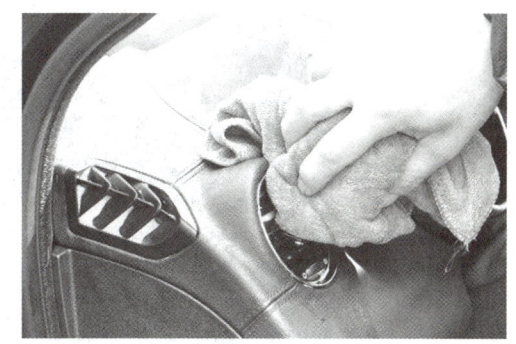

（d）擦净空调出风口

图 6-12　清洁中控台

⑤ 清洁护理座椅。先将多功能泡沫清洁剂喷洒在座椅上，再用软毛刷轻轻刷洗，如图 6-13 所示，以免损伤皮革，然后用湿毛巾擦拭干净。将表板蜡喷在无纺布上，用该布均匀擦拭座椅，如图 6-14 所示。

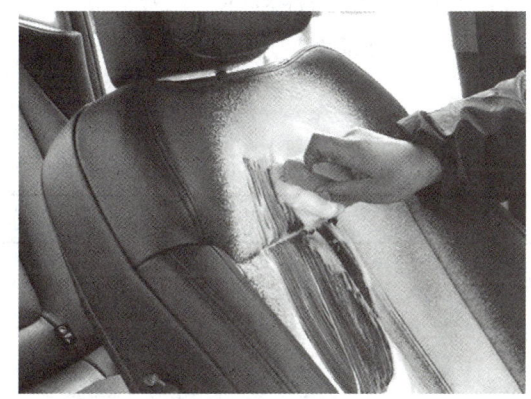

图 6-13　刷洗座椅

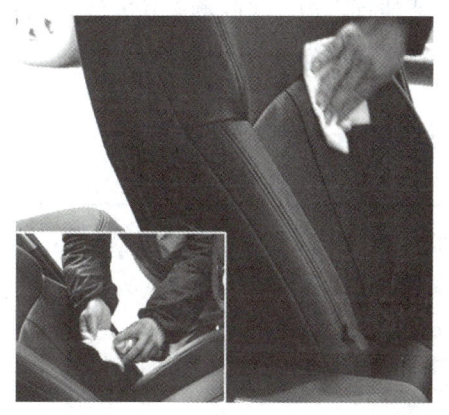

图 6-14　护理座椅

⑥ 清洁汽车玻璃内侧和车门。先将玻璃清洗剂喷在毛巾上，再用毛巾擦洗玻璃，然后用湿毛巾擦干净。将多功能泡沫清洁剂喷洒在车门处，如图 6-15 所示，不能喷洒到电控开关上，1 min 后，用湿毛巾擦干净即可。

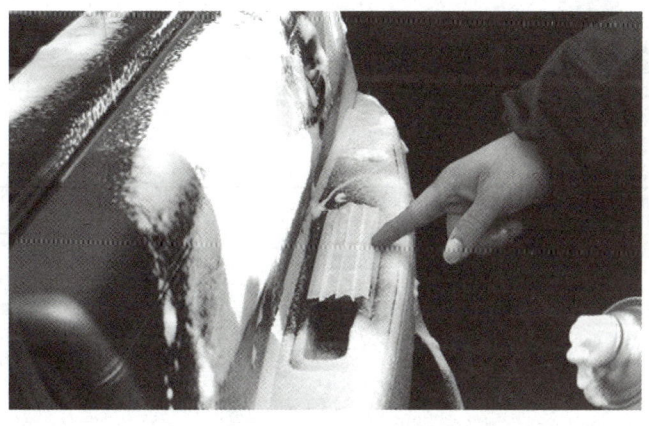

图 6-15　清洁车门

⑦ 清洁地板。脚垫在车外用水冲洗干净。汽车内部地板先喷清洁剂，然后再刷洗，如图 6-16 所示，最后用湿毛巾擦干净。

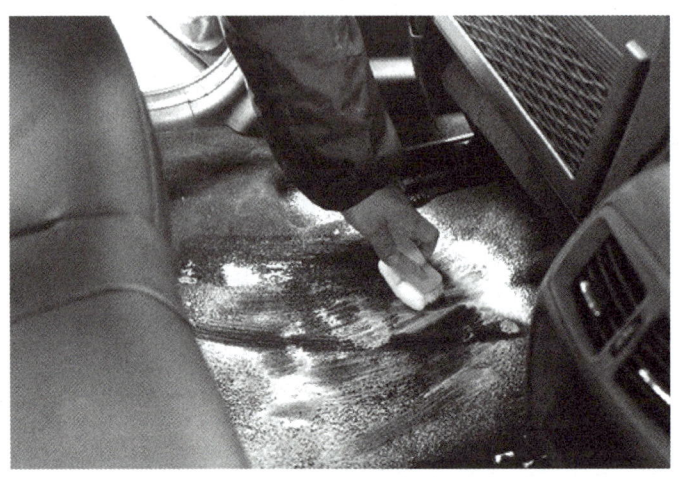

图 6-16　清洁车内地板

⑧ 清洁行李箱。先喷洒多功能泡沫清洁剂，再刷洗，然后湿毛巾擦净即可。

⑨ 将洗净的脚垫放回原位置，其他杂物放回车内，则汽车内部清洗护理完成。

## 四、任务工单

| 任务名称 | 清洁护理汽车内部 | 姓名 | | 日期 | | 年　月　日 |
|---|---|---|---|---|---|---|
| 汽车内部清洁护理的操作流程 | | | | | | |
| 汽车内部清洁护理的操作要点 | | | | | | |
| 操作中出现的问题及其原因和解决方法 | | | | | | |
| 技能掌握程度 | 非常熟练□　　比较熟练□　　一般熟练□　　不熟练□ ||||||
| 教师评语：<br><br><br><br><br>　　　　　　　　　　　　　　　　　　　　　　　任务实践成绩_____分<br>　　　　　　　　　　　　　　　　　　　　　　　日期：　　　年　月　日 ||||||||

# 项目六 汽车内部的美容与装饰

## 知识拓展——车内空气净化

汽车在使用过程中，车门开关、人员进出、食物残渣等会引起汽车内部空间滋生螨虫、细菌，还会产生刺激性气味。此外，一些劣质车内装饰物散发出甲醛、苯等有毒挥发气体。这些刺激性气味和有毒气体一般不容易排除，它们不仅会使车内人员感觉不舒服，还会增大患呼吸道疾病几率，危害身体健康。

### 1. 车内空气污染物的种类

#### 1）化学污染

车内的化学污染有苯、甲醛、碳氢化合物、一氧化碳、二氧化硫、氮氧化物等，它们主要来源于车内装饰材料、汽车尾气、车外污染等。

- **车内装饰材料**：汽车内部部件的塑料和橡胶部件以及装饰材料，一般都含有有机溶剂、助剂、添加剂等挥发性成分，在汽车使用过程中会释放出有害气体，造成车内空气污染。它们所产生的污染物主要有苯、甲醛、碳氢化合物、卤代烃等。

- **汽车尾气**：汽车排放的尾气进入车内环境，它含有上千种化学污染物，主要有碳氢化合物、一氧化碳、氮氧化物、微生物、苯、芳香烃等。车速越慢，尾气排放量越多。大城市中 90%的一氧化碳来自汽车尾气，它会危害人的呼吸系统和循环系统。

- **车外污染**：外界环境的污染物进入车内环境，造成车内空气污染。当车辆处于行驶状态时，道路上的其他车辆排出的尾气是车内空气的主要污染物。

**读一读**

长时间不清洗的空调蒸发器，其内部会附着大量污垢，会产生胺、烟碱、细菌等有害物质，导致车内空气质量变差，甚至缺氧，因此，应定期清洗空调蒸发器。

#### 2）生物污染

生物污染主要是微生物，包括各种致病菌。它们主要来源于患有呼吸道疾病的病人、动物，以及车内环境中滋生的尘螨、细菌等，容易使车内人员生病。

### 2. 车内空气污染的净化措施

#### 1）臭氧消毒

臭氧是一种高效、快速杀菌剂，能杀死车内多种病毒、病菌和微生物，通过氧化反应还可除去车内的有毒气体。臭氧杀菌消毒后不会残留有害物质，不会对汽车造成二次污染，缺点是价格较高。

汽车臭氧消毒机是一种利用臭氧发生器制取臭氧的机器，如图 6-17 所示。臭氧消毒机可在短时间内制造出大量的臭氧，迅速破坏病毒、病菌和微生物的结构，使它们失去生存能力。臭氧的杀菌作用非常快，当臭氧达到一定浓度后，可瞬间杀死病毒、病菌和微生物。

图 6-17 臭氧消毒机净化车内空气

2）光触媒消毒

利用光触媒净化车内空气时，需用喷枪将光触媒涂料均匀地喷在车内，当光触媒涂料被阳光或光线照射时，会产生正、负电子，正电子与空气中的水分子结合成氢氧自由基，负电子与空气中的氧结合成活性氧，两者均具有很强的杀菌消毒能力，可将车内的甲醛、氨、苯等有害物质分解为稳定的无害物质，同时还能清除车内的浮游细菌，起到杀菌消毒、净化空气的作用。

3）车载氧吧

车载氧吧是一种适合在汽车中使用的氧吧，如图 6-18 所示，它通过产生和释放臭氧和负氧离子来消除车内空气异味、杀死细菌，实现空气净化。车载氧吧构造简易，功能单一，输出功率有限，空气循环过滤不完全，净化效果不明显。

4）车载空气净化器

车载空气净化器是通过等离子、负离子、光触媒或多重滤网等技术实现车内空气净化，如图 6-19 所示。其中，滤网型空气净化器能循环过滤车内空气，吸附车内弥漫的烟尘、病菌、PM2.5 细微颗粒以及各种有害气体，彻底、有效地清除车内甲醛、苯等有害气体和空气污染物，净化空气。

图 6-18 车载氧吧

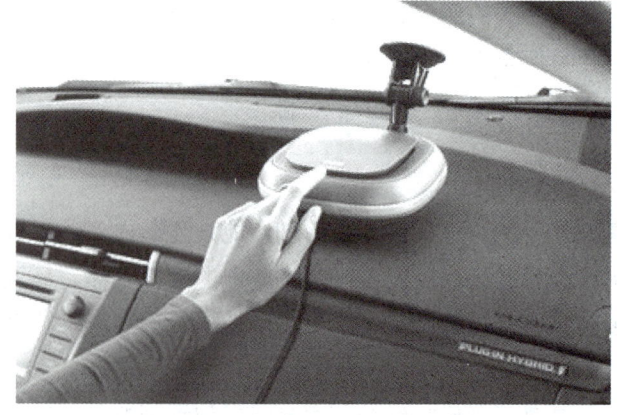
图 6-19 车载空气净化器

# 项目六 汽车内部的美容与装饰

## 任务二　汽车内部部件装饰

### 一、工作任务

任务单号：_____

| 工作任务 | 装饰汽车座椅 | | 日期 | | 年　月　日 |
|---|---|---|---|---|---|
| 车型/车牌号 | | | 生产厂家 | | 公司 |
| 任务描述：<br>徐先生的车买了半年，他想让自己的车看起来更高档、大气，趁着国庆高速免费，他开车到郑州的一家汽车美容店，打算给座椅换真皮皮套。 | | | | | |
| 操作要求 | 施工材料与施工设备 | 真皮、卷尺、缝纫机、螺丝刀、裁刀 | 是否满足 | □是　□否 | |
| | 场地要求 | 宽敞的场地，良好的照明 | 是否满足 | □是　□否 | |
| | 环境要求 | 环境温度15～25℃ | 是否满足 | □是　□否 | |
| | 备注 | | | | |
| 出单人签字：<br>　　　　年　　月　　日 | | | 接单人签字：<br>　　　　年　　月　　日 | | |
| 车间负责人签字：<br>　　　　　　　　　　　　　　　　　　　　　　　　日期：　　年　　月　　日 | | | | | |

### 二、相关知识

汽车内部部件的装饰主要有顶棚内衬装饰、座椅装饰、地板装饰等，通过更换材料、面料以及加装外表面等方法来改变车内部件的外观，展现车主的个性。

**1. 汽车顶棚内衬装饰**

车内顶棚内衬随着使用时间的增加会逐渐变色、褪色，或染上难以清除的污渍，或色泽、面料过时，需更换新的顶棚内衬,提升汽车形象。

1) 汽车顶棚内衬的分类

汽车顶棚的结构有成形型、吊装型和粘贴型三种,因而顶棚内衬也可分为相应的三种类型。其中,成形型顶棚内衬称为硬顶,吊装型顶棚内衬和粘贴型顶棚内衬称为软顶。

(1) 成形型顶棚内衬

成形型顶棚内衬一般由基材、填充材料和表皮材层叠一体成形而成,如图 6-20 所示。

- 基材:常用的材料有聚氯乙烯泡沫板、特殊瓦楞纸以及浸树脂的玻璃纤维或再生棉等。
- 填充材料:一般选用聚氨酯或聚烯烃树脂泡沫塑料。
- 表皮材:主要是聚氯乙烯(PVC)片材,也有纺织品材料。

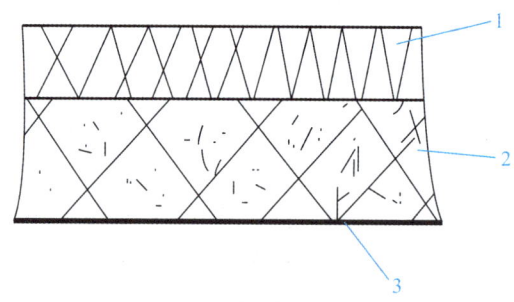

图 6-20 成形型顶棚内衬结构

1—基材;2—填充材料;3—表皮材

(2) 吊装型顶棚内衬

吊装型顶棚内衬是用铁丝网吊起来的一种结构,如图 6-21 所示,它的表皮材料主要有 PVC 片材、PVC 人造革、纺织品等。

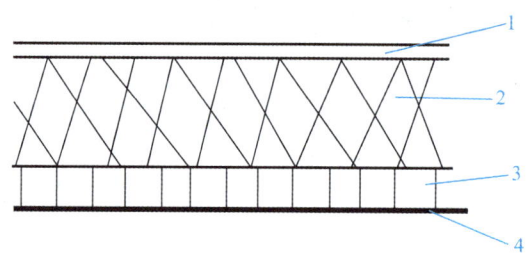

图 6-21 吊装型顶棚内衬结构

1—汽车顶盖板;2—隔热隔声层;3—铁丝网;4—内衬表材

(3) 粘贴型顶棚内衬

粘贴型顶棚内衬是将填充材料和表层材料压成型之后直接粘贴在顶棚上。其中,填充材料主要有聚氨酯发泡体、PVC 发泡体等,表层材料主要有 PVC 片材和纺织物等。

成形型顶棚内衬主要起装饰作用,只承受自重,不承受其他载荷,具有质量轻、导热系数低等优点,主要用于轿车和小型汽车。

吊装型顶棚内衬和粘贴型顶棚内衬具有质量轻、成本低等优点,但装饰效果较差、手工安装量大,主要用于大中型客车和旅行车。

2）汽车顶棚内衬的装饰原则

汽车顶棚内衬装饰应遵循以下三个基本原则。

① 统一装饰风格。改装或装饰汽车顶棚内衬时，应使车内外风格统一，尽量保持原车风格，不破坏原车的整体协调感。

② 装饰应与原车相兼容。车型不同，其顶棚内饰件安装方法也会有差异，因此，需针对性地选择内饰件，使它与原车匹配。

③ 确保装饰施工质量。顶棚内衬的施工质量与车内人员的安全密切相关，因此，应控制和管理施工过程，确保安装质量。

3）汽车顶棚内衬的装饰方法

（1）更换新顶棚内衬

新款抛压式顶棚内衬的更换步骤如下。

① 选择合适的新顶棚内衬。

② 拆卸顶灯。

③ 移除顶棚内衬周围边饰件，移除定位件，顶棚内衬自动脱落。拆卸后效果如图 6-22 所示。

④ 安装新顶棚内衬，如图 6-23 所示。

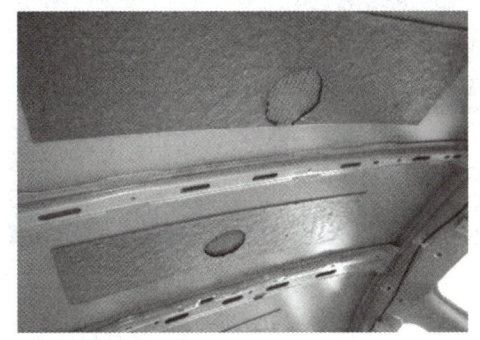

图 6-22　顶棚内衬拆卸效果

图 6-23　安装新顶棚内衬

⑤ 连接顶灯，安装边饰件。

（2）车顶棚内衬翻新

① 按顺序拆卸遮阳板、车顶灯、密封条、卡板、顶棚内衬、拱型架等。

② 先将顶棚内衬的表层绒布扯掉，如图 6-24（a）所示，再清理顶棚内衬老化的海绵，如图 6-24（b）所示。

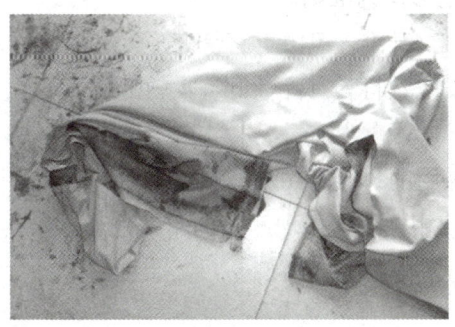

（a）扯掉的表层绒布

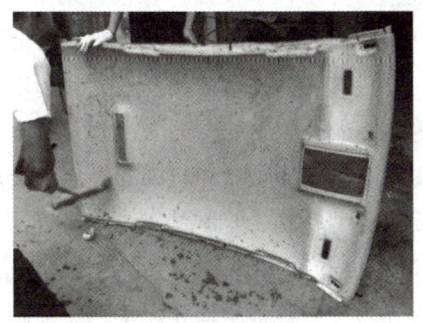

（b）清理老化海绵

图 6-24　清理顶棚内衬

③ 将胶均匀涂在待粘贴的新绒布上,然后晾干,如图 6-25 所示。

④ 将绒布粘贴在顶棚架上,如图 6-26 所示,粘贴时需细心,不能留有气泡。

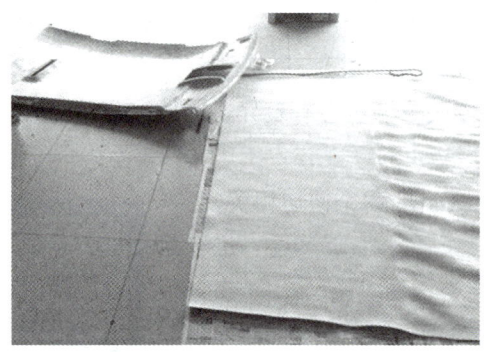
图 6-25　绒布涂胶

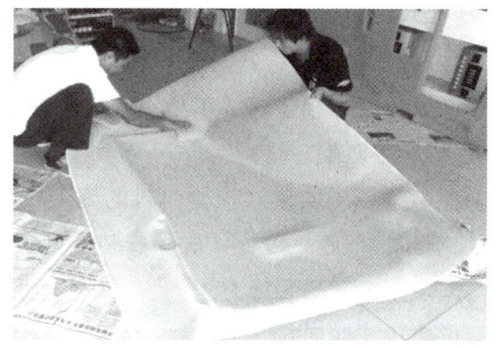
图 6-26　绒布粘贴到顶棚架上

⑤ 已粘贴好绒布的顶棚内衬如图 6-27 所示,然后安装顶棚内衬,最终效果如图 6-28 所示,再将已清洗干净的拆卸部件装回原位置,最后进行清洗护理,则车顶棚内衬翻新完成。

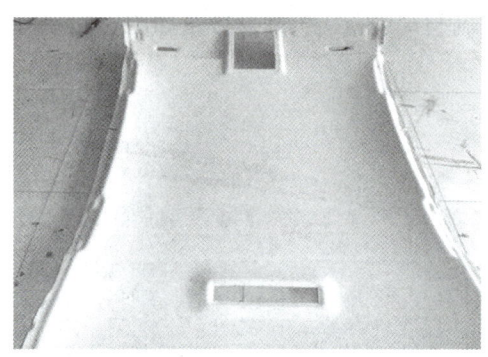
图 6-27　翻新的顶棚内衬

图 6-28　翻新顶棚内衬安装效果

### 2. 汽车座椅装饰

#### 1)座椅的结构

汽车座椅的结构与汽车的车型和用途是密切相关的。

（1）轿车座椅的典型结构

轿车座椅的典型结构为复合型结构,由骨架、填充层、表皮层三部分组成。

- **骨架**:一般用金属材料制作。它的主体为金属焊接结构,起定型和支撑作用;靠背和坐垫形体一般根据人体工程学设计,以乘客乘坐时的舒适形体为准则。
- **填充层**:提高乘坐舒适感,以前常用棉花等植物纤维,但由于它易变形,造型不佳,且对人体躯干支撑较差,现已逐渐被发泡塑料所取代。发泡塑料具有弹性好、柔软舒适、不易变形、造型美观等优点。
- **表皮层**:是座椅质量和装饰的亮点。表皮层常用的材料有纺织布料、人造革、真皮等。表皮层制作要求裁剪精确、缝制精细,与填充层形状应相贴服,展现座椅的精美外形。

（2）客车座椅的结构

客车座椅分为一般客车座椅和豪华客车座椅。

- **一般客车座椅**:结构简单,满足基本的乘坐要求,造型和舒适性方面考虑较少。目前,市场上的一般客车座椅主要是塑料座椅,通过固定在座椅支撑架上而构成单人椅或多人椅。

- 豪华客车座椅：造型和舒适性方面考虑较多，同时也增加了一些功能。例如，座椅方向和靠背角度可调节，使乘客乘坐时更加舒服。豪华客车座椅的质量一般介于一般客车座椅和轿车座椅之间。

2）汽车座椅的分类

按使用功能不同，轿车座椅可分为驾驶员座椅、乘客座椅和儿童座椅三种。

（1）驾驶员座椅

驾驶员座椅安装在驾驶员座位处。驾驶员开车时需注视前方并集中注意力，灵活处理各种交通状况，因此，驾驶员座椅应具有良好的舒适性和方位可调性。为了方便驾驶员操作和开阔驾驶员视野，驾驶员座椅一般可进行六向调节，个别可进行八向调节。

（2）乘客座椅

乘客座椅一般要求舒适性，方位调整方面没有过多要求。轿车的副驾驶座椅一般是可调的，后排座椅没有调节功能。现在，市场上很多轿车的后排座椅可以放平，以此来增加行李箱容积。

（3）儿童座椅

儿童座椅是指仅供儿童乘坐，发生车祸时，能束缚儿童并保障儿童安全的座椅，一般安装在轿车后座上。10岁以下儿童应使用面向后的保护头部、颈部、脊椎的儿童座椅，如图6-29所示。

图6-29 儿童座椅

3）座椅的装饰

座椅的装饰主要集中在表皮层，通过选用表皮层材料和加工制作表皮层来装饰座椅，其中，真皮装饰是轿车座椅最豪华的装饰。此外，还可通过添加坐垫、靠垫等来装饰座椅。

（1）真皮装饰

真皮装饰座椅不仅可提高汽车内部的装饰档次，还更易清洁，更舒适。使用真皮装饰时，需注意防止尖锐物划伤真皮表面，防止真皮受热老化，还应及时护理，保持光泽度，同时避免开裂。

真皮装饰座椅一般有两种方法。一种是传统方式装饰座椅，即先拆除原座椅的绒布或化纤织品表皮层，再将一层真皮缝在座椅表面作为表皮层；另一种是座套式装饰，即选购装饰厂家已经做好的皮座椅套，将它套在座椅上即可。第一种方法可保持原设计线条，长时间使用不会变形、移位；第二种方法拆装方便，价格便宜，但长时间使用后易发生变形和移位。

> **读一读**
>
> 真皮座椅和人造革座椅的鉴别方法如下。
> ① 按压法鉴别。用食指按压座椅表面，若有许多细微条纹向手指按压圆心伸展，则是真皮座椅；若无此现象，则为人造革座椅。
> ② 延展性法鉴别。定做装饰时，找一块制作时裁下的边角料，将它拉伸，若延展性和回弹性较好，则为人造革；若延展性和回弹性较差，则为真皮。
> ③ 燃烧鉴别。燃烧边角料，不易燃烧的是真皮，容易燃烧的是人造革。
> ④ 断面形状鉴别。真皮的表层结构紧密，毛孔可见；内层较粗糙，一些纤维状层纹可见，纤维不易拉出。人造革的表层光滑细密，无毛孔；内层粗糙，断面整齐，纤维比真皮粗、长。

（2）坐垫装饰

按使用季节不同，汽车坐垫可分为夏季用坐垫和冬季用坐垫。

夏季用坐垫一般常用竹藤、冰丝、玉石、蔺草等编织而成，它们有的装饰性强，有的耐用，有的舒适，人们可根据个人需求和购买能力来选用适合自己的坐垫。

按材质不同，冬季用坐垫可分为普通绒垫、人造毛坐垫和高档羊毛坐垫。

- 普通绒垫：价格低廉，档次较低，容易掉毛，容易与毛衣产生静电。
- 人造毛坐垫：价格适中，适合普通家庭轿车使用。
- 高档羊毛坐垫：又分为平绒、高低绒和长毛绒三种，如图 6-30 所示。其中，平绒坐垫手感好，图案和花色较多，适合中高档家庭轿车使用；高低绒坐垫的中间是平绒，两边是长毛绒，比平绒坐垫华贵，适合车内空间较小、又追求豪华体面的车主使用；长毛绒坐垫最为豪华、庄重，犹如裘皮大衣。

（a）平绒坐垫

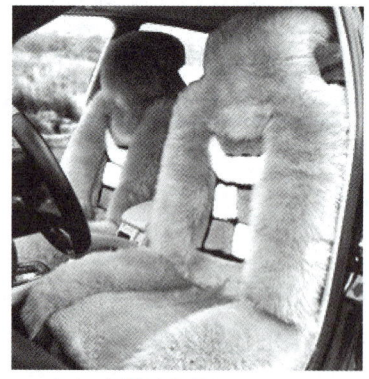
（b）高低绒坐垫

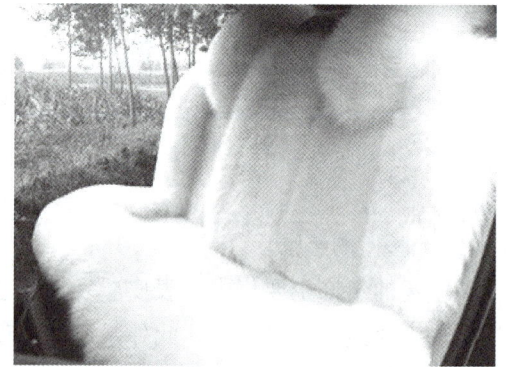
（c）长毛绒坐垫

图 6-30 高档羊毛坐垫

（3）靠垫装饰

使用目的不同，选用的靠垫也不同。例如，夏天气候炎热，没有空调的汽车会选用一些凉爽的坐垫和靠垫；腰不好的人，会在汽车座椅上放一个具有磁疗和护腰效果的护腰靠垫。

### 3. 汽车地板装饰

汽车地板位于底盘上部，支撑车内设施和人，应具有可靠的安全性，同时还应具有保温、隔热、防潮、降噪等功能。地板是车厢的基础部分，它的美观会影响整个车内的装饰效果，一般会采用地毯、脚垫来进行装饰。

#### 1) 汽车地毯

生产厂家和零配件市场提供的地毯都是已经成形的地毯，它的背面一般都会自带衬垫，且地毯的形状与汽车地板形状相匹配。对于不带衬垫的地毯，需另外制作衬垫，然后再将它粘贴到地板上。

以更换不带衬垫的地毯为例，来说明地毯的铺设过程，具体步骤如下。

（1）拆除旧地毯

拆除旧地毯时，一般只需从车门框上拆下防磨板，再拉出地毯就行了。有的车辆需拆下座椅、安全带，松开脚踏板后，才能拆下地毯。

（2）加衬垫

地板衬垫主要有黄麻纤维毡、泡沫、再生材料这三种材料制作的产品。其中黄麻板隔离性能好，但价格高；泡沫塑料板弯曲性好，且不会出现折痕；再生材料板是环保型产品。

用泡沫塑料板制作衬垫时，应先测量地板的横向和纵向尺寸，再按每个方向增加20%余量进行裁剪，铺平已裁好的泡沫板，剪去多余的材料，然后在泡沫背面和地板上喷胶，最后将泡沫粘贴在地板上。另一侧也用同样的方法进行粘贴。

用黄麻板和再生材料制作地板衬垫时，需分成多片来制作。一片用在曲面的凸起部位，两片用在两侧的地板上。当地板表面不平且有较大的深坑时，每一个深坑需单独进行处理。

当衬垫平整地与地板贴牢后，就可以进行地毯的测量、裁剪、调整和缝纫工作了。

（3）地毯的调整和安装

从变速器的隆起部分开始，分别向驾驶员一侧和乘客一侧进行地毯的裁剪、调整和安装工作，具体步骤如下。

① 测量变速器隆起处的面积。纵向尺寸从驾驶室前隔板量至后面座椅的底部；横向尺寸从一侧量至另一侧，并在测量结果上加上152 mm。

② 测量驾驶员侧和乘客侧的地板面积。

③ 按测量尺寸从地毯卷上剪下三块面料。

④ 将地毯铺在相应位置，为需要穿过地毯的部件剪出相应的开口。

⑤ 在地毯的切口边缘缝制一条镶边，以免地毯脱线。

⑥ 安放并粘牢变速器处的地毯。

⑦ 安放并粘牢乘客侧地毯。

⑧ 安放并粘牢驾驶员侧地毯。

地毯铺设效果如图6-31所示。

(a) 真皮地毯　　　　　　　　　　　　　(b) 绒毛地毯

图 6-31　地毯铺设效果图

2）汽车脚垫

中高档轿车上一般都会铺设地毯，当地毯上有污垢或脏物时，很难清理，因此，通常会在地毯上铺放防水、易擦洗的脚垫。

汽车脚垫分为手工脚垫和成型脚垫两种。其中，手工脚垫能有效防止灰尘和脏物渗入地毯，但防水性较差；成型脚垫是一次性压制而成，中间无缝隙，防漏性好，且价格低廉，但不太适合不平或凹凸较大的地板。

## 三、任务实践操作——装饰汽车座椅

操作工人先让徐先生挑选真皮座椅套款式和材料，然后按以下步骤更换座椅套。

① 将车上的五个座椅全部拆除。

② 将座椅原来的织物套扯掉，如图 6-32 所示。

③ 测量座椅尺寸，按尺寸裁剪真皮，然后缝制真皮座椅套，如图 6-33 所示。

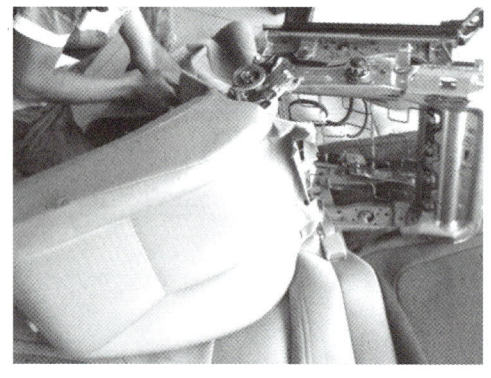 

图 6-32　扯掉原座椅套　　　　　　　　图 6-33　缝制真皮座椅套

④ 将真皮座椅套给座椅套上，如图 6-34 所示。

⑤ 将座椅装回汽车上，如图 6-35 所示。

⑥ 将五个座椅全部装回，则座椅装饰完成，最终效果如图 6-36 所示。

# 项目六　汽车内部的美容与装饰

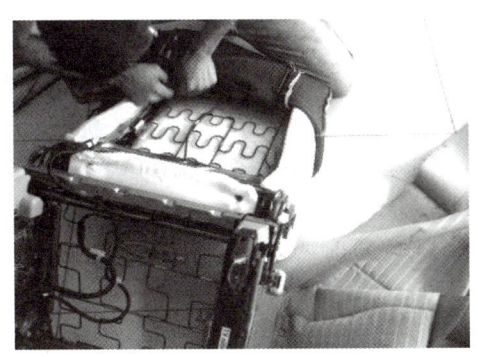
图 6-34　套真皮座椅套

图 6-35　安装座椅

图 6-36　座椅装饰效果

## 四、任务工单

| 任务名称 | 装饰汽车座椅 | 姓名 | | 日期 | 年　　月　　日 |
|---|---|---|---|---|---|
| 汽车座椅的装饰流程 | | | | | |
| 汽车座椅的装饰要点 | | | | | |
| 操作中出现的问题及其原因和解决方法 | | | | | |
| 技能掌握程度 | 非常熟练□　　比较熟练□　　一般熟练□　　不熟练□ | | | | |
| 教师评语： | | | | | |

任务实践成绩_____分

日期：　　年　　月　　日

# 任务三　汽车隔声装饰

## 一、工作任务

任务单号：_____

| 工作任务 | 汽车隔声改装 | | 日期 | 年　　月　　日 | |
|---|---|---|---|---|---|
| 车型/车牌号 | | | 生产厂家 | 公司 | |
| 任务描述：<br>任先生的车买了已经四年，最近发现车的隔声效果越来越差，在车内可清晰听到发动机声、雨滴声、砂石击打底盘声等噪声，他打算给车做一下隔声处理。 | | | | | |
| | |  | | | |
| 操作要求 | 施工材料与施工设备 | 柏油清洗剂、毛巾、螺丝刀、止振垫、吸声棉、起扣工具、铲刀、裁纸刀、专用滚筒 | 是否满足 | □是 | □否 |
| | 场地要求 | 宽敞的场地，良好的照明 | 是否满足 | □是 | □否 |
| | 环境要求 | 环境温度15～25℃ | 是否满足 | □是 | □否 |
| | 备注 | | | | |
| 出单人签字：<br>　　　　年　　月　　日 | | | 接单人签字：<br>　　　　年　　月　　日 | | |
| 车间负责人签字：<br>　　　　　　　　　　　　　　　　　　　　　　日期　　年　　月　　日 | | | | | |

## 二、相关知识

无论是新车还是旧车，无论是豪华轿车还是经济型轿车，噪声是汽车诞生后不可避免的问题。噪声会影响人的听觉、视觉、消化系统、心脑血管、免疫系统等，危害车内人员的身体健康，同时还容易使驾驶员疲劳，影响行车安全，因此，对汽车进行隔声装饰是非常有必要的。

### 1. 汽车隔声材料

按降低噪声方法不同，汽车隔声材料可分为止振垫和吸声棉，如图6-37所示。

## 项目六　汽车内部的美容与装饰

- 止振垫：又称隔声垫，一般粘贴在车体产生振动的部位，它通过减弱车体振动来减小噪声。它的作用原理就好比敲锣，敲锣时，锣会发出清脆响亮的声音；当用手按住锣面，再敲锣时，由于手阻碍锣面振动，锣所发出的声音就会变闷且减小，隔声垫的作用就相当于手按住锣面的作用。
- 吸声棉：通过吸收振动产生的部分噪声来减小汽车噪声。

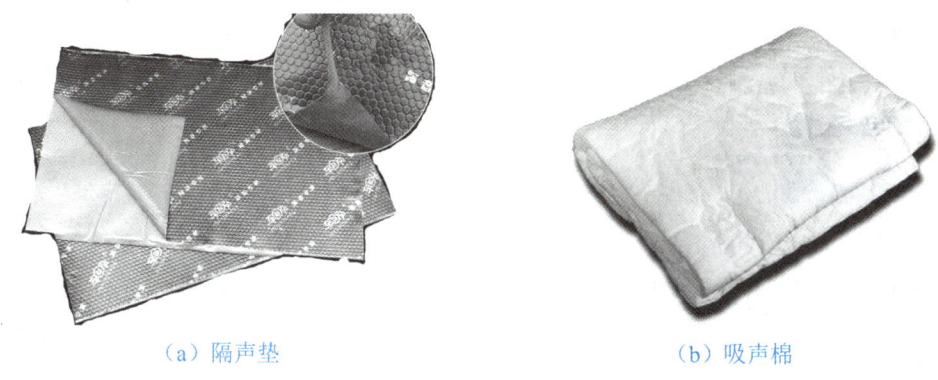

（a）隔声垫　　　　　　　　　　（b）吸声棉

图 6-37　汽车隔声材料

汽车常用的隔声工艺是贴一层隔声垫，再贴一层吸声棉。对隔声要求较高的，会贴两层隔声垫、一层吸声棉。有的店为了偷工减料，只粘贴一层隔声垫，隔声降噪效果较差。

目前市场上也有多功能隔声棉，同时具有止振、吸声、防水、隔热等功能。例如，五合一隔声棉采用五层面料制作，如图 6-38 所示，可同时具有粘贴止振垫和吸声棉两种材料的隔声降噪效果。其中，压花格铝箔具有良好的耐刮、耐用、不易燃烧等特点，可有效解决用于汽车底盘、行李箱时的不耐用问题；双层吸声棉采用丁腈橡胶和环保塑料制成闭孔蜂窝状吸声材料，可有效降低汽车空气中传播的噪声；防振铝片可有效地约束丁基橡胶的黏性，具有一定的隔热性能；丁基胶可有效减弱车体振动，具有良好的止振效果。

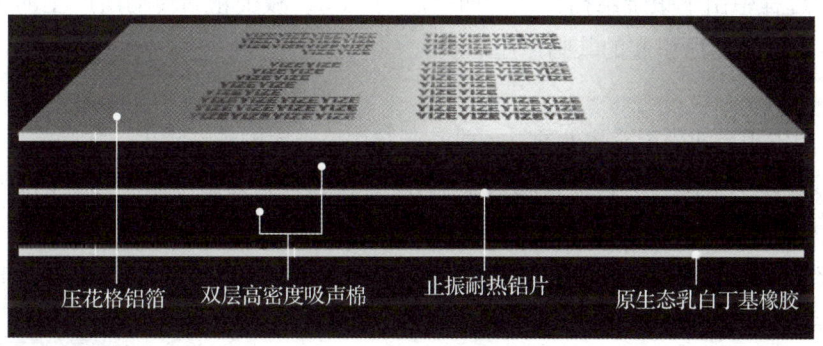

图 6-38　五合一隔声棉

### 读一读

汽车隔声材料应尽可能满足以下要求。
① 材料应轻，因为轻量化是汽车制造领域的发展趋势，轻材料不会使车身自重增加太多。
② 隔声材料应在宽频带范围内具有良好的隔声性能和吸声性能。
③ 隔声材料应有一定强度，安装和使用时不易破损、老化。
④ 隔声材料应不易燃烧，最好能防火阻燃，还应防潮防水、耐腐防蛀。
⑤ 隔声材料应环保，不含石棉、玻璃纤维等有害物质。
⑥ 产品应便于裁剪、粘贴。

## 2. 汽车隔声措施

汽车系统隔声工程需通过减振、降噪、密封三个步骤来完成。

① 车门、行李箱、车地板、发动机盖、车顶等部位容易由于振动而产生噪声，需对它们进行减振处理。其中，车门和行李箱是最主要的减振部位，因为绝大部分的噪声是由于它们的振动而传入车内的。

② 对整车进行吸声、降噪处理，进一步降低车内噪声。

③ 对整车进行必要的密封，障碍车外声音传入车内。例如，车门、车窗等部位应贴密封条。

> **注意**
>
> 对车内进行密封处理时，不能过度密封，因为车体密封的目的是解决由外部传入车内部的噪声，做到车体密封良好，使车内气压保持平衡即可，否则，过度密封可能会造成车内缺氧，危害车内人员的身体健康。

## 3. 汽车隔声方法

### 1）车门

车门的隔声方法是在车门饰板内粘贴止振垫，这样可以降低车辆行驶时车门钣金结构件因较薄而产生的共振，减少车门内饰板和零件的松脱，降低金属疲劳和车身扭动噪声。为了使隔声效果更好，一般会在止振垫上再装一层吸声棉。

### 2）行李箱和车地板

行李箱和车地板应加装具有防潮、耐磨、减振、吸声效果的隔声材料，可缓解中央底盘和行李箱下底盘在汽车高速行驶过程中由于钣金结构件振动而引起的共鸣，减少轮胎转动所产生的路面噪声传递到车内，降低排气声传入行李箱所引起的共鸣声压。

### 3）发动机盖

对于发动机所产生噪声的隔声降噪处理，一般是在发动机盖内侧粘贴防火、耐高温、止振、吸声的隔声材料，吸收发动机运转产生的噪声，减小发动机盖振动，阻隔发动机热量传递，保护车漆表面不受高温损伤。

### 4）发动机挡火墙

在发动机挡火墙部位加装止振垫和吸声棉，如图6-39所示，可有效减少发动机噪声传入车内，有效减小发动机噪声对驾驶员的影响。

（a）安装止振垫

（b）安装吸声棉

图6-39　发动机挡火墙隔声处理

5）车顶

车顶内侧应粘贴隔热、止振、吸声的隔声材料，可有效阻隔太阳暴晒，防止车内温度迅速上升，还能减弱车顶振动，减弱雨滴或其他杂物击打车顶时传入车内的声音。

6）前后轮翼子板

在前后轮翼子板处喷涂吸声涂料，可减少车辆行驶时减振器产生的声音传入车内，减少轮胎与路面以及钣金结构件所产生的声音传入车内，还可在四轮支撑体处安装止振垫来减小噪声，如图 6-40 所示。

图 6-40　车轮支撑体安装止振垫

### 4. 汽车隔声材料安装步骤

在做汽车隔声前，应先检查车况，确保噪声不是由于轮胎气压不正常、轮胎不规则磨损、底盘损坏、发动机异响等车辆本身故障引起的。汽车隔声材料的安装步骤如下。

① 按先外后内的顺序拆除内饰件，露出工作表面。拆下的螺丝、卡扣等放入专用密封袋，并标明拆卸位置。

② 用柏油清洗剂彻底清洗工作表面，清除表面的油污、污垢、水渍、锈渍等。当工作表面附着难清除的附着物时，可先尝试用没有腐蚀性的专用溶剂溶解，再用铲刀拆除。

③ 先将隔声材料放在工作表面上，大致压出模型，再将隔声材料放回工作台，用剪刀或裁纸刀将其分割成工作表面所需的形状和大小。

④ 撕掉隔声材料背面的保护纸，将隔声材料粘贴到工作表面上。当工作表面较大时，一边揭保护纸，一边往工作表面粘贴，然后再用专用滚筒将它压实。当有气泡时，应用裁纸刀将气泡挑破，然后按压，挤出空气，并使隔声材料紧紧贴在工作面上。

⑤ 将内饰件按原样由内至外装回，所有部件必须按原样安装，所有螺丝和卡扣都应拧紧、扣紧，避免产生二次噪声。

> **注意**
>
> ① 拆卸时，需注意拆卸技巧，不能用蛮力，损坏面板和漆层；所有卡扣应使用专用起扣工具来打开。
>
> ② 下料时，应尽量避免拼接过多和重复下料。

③ 不能覆盖底盘线路和空调孔。
④ 在工作表面使用剪刀或裁纸刀切割时，应避免割断线路或划伤工作表面。
⑤ 地板安装隔声材料应在车顶做完隔声之后，以免弄脏或损坏座椅、地毯。
⑥ 由于仪表属于精密仪器，拆后比较难安装复原，所以尽量不要拆仪表。

## 三、任务实践操作——汽车隔声改装

操作工人先检查车况，确定汽车噪声不是由车辆故障引起，再让任先生挑选隔声材料，并确定做隔声改装的部位，然后按以下步骤进行隔声改装。

① 用保护套套住改装部位周边，以防改装过程遭受损伤。

② 拆除车顶内饰件，清洗干净车顶工作表面。裁剪适合车顶形状和大小的止振垫和吸声棉，在车顶上先粘贴止振垫，再安装吸声棉，如图6-41所示，最后将内饰件按原样装回。

汽车隔声改装

（a）车顶安装止振垫

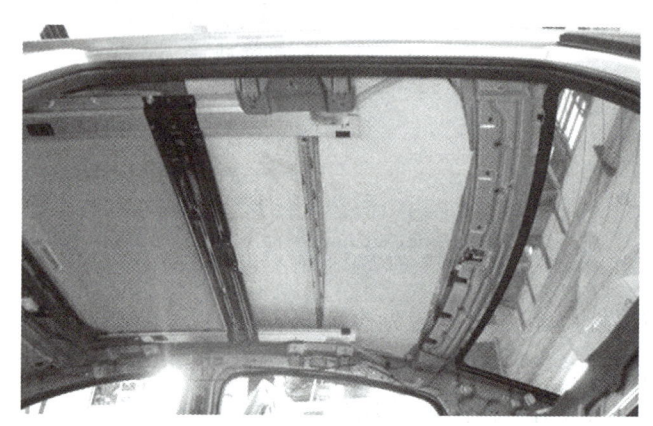
（b）车顶安装吸声棉

图6-41 车顶安装隔声材料

③ 拆除车门内饰件，清洗干净车门工作表面。裁剪适合车门形状和大小的止振垫和吸声棉，在车门上先粘贴止振垫，再安装吸声棉，如图6-42所示，最后将内饰件按原样装回。

（a）已拆除内饰件的车门

（b）车门安装止振垫

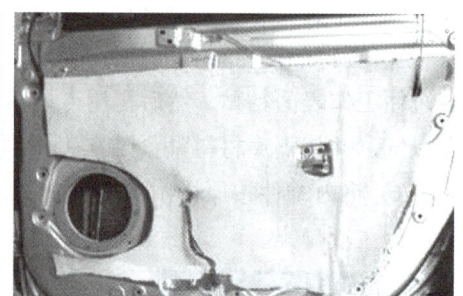
（c）车门安装吸声棉

图6-42 车门安装隔声材料

④ 拆除车地板内饰件，清洗干净车地板工作表面。裁剪适合车地板形状和大小的止振垫和吸声棉，在车地板上先粘贴止振垫，再安装吸声棉，如图6-43所示，最后将内饰件按原样装回。

 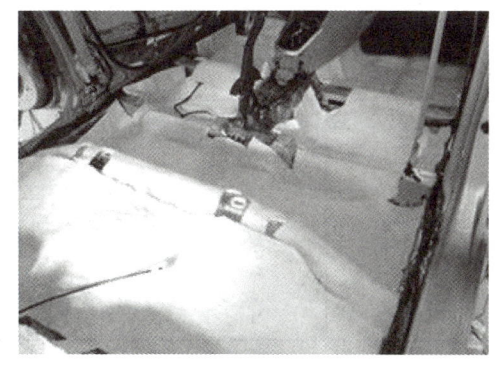

（a）车地板安装止振垫　　　　　　　　　（b）车地板安装吸声棉

图 6-43　车地板安装隔声材料

⑤ 拆除发动机盖内饰件，清洗干净发动机盖工作表面。裁剪适合发动机盖形状和大小的止振垫和吸声棉，在发动机盖上先粘贴止振垫，再安装吸声棉，如图 6-44 所示，最后将内饰件按原样装回。

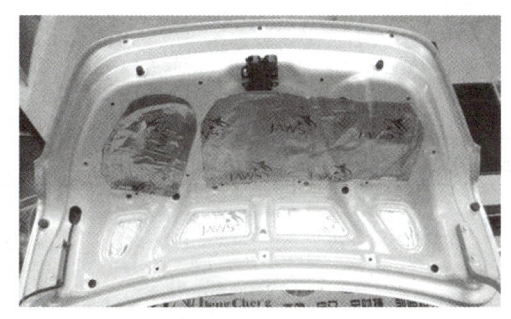 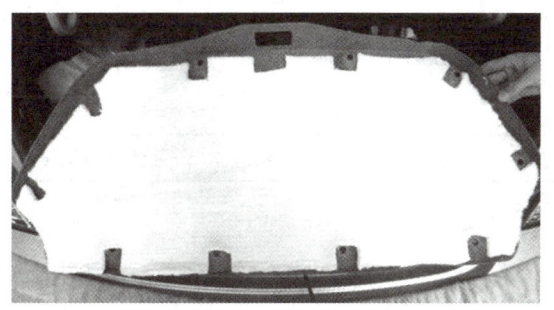

（a）发动机盖安装止振垫　　　　　　　　（b）发动机盖安装吸声棉

图 6-44　发动机盖安装隔声材料

⑥ 拆除行李箱内饰件，清洗干净行李箱工作表面。裁剪适合行李箱形状和大小的止振垫和吸声棉，在行李箱上先粘贴止振垫，再安装吸声棉，如图 6-45 所示，最后将内饰件按原样装回。

 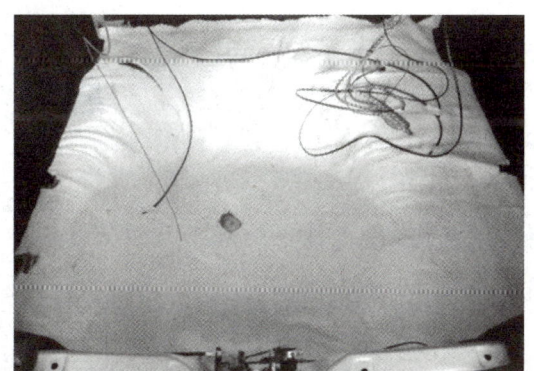

（a）行李箱安装止振垫　　　　　　　　　（b）行李箱安装吸声棉

图 6-45　行李箱安装隔声材料

⑦ 拆除保护套，将各物品放回原位，则汽车隔声改装完成。

## 四、任务工单

| 任务名称 | 汽车隔声改装 | 姓名 | | 日期 | 年 月 日 |
|---|---|---|---|---|---|
| 汽车隔声改装的流程 | | | | | |
| 汽车隔声改装的要点 | | | | | |
| 操作中出现的问题及其原因和解决方法 | | | | | |
| 技能掌握程度 | 非常熟练□ 比较熟练□ 一般熟练□ 不熟练□ | | | | |
| 教师评语： | | | | | |
| | | | | 任务实践成绩_____分 日期：    年   月   日 | |

# 思考与练习

### 一、选择题

1．轿车座椅的典型结构为复合型结构，由（　　　）组成。
 　　A．表皮层　　　　　　B．骨架　　　　　　C．填充层　　　　　　D．钢丝网
2．轿车座椅按使用功能可分为（　　　）。
 　　A．乘客座椅　　　　　B．儿童座椅　　　　C．普通座椅　　　　　D．驾驶员座椅
3．汽车冬季用坐垫按材质可分为（　　　）。
 　　A．高档绒垫　　　　　B．普通绒垫　　　　C．人造毛坐垫　　　　D．高档羊毛坐垫
4．汽车顶棚的结构类型有（　　　）。
 　　A．成形型　　　　　　B．粘贴型　　　　　C．拼装型　　　　　　D．吊装型

5．汽车内部的绒布织品容易积聚污垢，使细菌容易繁殖，可以清除细菌的是（　　）。
　　A．吸尘器　　　　B．蒸汽机　　　　C．脱水机　　　　D．洗车机

二、判断题

1．对舒适性、方位可调性（如高低、前后、左右）要求较高的座椅是驾驶员座椅。（　　）
2．对于真皮来说，表板蜡的清洗上光效果比皮革清洁保护蜡好。（　　）
3．表板蜡适用于仪表台、防护杠等塑胶、皮革制品的清洁翻新。（　　）
4．吊装型顶棚内衬一般由基材、填充材料和表皮材层叠一体成形而成。（　　）
5．汽车座椅的装饰主要集中在表皮层，主要是对表皮层材料的选用和加工制作。（　　）

三、简答题

1．简述汽车粘贴型顶棚内衬的装饰方法。
2．简述真皮座椅和人造革座椅的鉴别方法。
3．简述汽车内部清洁的主要项目。

# 项目七　汽车电子产品装饰

### 项目导读

随着汽车的普及和人们生活水平的提高,人们对汽车内部电子产品装饰要求越来越丰富。目前常用的汽车电子产品装饰有倒车雷达、防盗系统、娱乐导航系统、空调系统等。其中,前两种为安全防护装饰,可预防汽车倒车时碰撞其他物体和被盗,确保汽车和车内人员安全;后两种为娱乐享受装饰,可为车内人员提供愉悦、舒适的环境,尽情地享受驾车和乘车的乐趣。

### 学 习 目 标

1. 了解倒车雷达的原理、组成、发展及性能
2. 掌握倒车雷达的安装工艺
3. 了解汽车防盗系统的种类
4. 熟悉遥控式汽车防盗器的组成、密码、分类及安装
5. 熟悉车载影音设备和车载 GPS 导航系统
6. 熟悉汽车空调系统的功能、分类及基本组成

### 能 力 目 标

1. 会安装倒车雷达
2. 会安装汽车防盗器
3. 会安装汽车娱乐导航系统
4. 会安装汽车空调系统

# 任务一　汽车倒车雷达

## 一、工作任务

任务单号：_____

| 工作任务 | 安装倒车雷达 | 日期 | 年　月　日 |
|---|---|---|---|
| 车型/车牌号 | | 生产厂家 | 公司 |
| 任务描述：<br>熊先生的车买了已半个月，最近经常在外出差，没时间装饰车。现在趁着端午节放假在家，他打算给车装一个倒车雷达，方便倒车。 ||||

| 操作要求 | 施工材料与施工设备 | 倒车雷达、电钻、记号笔、防水胶带、螺丝刀、剥线钳、斜口钳 | 是否满足 | □是　□否 |
|---|---|---|---|---|
| | 场地要求 | 可停放大型车辆的混凝土地坪，良好的照明 | 是否满足 | □是　□否 |
| | 环境要求 | 环境温度 15~25℃ | 是否满足 | □是　□否 |
| | 备注 | | | |

| 出单人签字：<br>　　　　　年___月___日 | 接单人签字：<br>　　　　　年___月___日 |
|---|---|
| 车间负责人签字：<br>　　　　　　　　　　　　　　　　　　　　　　　日期：　年　月　日 ||

## 二、相关知识

汽车保有量的快速增加，使得车辆有效使用空间相对变小，虽然车内外设置了三面后视镜，但还是存在视线盲区，难以满足驾驶员对驾驶安全的需求，因而汽车倒车警示系统应运而生。

## 1. 倒车雷达的原理、组成和发展

倒车雷达全称为倒车防撞雷达，又称停车辅助装置，是停车和倒车时的安全辅助装置，能以示意图和数据显示或声音来告知驾驶员汽车周围障碍物的情况，解除驾驶员停车、倒车、启动车辆时前后、左右探视的烦恼，还能解决驾驶员视野死角以及视线模糊问题，提高行车安全。

### 1）倒车雷达的原理和组成

倒车雷达是根据黑夜里高速飞行的蝙蝠不会与任何障碍物相撞的原理而设计开发出来的，一般由超声波传感器（探头）、电子控制单元（ECU）、显示器或蜂鸣器组成。

- 🚗 **超声波传感器**：是用来发射和接收超声波信号的装置，一般装在后防护杠或前后防护杠上，当它侦测到障碍物时，会产生回波信号，它接收回波信号并传给电子控制单元。
- 🚗 **电子控制单元**：又称行车电脑或主机，它先发射正弦波脉冲给超声波传感器，然后再处理传感器传回的回波信号，将信号换算为距离值，然后再将距离值传给显示器。
- 🚗 **显示器或蜂鸣器**：接收主机传来的距离数据，根据距离远近来显示距离值，或提供不同级别报警声。

### 2）倒车雷达的发展

随着科技的不断发展，倒车雷达已经历了数次更新换代。

#### （1）第一代倒车喇叭提醒

第一代倒车喇叭的显著性标志就是，车辆倒车时喇叭发出的"倒车，请注意！"以此来提醒车辆周围路人小心。当驾驶员挂上倒挡时，倒车喇叭就会发出提醒，它对驾驶员倒车没有实际帮助，不属于真正的倒车雷达，虽然价格便宜，但已属于淘汰产品，现在只有小部分商用车还在使用它。

#### （2）第二代蜂鸣器提示

第二代蜂鸣器是倒车雷达的真正开始产品。倒车时，若车后 1.5～1.8 m 处有障碍物，蜂鸣器就会发出声音。蜂鸣声越急促，表示车辆离障碍物越近。

蜂鸣器虽然能提示驾驶员有障碍物，但无法告知驾驶员车辆距离障碍物的具体数值，对驾驶员的帮助有限。

#### （3）第三代数码波段显示

与第二代相比，第三代数码波段显示改进很大，它可以显示车辆距离车后障碍物的具体数值。对于物体，它开始出现显示的距离是 1.8 m；对于人，它开始出现显示的距离是 0.9 m 左右。

这一代产品有数码显示和波段显示两种显示方式。数码显示产品会显示距离值；波段显示产品会显示绿色、黄色、红色这三种颜色来加以区别。其中，绿色代表安全，表示车辆距离障碍物 0.8 m 以上；黄色代表警告，表示车辆距离障碍物在 0.6～0.8 m 范围；红色代表危险，表示车辆距离障碍物小于 0.6 m，必须停止倒车。这代产品将数码和波段组合在一起，比较实用，但安装在车内不太美观。

#### （4）第四代液晶荧屏显示

与前面几代产品相比，这一代产品有了质的飞跃，可动态显示车辆周围障碍物的距离值。只要发动汽车，显示器就会显示该车以及该车与周围障碍物的距离值。这代产品可直接粘贴在仪表盘上，具有动态显示、色彩清晰、外表美观、安装方便、灵敏度高、抗干扰较差、误报较多等特点。

（5）第五代魔幻镜倒车雷达

第五代魔幻镜倒车雷达将后视镜、倒车雷达、免提电话、温度显示、车内空气污染显示、语音提示等多项功能整合在一起，它采用仿生超声雷达技术，并配备高速电脑控制，可全天候准确地测知 2 m 以内的障碍物，并以不同等级的声音提示和直观显示来提醒驾驶员。它的外形是一块后视镜，如图 7-1 所示，可直接安装在车内后视镜位置，不需占用额外的车内空间。

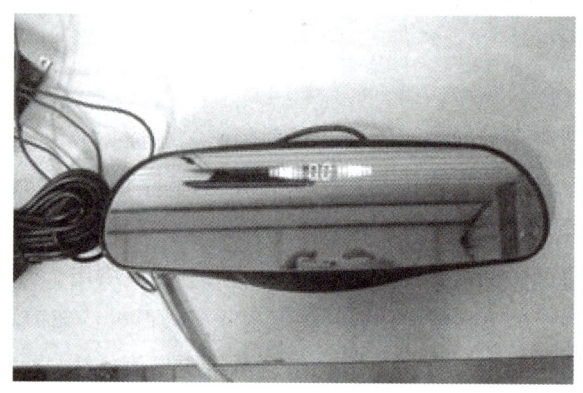

图 7-1　魔幻镜倒车雷达

（6）第六代无线倒车雷达

第六代无线倒车雷达的行车电脑和显示器之间无线连接，省去了拆卸车内装饰的麻烦，使安装更方便、快捷，并同时融入了彩色液晶显示、BP 警示音，显得更高贵、典雅。

2. 倒车雷达的选择和质量测试

1）倒车雷达的选择

选择倒车雷达时，可从它的功能、款式、性能、探头数量、安装位置等方面进行考虑。

- 功能：目前倒车雷达的基本功能有距离显示、声响报警、区域警示、方位指示等。
- 款式：防护杠较宽的车型应安装较薄较大的探头产品；探头的颜色应与车身颜色相符。
- 性能：倒车雷达的探测距离范围一般为 0.3～1.5 m，好产品的探测距离范围能达到 0.3～2.5 m，差产品的探测距离范围仅为 0.4～0.9 m。
- 探头数量：倒车雷达的探头数量有 2 个、3 个、4 个、6 个、8 个等，2～4 探头倒车雷达的探头一般安装在汽车的后防护杠上，6～8 探头的安装方式一般是前 2 后 4 和前 4 后 4，可同时探测车尾和车前的情况。
- 安装位置：探头一般采用嵌入式安装，即在防护杠上打孔，这样既美观，又容易固定；雷达的主机一般安装在仪表盘下或行李箱两侧车体内。打孔尺寸和探头安装角度会影响雷达探测准确度，所以倒车雷达安装最好去专业装饰店或 4S 店。

2）倒车雷达的质量测试

（1）预警距离测试

将一个物体摆在探头的正后方，由远到近缓慢倒车，测量开始探测到物体时的实际距离，并记录车内倒车雷达显示的障碍物距离；然后继续缓慢倒车，测量探测不到物体时的实际距离，并记录车内倒车雷达显示的障碍物距离。由这两个实际测量距离可得到倒车雷达的预警距离范围，将实际测量距离与倒车雷达显示比较，可判断倒车雷达的准确度。

（2）障碍物方位测试

将三个物体分别摆放在车尾的左、中、右侧，可测试倒车雷达探测和显示障碍物方位是否精确。

（3）死角测试

将物体摆放在偏离探头中心的位置，测试倒车雷达能否发现障碍物。

（4）防水测试

探头应具有良好的防水性，以便于下雨天倒车时倒车雷达能正常发挥作用。通过用水管冲探头，可测试它的防水性能。

3）倒车雷达的探测盲区

虽然倒车雷达给驾驶员带来很多便利，但不能太过信赖，因为雷达也存在盲区，它探测不到低矮障碍物和细小障碍物。

（1）低矮障碍物

一般来说，低于探头中心 0.1～0.15 m 以下的障碍物，探头有可能探测不到。此外，低矮障碍物距离车越近，越不容易探测到它。

（2）细小障碍物

由于雷达探头发射的声波信号较窄，在探测较细障碍物时存在较大的盲区，因此，当车辆行驶经过隔离桩、电线杆上的斜拉钢缆等细小障碍物时，除看倒车雷达显示器外，还需用眼观察周围情况。

## 3. 倒车雷达的安装

倒车雷达探头有黏附式和开孔式两种探头。其中，黏附式探头不需要在车体上开孔，只需将探头粘贴在适当位置即可；开孔式探头需要在车体上开孔，一般安装在汽车尾部或防护杠上。这两种倒车雷达其他部件的安装方式是相同的。

以 6 探头倒车雷达为例，前面安装 2 个开孔式探头，后面安装 4 个开孔式探头，安装步骤如下。

安装倒车雷达

（1）安装前主机

安装时，倒车雷达的前主机应尽量远离车自身的电子元件，可安装在前排乘客席位置，然后再连接前主机和探头。

（2）安装后主机

后主机一般安装在行李箱的左侧，然后再连接后主机和探头，连接后主机和倒车灯。

（3）安装探头

相邻探头间的最佳距离为 0.66～0.8 m，后探头距离地面的距离应为 0.5～0.7 m，前探头距离地面的距离应为 0.45～0.55 m。探头的安装方法如下。

① 确定车身后面 4 个探头的位置，如图 7-2（a）所示，用记号笔标记位置。A，B，C，D 为车身后面 4 个探头的安装位置，它们应在同一高度；A，D 与车身外缘的距离应相等，大约为 0.12～0.2 m；A，D 间的距离设为 $L$，则 B，C 间安装距离应为 $0.4L$，AB 和 CD 的距离都为 $0.3L$。

② 确定车身前面 2 个探头的位置，如图 7-2（b）所示，用记号笔标记位置。E，F 为车身前面 2 个探头的安装位置，它们应在同一高度，它们与车身外缘的距离应相等，为 0.15～0.2 m。

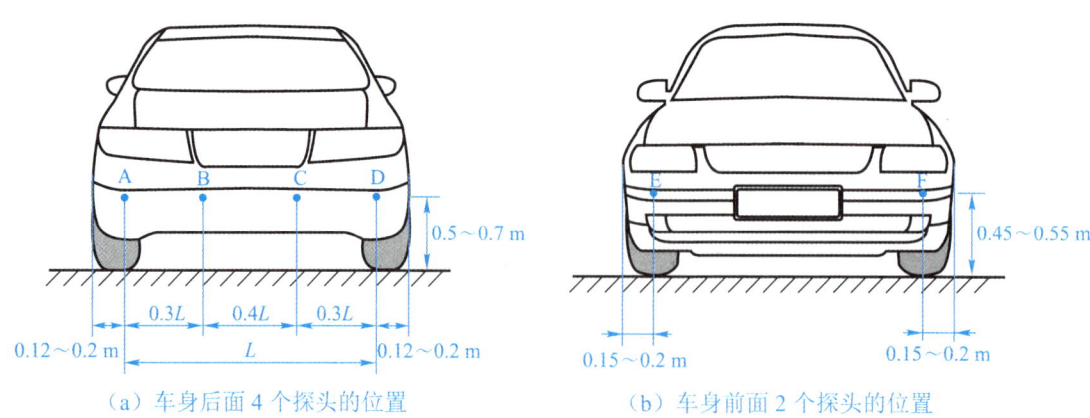

(a) 车身后面4个探头的位置　　　　(b) 车身前面2个探头的位置

图 7-2　探头的安装位置

> **注意**
> ① 探头与地面的距离、探头与车身边缘的距离，应根据具体车辆的实际情况来决定。
> ② 安装探头时，需确保车身后面探头的离地高度一致，车身前面探头的离地高度一致。

③ 先用钉子等尖锐物在标记处钻盲眼，以防电钻刚转动时钻头滑动，损伤防护杠或车身，再用电钻钻孔。

④ 将探头放入孔中，并用拇指按压，使探头紧贴车体。

（4）安装显示器

如图 7-3 所示，显示器可安装在仪表台、前风窗玻璃、空调出风口等位置，然后再将连接线埋设好，以免影响美观。显示器若安装在空调出风口，需按规定装好嵌夹。

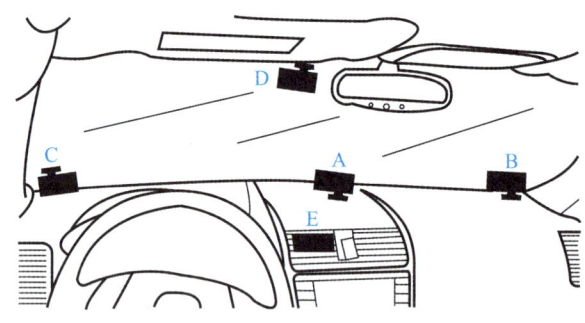

图 7-3　显示器安装位置

A，B—仪表板上的安装位置；C，D—前风窗玻璃上的安装位置；E—空调出风口处的安装位置

（5）验证倒车雷达效果

将物体放在车后方，按质量测试方法验证倒车雷达的安装效果。

### 4. 倒车雷达的使用注意事项

使用倒车雷达时，需注意以下事项。

① 探头有探测盲区，需通过后视镜等其他方法观察盲区；探头需经常清洁，尤其是雨雪天，当泥水或冰雪覆盖探头时，探头会失灵。

② 由于探头测量角度的影响，倒车雷达显示值与实际目测值之间会存在误差，因此，刚开始使用倒车雷达时，应尽量多下车看看，以便于了解误差值，逐渐适应使用倒车雷达。

③ 遇到光滑斜坡、光滑球状物、棉絮团、小树枝时，探头的探测能力会大大下降，倒车雷达提供的数据不会很准确，驾驶员还应增加目测；遇到天气过热、过冷、过湿以及路面不平时，驾驶员也应多回头看看车后情况。

④ 倒车时，车速要慢，以免车身因惯性而撞到障碍物。

⑤ 熟练掌握倒车雷达提示音，当提示音表示车已进入危险区域时，应及时停车。

## 三、任务实践操作——安装倒车雷达

熊先生选择了一款4个探头的倒车雷达，操作工人按以下步骤安装倒车雷达。

① 先将显示器放在控制台的合适位置，再撕掉显示器底部的胶贴，然后将显示器粘贴在控制台上，如图7-4所示。

② 拆掉驾驶员侧包边，将显示器连线顺着原车走线槽走线，如图7-5所示。

图7-4　安装显示器

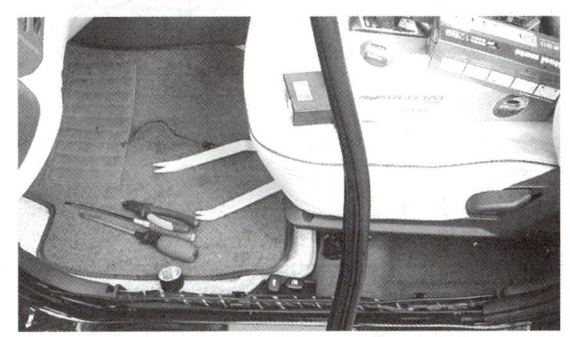

图7-5　埋设显示器连线

③ 先连接主机和倒车灯，如图7-6所示，然后将显示器连线和4个探头的连线都插在主机上，如图7-7所示，最后将主机安装在行李箱左侧。

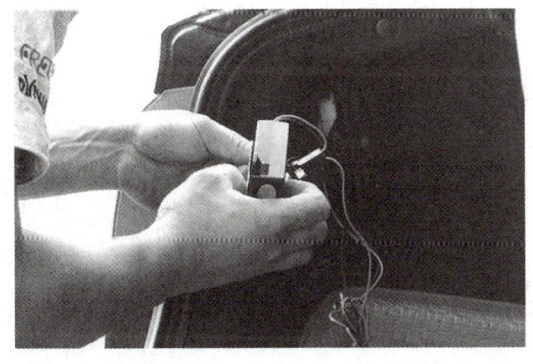

图7-6　连接主机和倒车灯

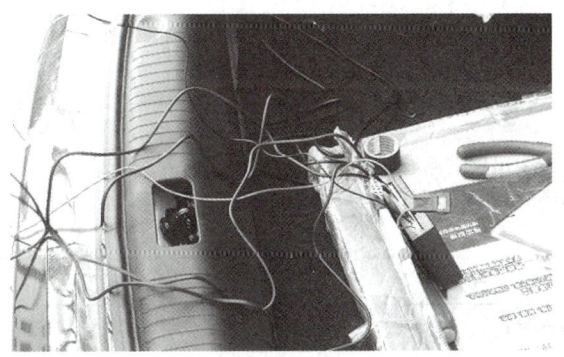

图7-7　主机上插显示器和探头连线

④ 测量打孔间距，如图7-8所示，用记号笔标记探头安装位置。

⑤ 先用电钻钻孔，如图7-9（a）所示，再安放探头，如图7-9（b），然后用两个大拇指使劲将探头压牢，使它紧贴车体。

⑥ 将一个障碍物放在车后，检验倒车雷达效果，若符合产品标注值，则安装完成。

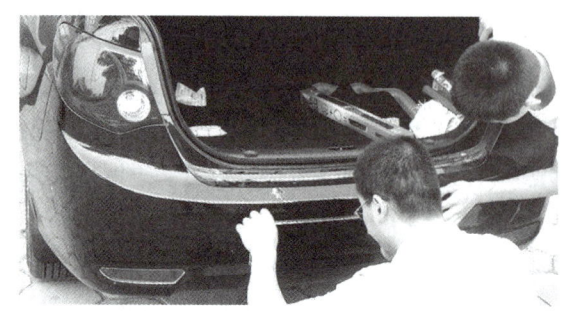

图 7-8　测量打孔间距

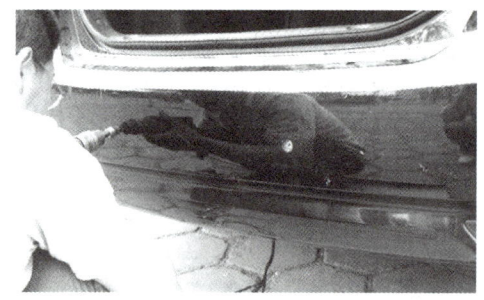
（a）钻孔

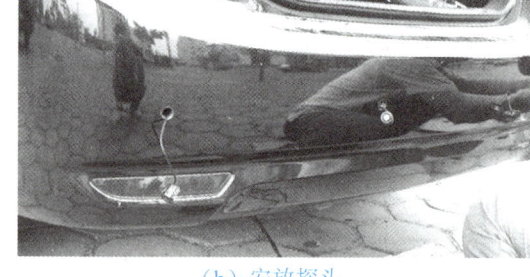
（b）安放探头

图 7-9　安装探头

## 四、任务工单

| 任务名称 | 安装倒车雷达 | 姓名 | | 日期 | 年　月　日 |
|---|---|---|---|---|---|
| 倒车雷达的安装流程 | | | | | |
| 倒车雷达的安装要点 | | | | | |
| 操作中出现的问题及其原因和解决方法 | | | | | |
| 技能掌握程度 | 非常熟练□　　比较熟练□　　一般熟练□　　不熟练□ | | | | |
| 教师评语： | | | | | |

任务实践成绩_____分

日期：　　年　月　日

项目七　汽车电子产品装饰

# 任务二　汽车防盗系统

## 一、工作任务

任务单号：_____

| 工作任务 | 安装防盗器 | 日期 | 年　　月　　日 |
|---|---|---|---|
| 车型/车牌号 | | 生产厂家 | 公司 |
| 任务描述：<br>韦先生的车买了刚 4 个月，已陆续增添了一些装饰，单位同事的车一般都额外安装了防盗器，听完同事的介绍，他也打算给车安装一个防盗器。 ||||
|  ||||

| 操作要求 | 施工材料与施工设备 | 汽车防盗器、测电笔、万用表、螺丝刀、剥线钳、内梅花扳手、内六角扳手、剪钳、绝缘胶布 | 是否满足 | □是　□否 |
|---|---|---|---|---|
| | 场地要求 | 可停放大型车辆的混凝土地坪，良好的照明 | 是否满足 | □是　□否 |
| | 环境要求 | 环境温度 15~25℃ | 是否满足 | □是　□否 |
| | 备注 | | | |

| 出单人签字：<br>　　　　年　　月　　日 | 接单人签字：<br>　　　　年　　月　　日 |
|---|---|
| 车间负责人签字：<br>　　　　　　　　　　　　　　　日期：　　年　　月　　日 ||

## 二、相关知识

随着社会的进步和人们生活水平的提高，汽车保有量逐年增加，汽车被盗案件也逐年增加，防盗技术已成为汽车技术发展的四大课题之一。汽车在出厂前虽然已配备了防盗系统，但普通汽车的防盗系统一般不完善，车主还可装备一些附加的防盗设备。

### 1. 汽车防盗系统的种类

按结构不同，汽车防盗系统可分为机械式防盗器、电子式防盗器、网络式防盗器和芯片式防盗器。

#### 1）机械式防盗器

机械式防盗器是汽车早期防盗器材，主要通过机械方法锁定转向盘、制动器、离合器、变速挡等来起到防盗作用。这类防盗器只能限制车辆操作，没有报警作用，现在已很少单独使用，一般是与其他防盗器联合使用。

（1）转向盘锁

转向盘锁是通过将方向盘与制动踏板连接在一起，或在方向盘上加装限位铁棒，如图7-10所示，使方向盘无法转动，避免车被小偷开走。

（2）转向柱锁

转向柱锁一般由锁杆、凸轮轴、锁止器挡块、开锁杠杆、开锁按钮等组成，是现代汽车出厂时常配的防盗装置。当驾驶员从钥匙筒拔出钥匙后，转向柱会被锁杆锁住，使车无法驾驶。

（3）排挡锁

排挡锁用特殊高硬度合金钢制作，如图7-11所示，具有简便、坚固、防撬、防钻、防锯等特点，没有原厂配备的钥匙就很难打开锁，是多数车主常选用的防盗装置。

图7-10 转向盘锁

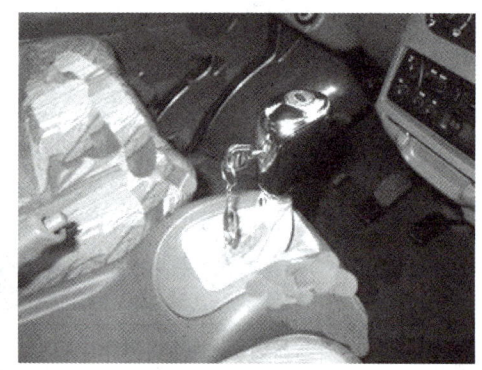
图7-11 排挡锁

（4）踏板锁

踏板锁主要有制动踏板锁和离合器踏板锁两种，当踏板锁锁住制动踏板或离合器踏板时，汽车无法挂挡或无法进入制动状态，可避免车被小偷开走。

（5）车轮锁

车轮锁是车体外用锁，当锁锁住汽车轮胎时，车轮无法转动，从而防止汽车被盗。

#### 2）电子式防盗器

电子式防盗器又称微电脑防盗器，主要有插片式、按键式、遥控式等类型。当电子式防盗器激活之后，若有人非法移动汽车、打碎玻璃、破坏点火开关锁芯、拆卸轮胎、非法打开车门、燃油箱加注口盖、行李箱门、非法接通点火开关，防盗器会发出警报，灯光闪烁，警笛长鸣，并同时切断启动、点火、喷油等电路，使汽车瘫痪。

电子式防盗器安装隐蔽，功能齐全，可无线遥控，操作简便，存在误报警现象，是目前中高档轿车上广泛使用的防盗设备。

3）网络式防盗器

网络式防盗器是通过网络来实现汽车的开门、关门、启动，具有截停汽车、定位汽车、远程车况报告等功能，它主要有 GPS 防盗系统和 CAS 防盗系统两种。

🚗 **GPS 防盗系统**：俗称为天网，是通过全球卫星定位，通过 GSM 进行无线传输，即利用 GSM 网络的短信平台作为通信媒介来传输定位信息，依靠锁定点火或启动来达到防盗的目的。GPS 防盗系统价格较高，每月还需缴纳定额服务费，目前逐渐开始应用于汽车租赁、物流车辆、出租车辆等管理以及私家车防盗。

🚗 **CAS 防盗系统**：俗称为地网，是以地面信标定位，通过有线和无线传输对汽车进行定位跟踪和防盗防劫。它属于社会公共安全技术防范工程，能对入网的车辆实行不间断监测。当发生盗窃时，CAS 能在 15 s 内将报警信息传给监控中心，监控中心的电子地图上会准确地显示案件发生地点、时间、车辆移动方向以及车辆牌照、颜色等其他相关信息，这些信息会传到 110 指挥中心。

4）芯片式防盗器

芯片式防盗器是现代汽车防盗系统发展的重点，大多数高级轿车采用这种防盗方式作为原配防盗器。它的基本原理是用密码钥匙锁住汽车的发动机、电路和油路，没有钥匙则无法启动发动机。由于数字化密码的重码率极低，且密码钥匙要接触车上的密码锁才能开锁，杜绝了被扫描的可能。

📋 **读一读**

> 芯片式防盗器已发展到第四代，它除了更有效防盗外，还能通过它独特的射频识别技术（RFID）来正确识别驾驶者，当驾驶者接近或远离车辆时，该技术可自动识别身份，并为驾驶者自动打开或关闭车锁。

## 2. 遥控式汽车防盗器

遥控式汽车防盗器有振动侦测、门控保护、微波或红外探头等功能，是目前市场上广泛应用的一种，它的基本特征是通过遥控可以控制防盗器的所有功能。随着市场要求的提高，遥控式汽车防盗器还增加了遥控中控门锁、遥控送放冷暖风、遥控电动门窗、遥控开启行李箱等附加功能。

1）遥控式汽车防盗器的组成

遥控式汽车防盗器主要由主机、感应侦测、门控、报警、配线等部分组成。其中，主机部分是防盗器的核心和控制中心；感应侦测部分由感应器或探头组成，一般采用振荡感应器，微波和红外探头使用较少；门控部分包括前盖开关、门开关、行李箱开关等；报警部分采用扬声器；配线部分负责传递信息和信号。

2）遥控式汽车防盗器的密码

在遥控式汽车防盗器中，发射机和防盗主机系统之间除了要有相同的发射频率和接收频率外，还要有密码才能相互识别。密码是防盗器的钥匙，一方面记载着防盗器本身的资料信息（身份码）；另一方面还包含防盗功能指令资料（资料码或指令码），负责开启或关闭防盗器，控制防盗器的所有功能。

3）遥控式汽车防盗器的分类

按密码发射方式不同，遥控式汽车防盗器主要可分为定码防盗器和跳码防盗器。

（1）定码防盗器

定码是早期遥控式汽车防盗器常用的方式，主机和遥控器各有一组相同的密码，遥控器发射密码，主机接收密码，这种密码发射方式称为第一代固定码发射方式，简称定码发射方式。定码防盗器在使用初期具有一定的安全性和可靠性，但对于已经发展成熟的防盗器市场来说，它显得既不可靠，也不安全，原因如下。

① 密码量少，容易出现重复码，即容易出现一个遥控器可以控制多辆车的现象。

② 密码容易被复制或盗取，导致车辆被盗。

③ 若遥控器丢失，单独更换遥控器不安全，需同时更换主机，更换费用高。

定码防盗器很容易被破译，现已逐渐被防盗效果更好的跳码防盗器取代。

（2）跳码防盗器

跳码防盗器具有以下特点。

① 遥控器的密码除身份码和指令码外，还多了一个跳码部分。跳码是密码按一定的编码函数，每发射一次，密码随即变化一次，使得密码不容易被复制或盗取，安全性提高。

② 密码组合有上亿组，可基本杜绝重复码。

③ 主机无密码，通过学习遥控器的密码，来实现主机和遥控器之间相互识别。若遥控器丢失，可安全且低成本地更换遥控器。

## 三、任务实践操作——安装防盗器

韦先生选择安装铁将军 6568 防盗器（见图 7-12），操作工人按以下步骤进行安装。

安装防盗器

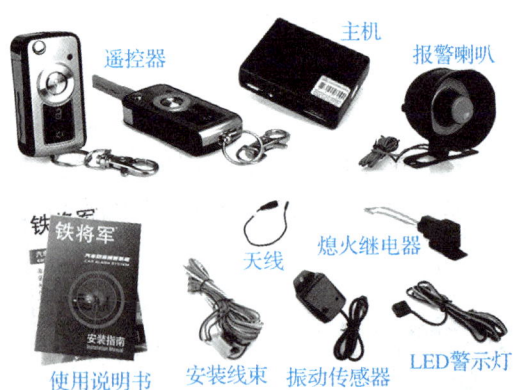

图 7-12　铁将军 6568 防盗器

① 仔细阅读安装说明书和安装电路图。

② 先拆除挡板，再拆开方向盘下面的塑料护板，然后再拆下门边塑料护板，如图 7-13 所示。在拆卸挡板、护板过程中，对于卡扣结构，需找准主要部位，然后稍微用力即可取下，不能用力太大。

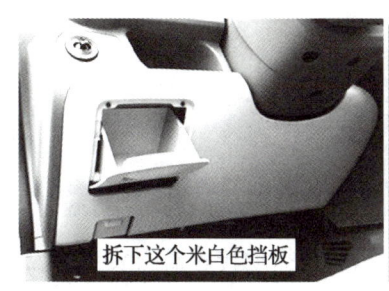
（a）拆除挡板

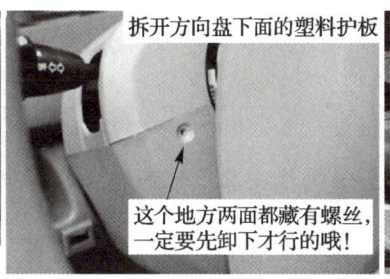
（b）拆方向盘下的塑料护板

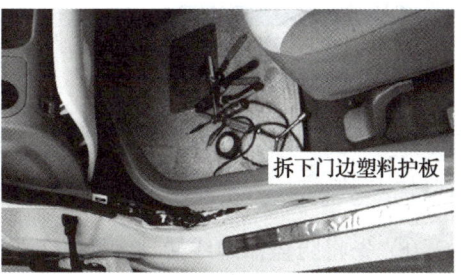
（c）拆门边塑料护板

图 7-13　拆卸各种挡板和护板

③ 将原车转向灯线接到防盗器主机的两条方向灯线上，不需要区分左右。

④ 将原车的边门线接到防盗器主机的边门线上，接线时，需根据边门触发方式进行正确连接。

⑤ 先用测电笔判断中控锁的触发方式，再按相应触发方式连接防盗器主机和中控锁。

> **提示**
>
> 中控锁的触发方式有负触发、正触发和正负触发三种，它们的判断方法如下。
> ① 用测电笔固定夹一端接地，触笔另一端触试中控锁的两条控制线，中控锁工作；用测电笔固定夹一端接电源，触笔另一端触试中控锁的两条控制线，中控锁不工作，则此中控锁为负触发方式。
> ② 用测电笔固定夹一端接电源，触笔另一端触试中控锁的两条控制线，中控锁工作；用测电笔固定夹一端接地，触笔另一端触试中控锁的两条控制线，中控锁不工作，则此中控锁为正触发方式。
> ③ 用测电笔固定夹一端接电源，触笔另一端触试中控锁的两条控制线，中控锁工作；用测电笔固定夹一端接地，触笔另一端触试中控锁的两条控制线，中控锁也工作，则此中控锁为正负触发方式。

⑥ 拔出原车点火插头，将防盗器主机的 12 V 正极线连接到原车的正极线（较粗）上；再将防盗器主机的 ACC 线连接到原车的 ACC 线上。

> **提示**
>
> 原车 12 V 正极线的判断方法是，无论钥匙开关处于何种状态，该线的电压都为 +12 V。
> ACC 线是开启电源线，是控制线，它的判断方法是，将钥匙开关置于 ACC 位置，测电笔灯亮；钥匙开关置于 ON 位置，测电笔灯也亮；启动发动机时，测电笔灯灭，则此线为 ACC 线。

⑦ 将喇叭安装在发动机舱的合适位置，将防盗器主机上的喇叭线从车内穿出，并与喇叭线相连，如图 7-14 所示。

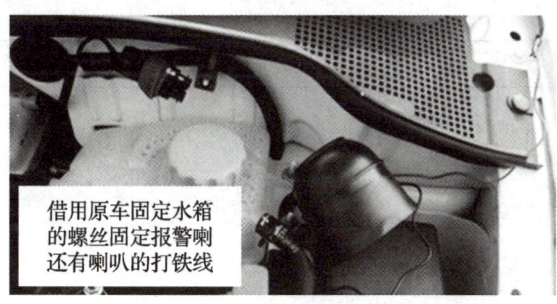

图 7-14　安装喇叭

> **注 意**
> 
> ① 喇叭口必须朝下,以防喇叭内进水。
> ② 从车门穿出的喇叭线,应从车门音响线皮塞子的下部穿出,以防雨水进入驾驶室。

⑧ 先将防盗器地线接地（搭铁）,再将防盗器主机固定在一个位置,然后将振动传感器安装在仪表板下方,并紧贴车体金属结构部位。

⑨ 安装 LED 警示灯。

⑩ 拆掉驾驶员侧的 A 柱饰板,找到原车线组,将防盗器主机的行李箱触发线连接到原车行李箱照明灯线上。

⑪ 剪断原车线路启动线,串接防盗器熄火继电器。

> **提 示**
> 
> 启动机控制线的查找方法如下。测电笔一端接地,另一端找线。将钥匙开关置于 ON,测电笔不亮,启动启动机时测电笔灯亮,关闭启动机时测电笔灯灭,则该线为启动机控制线。

⑫ 严格按照说明书的要求安装天线,以免达不到理想的遥控距离和接收距离。

⑬ 测试防盗器,若正常,则将拆卸下的部件装回,防盗器安装完成。

## 四、任务工单

| 任务名称 | 安装防盗器 | 姓名 | | 日期 | 年 月 日 |
|---|---|---|---|---|---|
| 防盗器的安装流程 | | | | | |
| 防盗器的安装要点 | | | | | |
| 操作中出现的问题及其原因和解决方法 | | | | | |
| 技能掌握程度 | 非常熟练□ | 比较熟练□ | 一般熟练□ | 不熟练□ | |
| 教师评语： | | | | | |

任务实践成绩_____分

日期： 年 月 日

项目七　汽车电子产品装饰

## 任务三　汽车娱乐导航系统

### 一、工作任务

任务单号：_____

| 工作任务 | 安装汽车娱乐导航系统 | 日期 | 年　月　日 |
|---|---|---|---|
| 车型/车牌号 | | 生产厂家 | 公司 |
| 任务描述： 沈先生的车买了刚半年，原车带语音导航提示，但没有画面导航，不直观。另外，他也想装一个DVD观看视频影像，单独装一个又占地方，因此，他打算安装一个既有画面导航又能看影音的DVD娱乐导航系统。 ||||

| 操作要求 | 施工材料与施工设备 | DVD娱乐导航系统、螺丝刀、内梅花扳手、内六角扳手 | 是否满足 | □是　□否 |
|---|---|---|---|---|
| | 场地要求 | 可停放大型车辆的混凝土地坪，适度的照明 | 是否满足 | □是　□否 |
| | 环境要求 | 环境温度15～25℃ | 是否满足 | □是　□否 |
| | 备注 | | | |

出单人签字：
　　　　　____年____月____日

接单人签字：
　　　　　____年____月____日

车间负责人签字：
　　　　　日期：　年　月　日

### 二、相关知识

随着生活水平的提高，汽车保有量迅速增加，使原本还算宽敞的道路变得越来越拥挤，尤其是上下班高峰时段以及法定假日驾车游返程时，道路更是拥堵，车载影音设备可舒缓驾驶员和乘员在等待过程中的烦闷情绪。对于驾驶员来说，导航也是十分必要的，可以避免少走弯路，尽快到达目的地，因此，同时具有影音播放功能和导航功能的设备应运而生。

175

### 1. 车载影音设备

对于汽车来说，车载影音设备虽然只是一种辅助性设备，不会提高汽车运行性能，但能为车内人员带来愉悦和享受，逐渐成为车辆不可或缺的娱乐装饰设备。车载影音设备主要包括汽车音响和车载VCD/DVD影音系统等设备。

#### 1）汽车音响

汽车音响是为减轻驾驶员和乘员旅行中的枯燥而设置的收放音装置。最早使用的是汽车调幅收音机，后来逐步发展为调幅调频收音机、磁带放音机、CD放音机、数码音响等。

**（1）汽车音响的组成**

汽车音响一般由主机、信号处理器、功率放大器、扬声器（喇叭）等组成。

① 汽车音响主机

按信号不同，汽车音响主机可分为模拟主机和数字主机。其中，模拟主机包括FM/AM收音机、卡带式放音机等，属于低档主机；数字主机包括CD，VCD，DVD，MP3，MD，FD等，属于中高档主机。

主机性能的评价指标主要有输出功率、频率响应、信噪比、谐波失真等。

- **输出功率**：是指主机正常输出音乐时能够提供的最大工作功率。目前大多数主机上标注的功率是音乐输出的峰值功率，实际能够稳定的功率一般只有峰值功率的50%左右。
- **频率响应**：反映音响主机的工作频率范围，这个范围越宽越好，即下限频率应越小、上限频率应越大，至少涵盖人类20～20 000 Hz的听力范围。
- **信噪比**：是指音乐信号与噪声的比值，数值越大越好。数值越大，说明声音越干净，清晰度越高。
- **谐波失真**：是指原有频率各种倍频的有害干扰，它体现声音再现的还原度，其值越小，还原度越高，即失真度越小。

② 信号处理器

均衡器是汽车音响中常用的信号处理器，是一种调节信号频率、振幅的电声处理设备，它在汽车音响中的主要作用是修正听音环境频响缺陷。

③ 功率放大器

功率放大器简称功放，它将主机或信号处理器输出的低电平信号经过再次前级放大、多级放大之后，以大功率驱动扬声器。它可将主机输出的数字信号转换成模拟信号，同时还具有分频作用，使音乐具有层次感、音域感。

按是否内置于主机，功放可分为内置功放和外置功放。其中，内置功放的功率较小，信号动态范围小，性能比外置功放差；外置功放的信号动态范围较大，输出功率较大，同时抗干扰能力强。

④ 扬声器

扬声器是一种换能器件，它将音频电信号转换成声信号。扬声器的品质直接影响汽车音响系统的重放效果。按还原频率不同，扬声器可分为高音扬声器、中音扬声器、中低音扬声器和低音扬声器。

（2）汽车音响的选用

选择汽车音响时，主要从主机、功率放大器、扬声器等方面考虑。

① 主机的选择

磁带机频响窄、噪声大，一般不选用。VCD 机音质比 CD 机差，所以 CD 机或 MD 机是汽车音响主机的首选。

选择 CD 机时，应选择对信号无任何修饰的机型，因为修饰后的信号是已经产生畸变的信号。选择主机时，最好选用前置输出电平高的，一般选用 2～4 V，信噪比高。此外，主机应具有宽频率特性、高收音灵敏度，以及良好的选择性。

② 功率放大器的选择

选择功率放大器时，首先应看品牌，其次再看输出功率、频率响应等技术指标，最后从以下几个方面查看实际效果。

a．当通电后无信号输出时，功率放大器的输出是否有静态噪声。

b．频响指标是否达到规定值。

c．实际功率是否与标称功率相符合。

d．自身抗干扰性是否良好。

e．散热是否良好。

③ 扬声器的选择

选择扬声器时，应与功率放大器相匹配，主要考虑瞬间最大输入功率、频率特性、灵敏度、阻抗、直径等指标。

（3）汽车音响的搭配方式

搭配主机和扬声器时，应注意与实际功率相匹配。汽车音响的搭配主要有以下四种方式。

① 主机+4 喇叭：如图 7-15 所示，它利用主机内的内置功放，音质效果不太好。

② 主机+4 声道功放+4 喇叭：如图 7-16 所示，这是一种传统的搭配方式，比较适合欣赏柔和音乐。

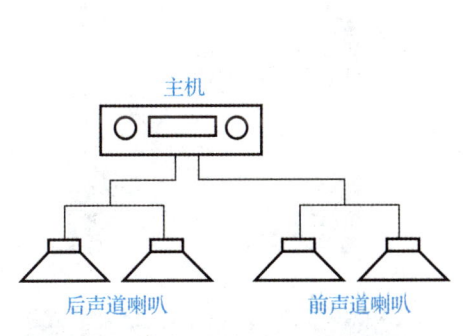

图 7-15 主机+4 喇叭

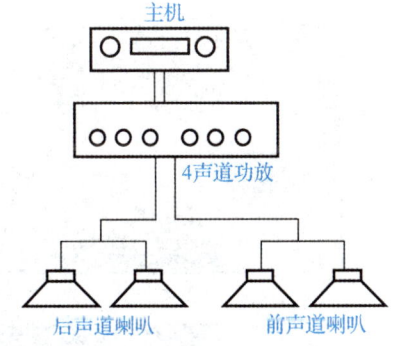

图 7-16 主机+4 声道功放+4 喇叭

③ 主机+4 声道功放+2 声道功放+4 喇叭+超低音喇叭：如图 7-17 所示，这是一种"发烧级"搭配方式，具有音质纤细、音场宽广效果，适合欣赏爵士乐、摇滚乐等震撼音乐。

④ 主机+4 声道功放+4 喇叭+超低音喇叭：如图 7-18 所示，前场音响功放推动，辅助音响主机推动，可达到第③种搭配方式的效果，且成本低。

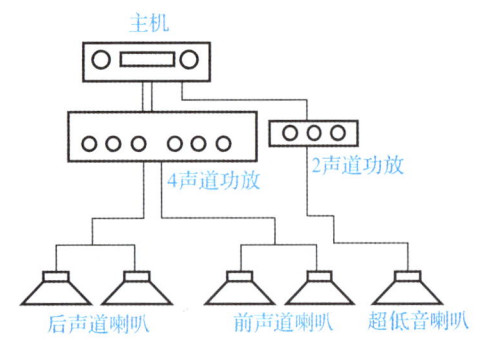

图7-17　主机+4声道功放+2声道功放+4喇叭+超低音喇叭　　图7-18　主机+4声道功放+4喇叭+超低音喇叭

（4）汽车音响改装

汽车音响的一般改装步骤如下。

① 根据车主要求，搭配合适的音响部件。

② 先检查车辆外观和相关电器，确保车况正常；再对座椅、方向盘等部位进行防护，以免弄脏或损坏。

③ 拆除汽车门板内侧饰件，在车门上粘贴隔声垫和吸声棉，如图7-19所示。

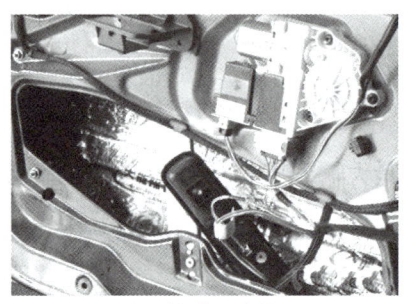 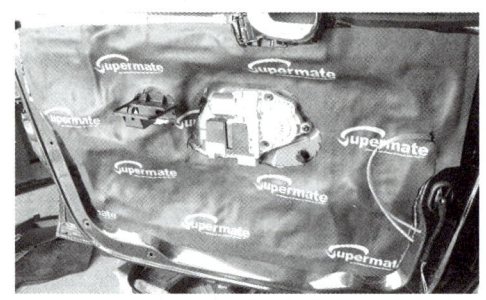

（a）粘贴隔声垫　　　　　　　　　　　　（b）粘贴吸声棉

图7-19　车门板隔声

④ 车门上安装喇叭。对于需要倒模安装在车门外的，得先倒模，然后再安装喇叭，并密封好，如图7-20所示。

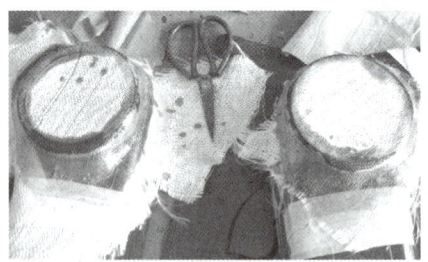 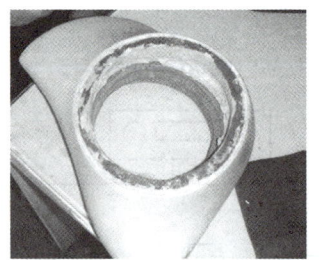

（a）倒模　　　　　　　　　　　　（b）倒模成品

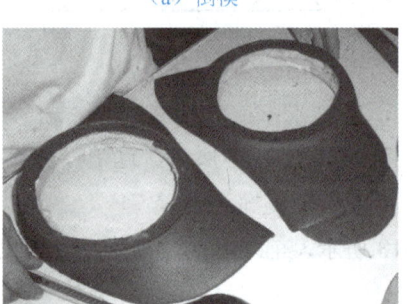 

（c）倒模上套橡胶　　　　　　　　　　　　（d）安装效果

图7-20　车门安装喇叭

⑤ 安装功放，如图 7-21 所示。

⑥ 安装喇叭或低音炮，如图 7-22 所示。

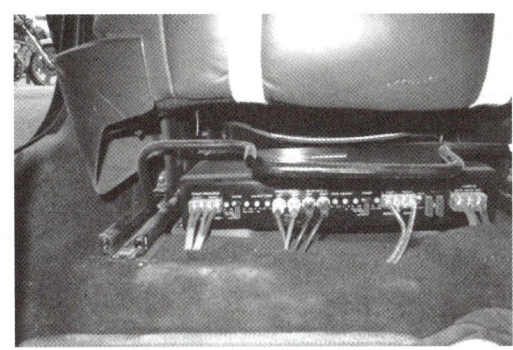

图 7-21　安装功放

图 7-22　安装低音炮

⑦ 安装音响主机，安装效果如图 7-23 所示。

图 7-23　音响主机安装效果

⑧ 根据车主喜好调音，并向车主讲解音响的使用方法及注意事项。

2）车载 VCD/DVD 影音系统

车载 VCD/DVD 影音系统不仅能满足人们听觉享受的需求，还能满足视觉欣赏的需要。

（1）车载 VCD 系统

车载 VCD 机的品牌很少，一般是在 CD 机上加入解码器，使 CD 机成为 VCD 机。解码器主要有外置解码器和内置解码器两大类。

- **外置解码器**：独立于 CD 机的器件，有自己的外壳，独立的电源供给设备。它具有性能稳定、散热性好等特点。
- **内置解码器**：嵌入 CD 机内的器件，电源由 CD 机供给。它与 CD 机合为一体，节省空间，且接线简单，价格也比外置解码器低。

（2）车载 DVD 系统

车载 DVD 是安装在汽车内，为车内人员提供影音娱乐的多媒体播放系统，它可为人们提供清晰度更高、听觉感受更完美、播放时间更长的视听效果，已成为汽车音响的发展方向。

汽车 DVD 系统一般主要由 DVD 子系统、AM/FM 收音子系统、LCD 显示子系统、面板控制模块、遥控器处理模块组成。

- **DVD 子系统**：由 DVD 机芯及其伺服系统、DVD 处理器构成，它的作用是实现 DVD 机芯的伺服控制，解码音视频数据，将电视制式编码转换成模拟视频信号等。

- **AM/FM 收音子系统**：由收音机锁相环、收音高频头构成，实现 AM/FM 收音。
- **LCD 显示子系统**：由 LCD 显示驱动集成电路和 LCD 显示屏构成，实现 LCD 显示。
- **面板控制模块**：处理车载 DVD 系统前面板上的按键操作。
- **遥控器处理模块**：实现对 DVD 系统的遥控操作。

> 提示
>
> 锁相环是一种反馈电路，它的作用是使电路上的时钟和某一外部时钟的相位同步，实现输出信号频率对输入信号频率的自动跟踪，常用于闭环跟踪电路。

### 2. 车载 GPS 导航系统

GPS 导航系统是美国开发的全球卫星定位系统，是以全球 24 颗卫星为基础，全天候向全球各地提供三维位置、三维速度、时间等信息的一种无线电导航定位系统。

1）车载 GPS 导航系统的组成

车载 GPS 导航系统主要由空间部分、地面监控部分和用户装置部分组成。

- **空间部分**：由 24 颗卫星组成，卫星分布在 6 个轨道平面上。
- **地面监控部分**：由主控站、地面天线、监测站以及通信辅助系统组成。
- **用户装置部分**：由安装在车内的 GPS 接收机、显示设备、卫星天线组成。

2）车载 GPS 导航系统的作用

车载 GPS 导航系统的作用主要有地图查询、路线规划、自动导航等。

(1) 地图查询

导航仪是车载 GPS 导航系统的操作终端，如图 7-24 所示，可在导航仪上搜索要去的目的地位置以及某个位置附近的信息，导航仪还能记录车主常去地方的位置信息。

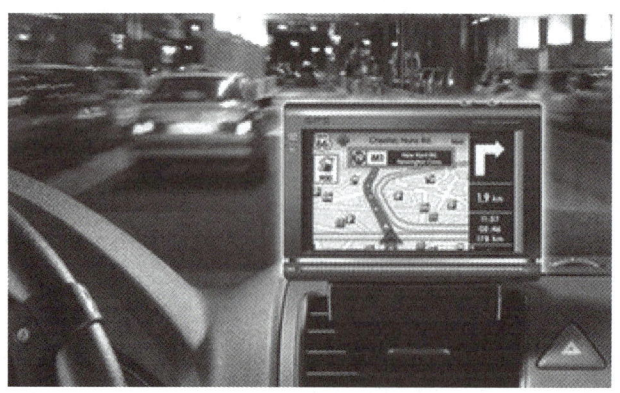

图 7-24　车载 GPS 导航仪

(2) 路线规划

当车主在导航仪上设定好起始点和目的地后，GPS 导航系统会自动规划一条路线。在规划路线上，还可以设定是否经过某些途经点，或避开高速等。

### （3）自动导航

GPS 导航系统的自动导航包括语音导航、画面导航以及重新规划路线。

- 🚘 **语音导航**：是指导航系统通过语音提示驾驶员行车路线、路口转向等行车信息。
- 🚘 **画面导航**：是指在导航仪上显示地图、车所处位置、行车速度、目的地距离、规划路线提示、路口转向提示等行车信息。
- 🚘 **重新规划路线**：是指当车辆没有按规划路线行驶，或走错路线时，导航系统会根据目前位置，重新规划一条新的、到达目的地的路线。

## 三、任务实践操作——安装汽车娱乐导航系统

扫一扫

安装导航系统

操作工人让沈先生挑选好 DVD 娱乐导航系统后，按以下步骤进行安装。

① 先拆中控台面板，再拔下电源线，如图 7-25 和图 7-26 所示。

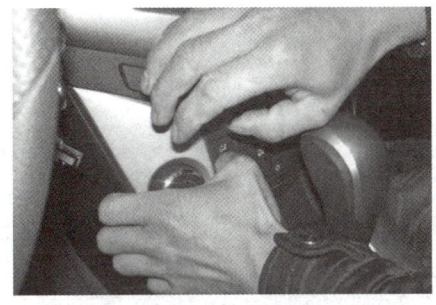
图 7-25　拆中控台面板

图 7-26　拔电源线

② 用螺丝刀拧松螺丝，并取下，如图 7-27 所示。

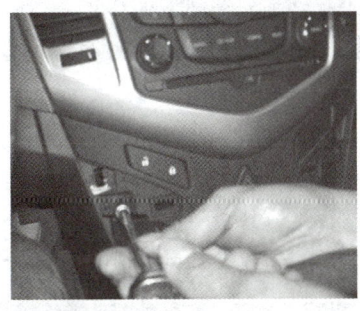

图 7-27　拧松螺丝

③ 如图 7-28 所示，拆空调出风口面板，拆后效果如图 7-29 所示。

图 7-28　拆空调出风口面板

图 7-29　空调出风口面板拆除效果

④ 先拧松并取下主机面板螺丝，拆除主机面板，如图 7-30 所示，再拆除主机上的螺丝，如图 7-31 所示。

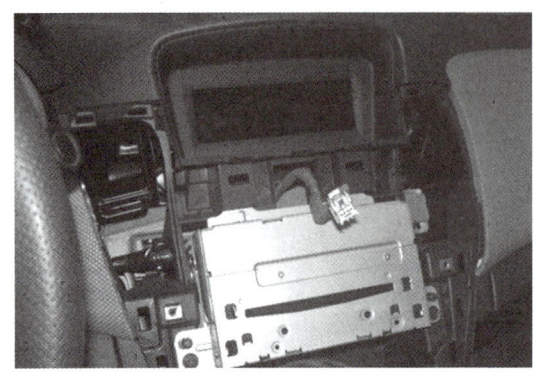

图 7-30　主机面板拆除效果

图 7-31　拆除主机螺丝

⑤ 取下显示屏，并拔线，如图 7-32 所示。

⑥ 取出 CD 机，并拔线，如图 7-33 所示。

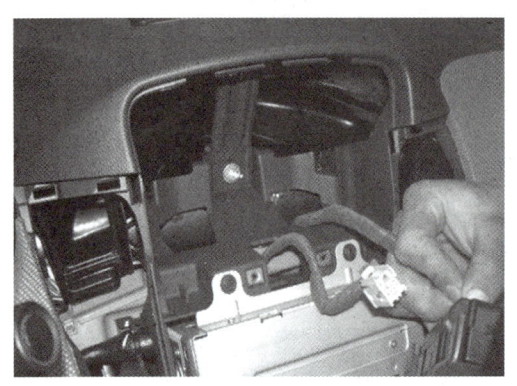

图 7-32　拆显示屏

图 7-33　拆 CD 机

⑦ 将 DVD 娱乐导航系统安装在已拆空的中控台位置，插好各线，拧紧螺丝，将各面板装回原位置。

⑧ 测试 DVD 娱乐导航系统的安装效果，如图 7-34 所示。若各个功能正常，则安装完成。

（a）测试 FM 收音

（b）测试 MP3 播放

（c）测试 DVD 播放　　　　　　　　　　　　（d）测试导航

图 7-34　测试 DVD 导航娱乐系统安装效果

## 四、任务工单

| 任务名称 | 安装汽车娱乐导航系统 | 姓名 | | 日期 | 年　月　日 |
|---|---|---|---|---|---|
| 汽车娱乐导航系统的安装流程 | | | | | |
| 汽车娱乐导航系统的安装要点 | | | | | |
| 操作中出现的问题及其原因和解决方法 | | | | | |
| 技能掌握程度 | 非常熟练□　　比较熟练□　　一般熟练□　　不熟练□ | | | | |
| 教师评语： | | | | | |

任务实践成绩_____分

日期：　年　月　日

# 任务四　汽车空调系统

## 一、工作任务

任务单号：_____

| 工作任务 | | 安装汽车空调系统 | 日期 | 年　　月　　日 | |
|---|---|---|---|---|---|
| 车型/车牌号 | | | 生产厂家 | 公司 | |
| 任务描述： 宋先生的车买了已两年半，最近这几天的持续高温热得宋先生实在受不了，他下定决心，打算给车安装一个空调系统。 | | | | | |
| | |  | | | |
| 操作要求 | 施工材料与施工设备 | 汽车空调系统、电钻、扳手、螺丝刀 | 是否满足 | □是 | □否 |
| | 场地要求 | 可停放大型车辆的场所，良好的照明 | 是否满足 | □是 | □否 |
| | 环境要求 | 环境温度15～25℃ | 是否满足 | □是 | □否 |
| | 备注 | | | | |
| 出单人签字：<br>　　　　　　　　　　年___月___日 | | | 接单人签字：<br>　　　　　　　　　　年___月___日 | | |
| 车间负责人签字：<br>　　　　　　　　　　　　　　　　　　　　　　　　　　　　日期：　　年　　月　　日 | | | | | |

## 二、相关知识

汽车空调系统是调节车内空气质量的装置，通过调节车内温度、湿度、气流速度、空气洁净度等，为驾驶员和乘员提供清新、舒适的车内环境。此外，汽车空调系统还能去除窗玻璃上的雾、霜、雪，为驾驶员提供清晰的视野，确保行车安全。

## 1. 汽车空调系统的功能、分类及基本组成

### 1）汽车空调系统的功能

现代汽车空调系统一般具有以下四种功能。

① 汽车空调系统既能加热空气，又能冷却空气，调节车内气温，使车内温度达到舒适温度。

② 汽车空调系统能排出车内空气中的湿气，为车内人员提供更舒适的环境。

③ 汽车空调系统可吸入新鲜空气，具有通风功能。

④ 汽车空调系统可过滤车内空气，排除空气中的灰尘和花粉。

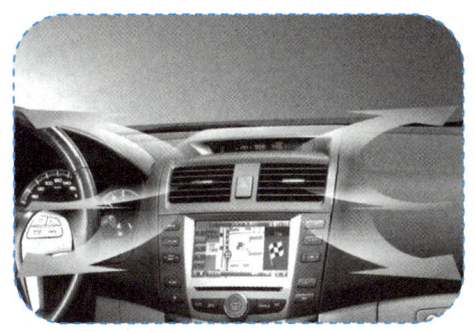

### 2）汽车空调系统的分类

（1）按功能分类

按功能不同，汽车空调系统可分为单一功能型和冷暖一体型两种。

- 单一功能型空调系统：是指仅具有制冷、供暖其中一个功能的空调系统，常用于大型客车和载货汽车。
- 冷暖一体型空调系统：是指同时具有制冷、供暖两种功能的空调系统。它又分为组合式和混合调湿式两种。当空调工作时，组合式空调系统的冷、暖风是分别工作的，混合调湿式空调系统的冷、暖风可同时工作。混合调湿式空调系统具有结构紧凑、易调温、操作方便等特点，常用于轿车。

（2）按驱动方式分类

按驱动方式不同，汽车空调系统可分为独立式空调系统和非独立式空调系统两类。

- 独立式空调系统：使用空调专用发动机来驱动制冷压缩机，它的制冷性能不受汽车发动机工作状况限制，具有制冷量大、工作稳定、成本高、体积大、质量大等特点，主要用于大、中型客车。
- 非独立式空调系统：由汽车发动机驱动制冷压缩机，它的制冷性能受汽车发动机工作状况限制，工作稳定性较差，低速时制冷量不足，高速时制冷量过量，此外，它还会影响汽车发动机的动力，因此，主要用于小型客车和轿车。

（3）按控制方式分类

按控制方式不同，汽车空调系统可分为手动调节、全自动调节、微型计算机控制的全自动调节等。

- 手动调节空调系统：通过驾驶员按下控制板功能键来实现对空调温度、风向、风速的控制。
- 全自动调节空调系统：通过对传感器信号和预调信号的处理、计算、比较，输出不同的电信号来使控制机构工作，从而调节空调的温度和风机转速。
- 微型计算机控制的全自动调节空调系统：以微型计算机为控制中心，实现车内空气环境全方位、多功能的最佳调节和控制。

### 3）汽车空调系统的基本组成

现代汽车空调系统一般由控制器、蒸发器芯体、暖风芯体、空调风道、压缩机、冷凝器等部件组成，如图 7-35 所示，由制冷系统、暖风系统、通风系统、空气净化系统、控制系统这五个系统组成。

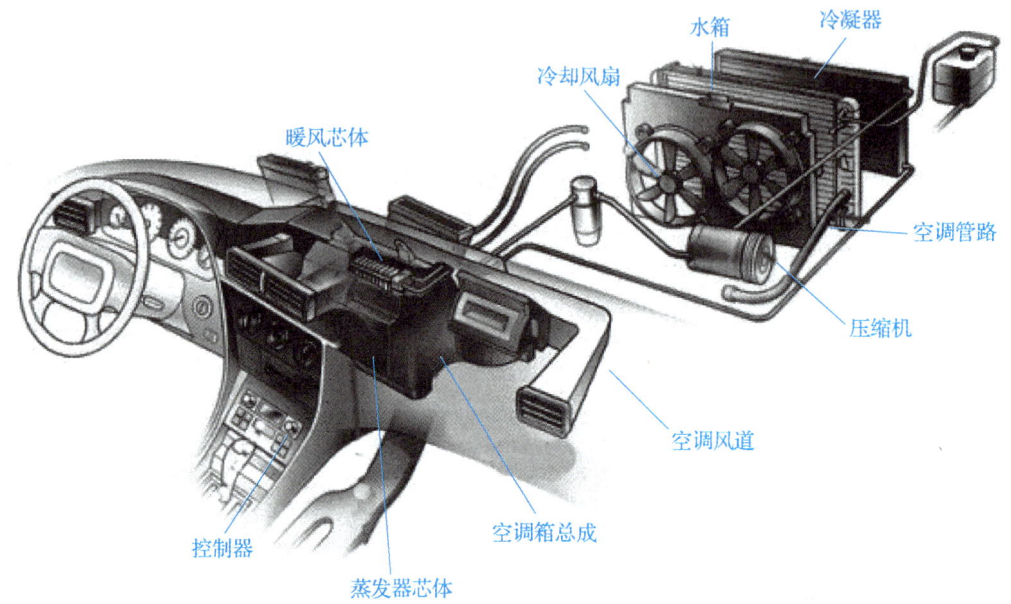

图 7-35 冷暖一体型空调系统

- 制冷系统：对车内空气或外部进入车内的新鲜空气进行冷却或除湿，使车内空气变得凉爽、舒适。目前汽车常用的制冷方式是蒸汽压缩方式，利用制冷剂蒸发来吸收热量，降低车内温度。
- 暖风系统：轿车的暖风系统一般采用冷却水加热方式，将发动机的冷却水引入车内加热器中，通过鼓风机将加热的空气吹入车内，形成暖风。暖风系统还能除去前风窗玻璃上的霜和雾。
- 通风系统：主要有自然通风和强制通风两种。自然通风可以通过开风窗或天窗实现，也可以利用车身结构来实现，即在车身内外壁面开设进出风口，利用车辆行驶时产生的风压，将外部空气引入车内，循环后再排出，如图 7-36 所示。强制通风是利用鼓风机将车外部新鲜空气强制引入车内，实现车内通风换气。当汽车行驶时，自然通风和强制通风会同时工作。

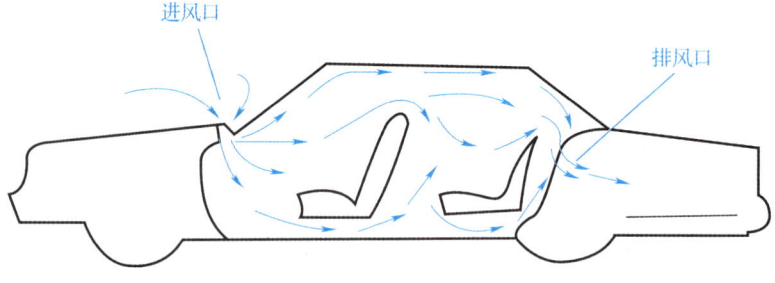

图 7-36 轿车空调通风循环

**注意**

进、出口设置必须保证车内空气略有正压，使车内空气压力略高于外界大气压力，防止车外有害气体（如汽车尾气）进入车内，从而避免有害气体危害车内人员健康。

- 空气净化系统：除去车内空气中的尘埃、臭味、烟雾以及有毒气体等，使车内空气变得清洁、干净。

- 控制系统：主要由电气元件、真空管路、操纵机构组成，可控制暖风系统和制冷系统的温度、压力，同时还能控制车内空气的温度、风量和流向。

### 2. 汽车空调制冷系统

#### 1）汽车空调制冷系统的基本原理

汽车空调制冷系统是通过消耗一定动力，将制冷剂由气体转变为液体，然后再利用液体转变成气体过程吸收外部热量，达到降低车内温度的目的。

#### 2）汽车空调制冷系统的组成

汽车空调制冷系统一般由压缩机、冷凝器、膨胀阀、蒸发器、储液干燥器等组成，如图 7-37 所示。

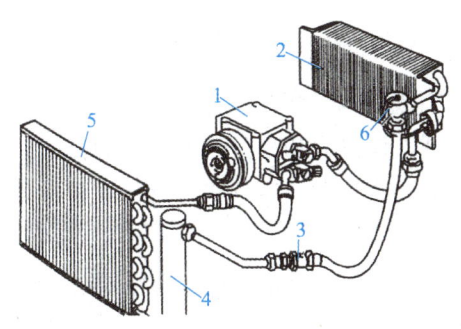

图 7-37 汽车空调制冷系统

1—压缩机；2—蒸发器；3—高压阀；4—储液干燥器；5—冷凝器；6—膨胀阀

- 压缩机：是制冷装置的核心，连接着蒸发器和冷凝器，它的作用是转换高低压、高低温，以及输送和压缩气体制冷剂，确保制冷循环能正常工作。
- 冷凝器：将高温、高压的气态制冷剂冷凝成中温、高压的液体，这是一个放热过程。
- 膨胀阀：起节流降压作用，将高温高压的液态制冷剂转换为低温低压的混合态制冷剂。
- 蒸发器：将低温低压液气混合制冷剂转换为低温低压气态制冷剂，这是一个吸热过程。
- 储液干燥器：临时存储制冷剂，过滤杂质，吸收湿气。

#### 3）汽车空调制冷系统的工作循环

汽车空调制冷系统包括压缩、冷凝、膨胀、蒸发这四个循环过程，如图 7-38 所示。

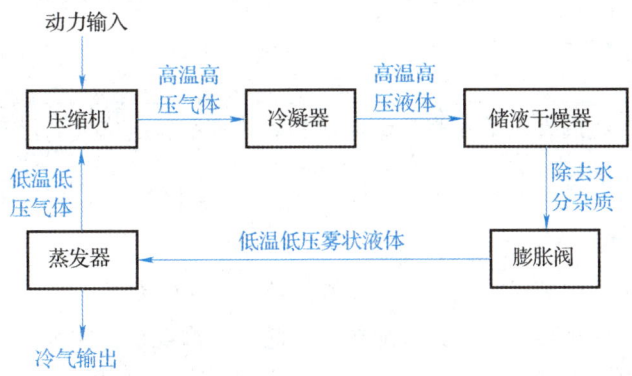

图 7-38 汽车空调制冷系统的工作循环

- 压缩过程：压缩机将蒸发器低压侧的低温低压制冷剂气体（0℃，0.15 MPa）增压为 1.5 MPa、升温为 70～80℃的气态制冷剂。高温高压的过热制冷剂气体则被送往冷凝器冷却降温。

- **冷凝过程**：过热气态制冷剂从冷凝器的入口通过冷凝器散热、冷凝为液态制冷剂，使制冷剂由气态变为液态。在冷凝过程后期，制冷剂为过冷液体，它的温度约为40℃，压强为1.0～1.2 MPa。
- **膨胀过程**：冷凝后的液态制冷剂经过膨胀阀后体积变大，压力和温度则急剧下降，变成低温低压的湿蒸汽（-5℃，0.15 MPa），以便进入蒸发器中迅速吸热蒸发。在膨胀过程中，还同时进行着节流控制，以便于供给蒸发器所需的制冷剂，达到控制温度的目的。
- **蒸发过程**：低温低压的湿蒸汽流经蒸发器时，不断吸热气化为0℃，0.15 MPa的气态制冷剂，吸收车内空气热量。从蒸发器流出的气态制冷剂又被吸入压缩机进行增压升温。

制冷循环就是在封闭的制冷系统中，将制冷剂反复地压缩、冷凝、膨胀、蒸发，在蒸发器中吸热气化，使车内空气温度降低。

### 3. 汽车空调暖风系统

汽车空调暖风系统将车外新鲜空气引入热交换器（又称加热器），空气吸收某种热源的热量变成热空气，然后再将热空气送入车内，达到人体保暖和车窗玻璃除霜的目的。

按热源不同，空调暖风系统可分为水暖式、废气式、燃气式和综合预热式四类。

#### 1）水暖式空调暖风系统

水暖式空调暖风系统的热源是发动机的冷却液，通常为冷却水，冷却水通过热水阀流入暖风系统中的加热器，然后再流回水泵，而送入加热器中的车内或车外空气与已变为热水的发动机冷却水进行热交换，空气被加热为暖空气，如图7-39所示。这种暖风系统具有经济、可靠等特点，广泛用于轿车、大型货车以及采暖要求不高的大客车。

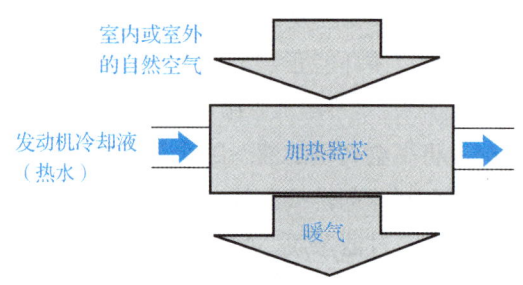

图7-39 水暖式取暖系统示意图

**提示**

进入加热器中冷却水的最大流量主要是由冷却系统的水泵转速决定的，若水泵由发动机驱动，则采暖能力会受到发动机转速的影响。

#### 2）废气式空调暖风系统

废气式空调暖风系统是利用装在排气管上的特殊加热器，进行废气与空气的热交换，将产生的暖风吹入车内，用于采暖和除霜。这种暖风系统具有加热效率低、结构复杂、体积大、暖风温度变化大等缺点，主要用于风冷式发动机汽车，现已逐渐被淘汰。

#### 3）燃气式空调暖风系统

燃气式空调暖风系统是在燃烧装置中燃烧汽油、煤油、柴油等燃料，产生热量，空气与燃烧装置进行热交换而使温度升高。这种暖风系统的优点是不受汽车使用情况影响,且采暖迅速,缺点是需要复杂的燃烧装置和送风装置,以及消耗燃料,它主要用于大型客车或严寒地区冷却水热量不足以采暖的轿车。

4)综合预热式空调暖风系统

综合预热式空调暖风系统是在汽车发动机冷却液管路上并联一条装有预热器和水暖式暖风系统的管路,并在预热器入口和发动机之间的管路上安装水泵,当水温升到或降到某一设定值时,预热器会自动中断或重新工作。这种暖风系统不仅能提供足够的热量,还能提高发动机的启动性能,改善发动机冷却状况,延长发动机使用寿命,主要用于大客车。

# 三、任务实践操作——安装汽车空调系统

操作工人按以下步骤安装宋先生的汽车空调系统。

① 安装冷凝器,如图 7-40 所示,冷凝器安装效果如图 7-41 所示。

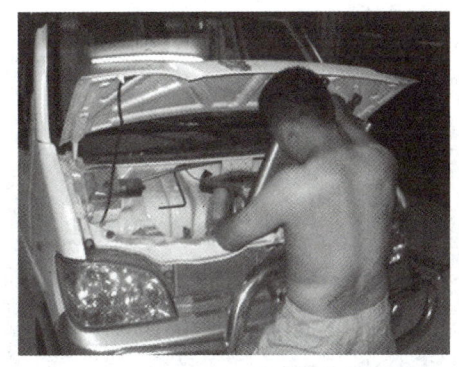

图 7-40　安装冷凝器　　　　　　　　　图 7-41　冷凝器安装效果

② 安装空调支架,如图 7-42 所示。

③ 先安装中央空调左侧,再安装中央空调右侧,如图 7-43 所示。

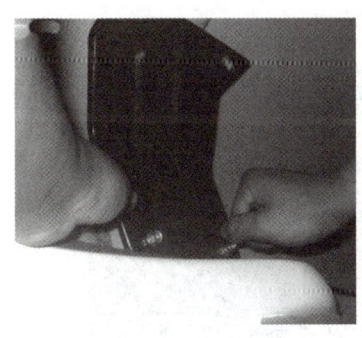

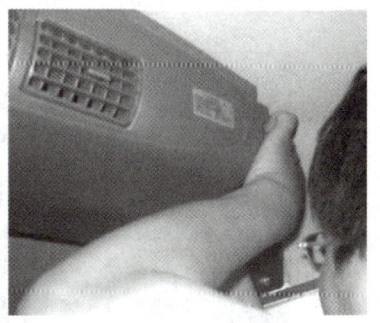

　　　　　　　　　　　　　　　　　　(a)安装中央空调左侧　　　(b)安装中央空调右侧

图 7-42　安装空调支架　　　　　　　　图 7-43　安装中央空调

④ 布设空调系统管线,并连接各相应管线和线路,如图 7-44 所示。

⑤ 安装排水管,排水管分别从车底左侧和右侧穿出,如图 7-45 所示。

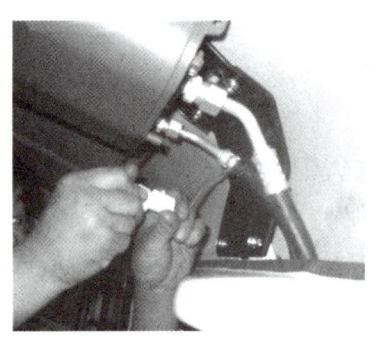

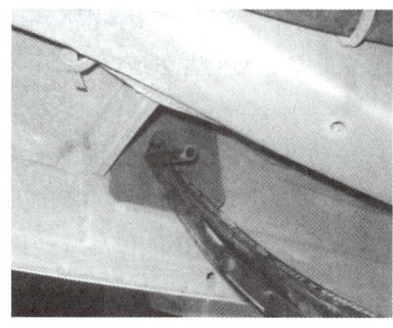

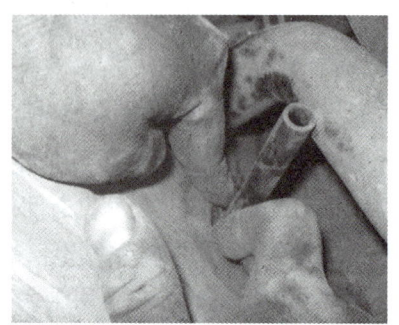

（a）左侧排水管（短）和蒸发器管　　　　（b）右侧排水管

图 7-44　连接管线和线路　　　　　　　　图 7-45　安装排水管

⑥ 先更换轮支架，再更换正时皮带轮，将原车单槽更换为双槽，以便于带动空调，最后加装皮带，效果如图 7-46 所示。

⑦ 连接蒸发器管，如图 7-47 所示。

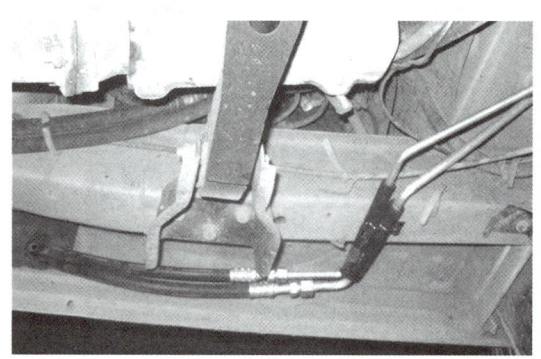

图 7-46　更换皮带轮　　　　　　　　　　图 7-47　连接蒸发器管

⑧ 连接压缩机管，如图 7-48 所示。

⑨ 充氟、调试、测压，如图 7-49 所示。

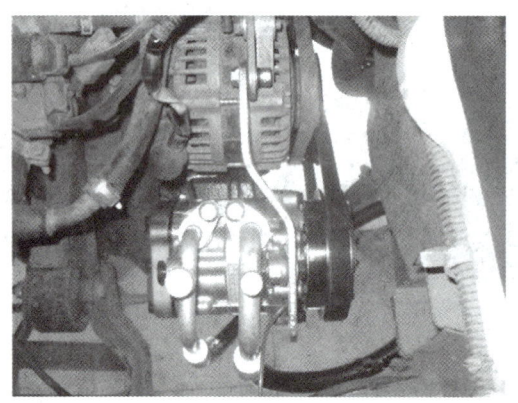

图 7-48　连接压缩机管　　　　　　　　　图 7-49　充氟和调试

⑩ 若调试正常，则安装完成，效果如图 7-50 所示。

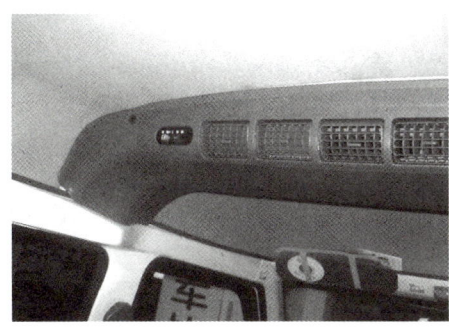 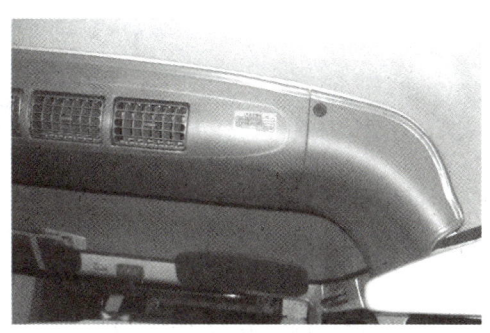

图 7-50　空调系统安装效果

## 四、任务工单

| 任务名称 | 安装汽车空调系统 | 姓名 | | 日期 | 年　月　日 |
|---|---|---|---|---|---|
| 汽车空调系统的安装流程 | | | | | |
| 汽车空调系统的安装要点 | | | | | |
| 操作中出现的问题及其原因和解决方法 | | | | | |
| 技能掌握程度 | 非常熟练☐　　比较熟练☐　　一般熟练☐　　不熟练☐ | | | | |
| 教师评语： | | | | | |

任务实践成绩_____分

日期：　年　月　日

# 思考与练习

## 一、选择题

1. 汽车防盗系统按结构可分为（　　）。
   A．电子式　　　　　B．机械式　　　　　C．芯片式　　　　　D．遥控式
2. 遥控式汽车防盗器主要由（　　）部分组成。
   A．感应侦测　　　　B．主机　　　　　　C．报警　　　　　　D．门控
3. 汽车音响包括（　　）。
   A．扬声器　　　　　B．主机　　　　　　C．功率放大器　　　D．信号处理器
4. 音乐信号与噪声的比值称为（　　）。
   A．谐波失真　　　　B．信噪比　　　　　C．输出功率　　　　D．频率响应
5. 汽车空调系统按驱动方式可分为（　　）。
   A．手动调节空调系统　　　　　　　　　B．独立式空调系统
   C．全自动调节空调系统　　　　　　　　D．非独立式空调系统

## 二、判断题

1. 倒车雷达是根据黑夜里高速飞行的蝙蝠不会与任何障碍物相撞的原理而设计开发出来的。
   （　　）
2. 倒车雷达不存在探测盲区，任何低矮障碍物、细小障碍物都能探测到。（　　）
3. 遥控式防盗器属于电子式防盗器。（　　）
4. 若跳码防盗器的遥控器丢失，需同时更换主机和遥控器。（　　）
5. 人耳能听到的频率范围一般为 10～15 000 Hz。（　　）
6. 信噪比数值越小，说明声音越干净，清晰度越高。（　　）

## 三、简答题

1. 简述倒车雷达的使用注意事项。
2. 遥控式汽车防盗器主要由哪些部分组成？
3. 车载 GPS 导航系统主要由哪些部分组成？
4. 汽车空调系统一般由哪些系统组成？